新版

現実をみつめる道徳哲学

——安楽死・中絶・フェミニズム・ケア——

ジェームズ・レイチェルズ
スチュアート・レイチェルズ

次田憲和 訳

晃洋書房

THE ELEMENTS OF MORAL PHILOSOPHY

Eighth Edition

by

James Rachels
Stuart Rachels

序文

最初にして最高の道徳哲学者の一人であるソクラテスは、道徳とは「取るに足らぬことを論じているのではない。いかに生きるべきかを論じているのだ」と述べた。本書はこの広い意味での道徳哲学の入門書である。

本書は次の観点に基づいて執筆された。「倫理学を学んだことはないが、これから学ぼうとしている人が学ぶべき最重要事とは何か」という観点である。

本書はこの問いに対するわたしの回答である。わたしは倫理学関連の全テーマを取り上げる気はないし、特定テーマを隈《くま》なく論じようとも思わない。倫理学の初学者が直面するにちがいない様々な考えを論じようと思う。

各章それぞれ独立して読めるように書いてある。実際それらは別々の論文である。だから例えば倫理的利己主義に興味があるならば、いきなり第五章に進めばよい。そうすればその理論についてまとまった説明を読むことができよう。だが順に読んでいくと、多少連続した話になっている。第一章は道徳の「最小概念」について述べている。中間の諸章は最重要の倫理説を取り上げている。そして最終章では満足のゆく道徳理論とはどのようなものかについてわたしなりの見解を述べている。

本書の目的は倫理学の「真理」を整然と統一的に述べることではない。それは倫理学の入門書としてはまずいだろう。哲学は物理学とは事情がちがう。物理学なら真理の軀体《くたい》が確立されていて、初学者は根気よくそれを習得しなければならない。もちろん物理学にも未解決の論争はあるが、そうした難問ですら広範な同意を背景にしている。

これと対照的に哲学では全てが、あるいはほぼ全てが論争だ。未だにいくつかの基本的問題は未解決である。哲学の初学者は「功利主義は正しい道徳理論なのか」と疑問に思うことだろう。しかし物理学の初学者が、熱力学の法則が正しいかどうかについて判断しなければならないことなどまずない。倫理学の良き入門書はこうしたいくぶん困った状況を隠してはならない。

だから読者は、思想や理論や議論が対立しあっていることにすぐ気づくだろう。それらの中には説得力に富むものもあるとわたしは思っている。だが考えの異なる哲学者なら別の内容の本を書くのはまちがいない。したがって本書の論述にわたし自身の思想が投影されるのはやむをえないが、対立する諸思想を公平に論述したつもりである。だからある議論について判断を下すときは理由を説明することに最善を尽くした。道徳と同じく哲学も一から十まで理性の行使なのだ。われわれは最良の議論によって裏付けられた思想を採用すべきである。本書のもくろみが成功すれば、読者は理由の核心の所在がわかるようになるだろう。

第八版について

第八版の執筆にあたり、わたしは八五〇の文章に手直しをした。第七版を読んだ方は気づかないであろうが、第八版の方がよくなっていることを願っている。

最も大きな変更は第三章の「倫理における主観主義」である。第三章は第七版になじんだ教師に全文読んでほしい唯一の章だ。以前の版では形而上学的骨格を論じることなく、倫理的主観主義の意味を論じていた。しかし第八版ではニヒリズムについて論じている。この章の途中のいくつかの節はかなり書き換えたが、旧版の内容の多くは残っている。単純主観主義と情緒主義の議論は残っているが、今回はジョン・L・マッキーの「錯誤理論」を追加しておいた。単純主観主義に対する二つ目の異論（無謬性の話）は省いた。最後の節には最新の情報を入れ、「同性関係の問題」とした。

他にも小さな変更がいくつかある。

第二章「文化相対主義の挑戦」では文化相対主義の第二の主張——正しさと間違いは社会の規範によって決定される——をこの思想の核とすることにした（第二節）。

第六章「社会契約説」では「乳幼児は役に立たないので虐待してもいい」という反論は省いた（第五節）。「自分自身もかつては乳幼児で虐待されやすかったのだから、乳幼児虐待禁止の規則があれば自分の利益になっていただろう」という反論に考えさせられたのであった。

第七章「功利主義のアプローチ」ではマリファナの重度依存者への高額医療費についての言及は省いた。なぜならそれほど医療費はかかってないようだからである（第三節）。第八版では現行のマリファナ取締法のコストについて二点追加した。

第十一章「フェミニズムとケアの倫理」ではフェミニズムはケアの倫理よりもずっと広範な分野であることを第八版ではしっかり述べた（第二節）。

第十二章「徳倫理」では徳のリストに「見識」（resourcefulness）を追加し、「精励」（industriousness）を「勤勉」（diligence）に置き替えた。また「礼儀」（courteousness）は「丁寧」（civility）と似ているので省いた。

第十三章「満足のゆく道徳説はどんなものか」では「本人の自発的行為なら『平等な扱い』をしなくてもいいが、他はだめ」という文章は省いた（第六章）。というのも多元戦略的功利主義によれば、母親は自分の子についてはは「他と等しい扱い」をしないことも正当なのだが、これは子供の「自発的行為」とは何の関係もないからだ。

他の変更はあまり重要ではない。

以下の方たちの協力に感謝申し上げたい。

ルーク・バーバー
セス・ボードナー
エド・ブランドン
マシュー・ブロフィー
ジェニス・ドーリオ
ヘザー・エリオット
ダニエル・ホリングスヘッド
リーザ・ケンメラー
ジャスティン・クロックサイム
カーブ・ラジェバーディ

ケイシー・ムーア
タッカー・マイヤーズ
ハワード・ポスペセル
ジム・ロビンソン
チェース・レン

わたしが最も感謝したいのは校正を担当してくれたキャロル・レイチェルズである。
本書の第一版から第四版までは、父ジェームズの単著であった。父について知りたい方は以下のホームページを参照されたい〈www.jamesrachels.org〉。

スチュアート・レイチェルズ

目　次

第一章　道徳とはどんなものか

われわれは取るに足らないことを論じているのではない。
いかに生きるべきかを論じているのだ。

ソクラテス
プラトン『国家』（紀元前三九〇頃）

第一節　定義の問題

道徳哲学とは「道徳とは何か」ならびに「道徳はわれわれに何を求めるのか」を研究する学問である。ソクラテスが述べたように、道徳とは「われわれはいかに生きるべきか」「なぜそうなのか」に関わるものである。そうすると「道徳とは何か」について単純で異論のない定義から始められたら好都合だ。だが残念ながらそれは不可能である。

道徳哲学には多くの対立しあう理論が存在し「道徳的に生きるとはどういうことか」について異なる思想を説いている。だからソクラテスの簡単な定式を超える定義ならどれであれ少なくとも一つの理論と衝突することになる。

このためわれわれは慎重でなければならないが、無力になる必要はない。本章では、道徳の「最小概念」について述べたい。その名が示すように「最小概念」とは全ての道徳理論が少なくとも出発点として受け入れるべき中核である。だがまずは障碍《がい》児についてのいくつかの道徳的論争を吟味することから始めよう。最小概念の特徴はこの議論を考察することで明らかになるだろう。

第二節　第一の例　ベビー・テレサ

「ベビー・テレサ」として世に知られている乳児、テレサ・アン・キャンポ・ピアソンは一九九二年、フロリダで生まれた。ベビー・テレサは無脳症であった。それは最悪の遺伝病の一つである。無脳症児は「脳なし子」と言われることもある。だがこれは必ずしも正確な表現ではない。脳の重要部分である大脳と小脳、それに頭蓋骨のてっぺんがない。でも脳幹はあるから、呼吸や心臓の拍動は可能である。

合衆国では無脳症のほとんどは妊娠中に発見されている。そして無脳症胎児は普通、中絶される。中絶されなかった胎児でも半分は死産である。生きて生まれてくるのは毎年、数百人であるが、たいてい数日で死んでしまう。

テレサが注目されたのは、両親による訴えに尋常ならざるものがあったからである。わが子が間もなく死に、意識を持つことは決してないと知った両親はテレサの臓器をすぐ移植用に提供したいと申し出た。テレサの腎臓・肝臓・心臓・肺・眼球は、それで利益を得られる子供たちに与えられるべきと考えたのだ。担当医は賛成した。毎年、何千人もの乳児が移植を必要としているが、移植用臓器はまったく足りない。

しかしテレサから臓器は摘出されなかった。フロリダ州法では、ドナーが死ぬ前の摘出は禁止だからである。九日後にテレサが死んだ時には、臓器提供は手遅れになっていた。彼女の臓器はあまりに悪化していて、摘出して移植することはもうできなかったのだ。

ベビー・テレサの事例は広く論議された。他の子供に臓器提供するためにテレサを殺すべきだったのか。多くのプロの倫理学者たち――大学・病院・法科大学院《ロースクール》に雇われて倫理問題について考えることを仕事としている人々――がマスコミからコメントを求められた。彼らの大半は両親と医師たちに賛成しなかった。彼らは昔ながらの哲学的原理に訴えて臓器摘出に反対したのである。専門家の一人はこう言った。[1]

「ある人間を別の人間の目的のための手段として利用することはとても恐ろしいことに思えます。」

別の専門家はこう説明した。

「Aという人間を救うためにBという人間を殺すことは倫理に反します。」

第三の専門家はこう付け加えた。

「実のところ両親が求めていることとは『臓器提供のために死にかけているわが子を殺してください』ということなのです。まったくこれはぞっとする提案です。」

これは本当に「ぞっとする」提案なのだろうか。意見は割れた。プロの倫理学者たちはそういう風に思っている。かたや両親や医師たちはそう思っていない。しかしわれわれとしては人々の意見よりもっと興味のあることがある。真理を知りたいのだ。

――両親が子供の臓器を移植用に提供しようとしたことは正しかったのか間違っていたのか。

この問いに答えるためには、各立場においていかなる理由や議論が可能かを問うてみなければならない。両親の訴えに賛成あるいは反対するにはどう言えばいいのだろうか。

利益の議論

両親は「テレサには意識がなく、もうじき死ぬのだから、彼女の臓器はテレサ自身の役には立たない。でも彼女の臓器をもらえば、他の子供が助かるだろう」と思っている。すると両親はこう推論したのだろう。

（1）　他人を害することなく誰かに利益を与えることができるなら、そうすべきである。

（2）　臓器移植はテレサ自身を害さずに他の子供に利益を与えるだろう。

（3）　ゆえに臓器移植をすべきである。

これは正しい主張だろうか。

必ずしも全ての議論が「健全」というわけではない。ある見解についてどのような議論が「可能」かを知ることに加えて、それらの議論が「正当な議論」なのかどうかも知りたいのだ。一般に議論が「健全」なのは、(i)前提が真であり、かつ(ii)結論が前提から論理的に帰結する場合である。目下のケースで議論の前提は二つある。

（1）　何の害もないなら、人を助けるべきである。

（2）　移植はテレサを害さずに他の子を助けることになる。

しかし（2）の「テレサに害はない」という主張については迷うかもしれない。

――どのみちテレサは死ぬ。それなら「生きている方が死ぬよりまし」とはならないのではないか。

考えてみれば、このような悲劇的状況で両親の考えが正しかったのは明らかなようだ。生きていることが利益になるのは、活動し思考や感情を持ち、他者とかかわることができる場合のみである。つまり「生活を営む」場合だけである。これらを欠いた生物学的生存には何の価値もない。だからテレサがあと数日生き続けたとしても、何の得もないのである。

そのゆえに「利益の議論」は臓器移植推進に強い理由を与える。では反対側の主張とはいかなるものか。

「人間は手段でない」という議論

移植反対の倫理学者は二つの議論を提示する。第一の議論は「ある人間を他人の目的のための手段として利用するのは間違っている」という思想に基づく。

（1）　ある人間を他人の目的のための手段として利用するのは間違っている。

（2）　テレサの臓器を摘出することは、他の子供の利益のためにテレサを利用することだ。

（3）　ゆえに臓器摘出はするべきではない。

これは健全な議論だろうか。

「人間を利用すべきではない」という考えには訴えるものがある。だが曖昧だ。それは正確には何を意味しているのだろうか。

「人間を利用する」ことには通常、他人の「自律」の侵害が含まれる。すなわち自らの願望や価値観に基づき、自らの人生をどう生きるかを自分で決定する能力の侵害である。だが人間の自律は、いんちき・ごまかし・だましなどで侵害されてしまう。

例えばわたしはただあなたの妹とデートしたいがために、あなたに対して友人のふりをしているのかもしれない。あるいはあなたのお金が欲しくて、あなたに嘘を言うかもしれない。あるいは単にあなたの車に乗せてもらいたいだけで、面白い映画があると言うかもしれない。これらはわたしが自分自身のためにあなたにいんちきをしている例である。また本人の意志に反して何かを強制するときにも自律を侵害している。これで「なぜ人間を利用することは間違いなのか」が説明できる。「人間を利用する」ことは「自律の妨害」であるから間違いなのだ。

だがテレサの臓器を移植することは、テレサの自律を妨害することにはならないだろう。なぜなら彼女にはそもそも「自律」などないからだ。彼女は意志決定できないし、願望を懐けないし、何かを価値あるものと認めることもできない。彼女の臓器を摘出することは、道徳的に重要な意味において彼女を「利用」することになるのだろうか。もちろん彼女の臓器は他人の利益のために利用される。だが移植とはそもそも他人の利益のために臓器を利用することなのだ。

またこのケースでは、テレサ本人の許可なく彼女の臓器を利用していることにもなるだろう。これは悪いことなのか。テレサの臓器が彼女の「意志に反して」利用されるのなら、移植反対の理由となろう。それは自律の侵害だろう。しかしそもそもベビー・テレサには願望というものがないのだ。

人間が自分で意志決定できず、他者の介入を必要とする場合、合理的な指針が二つある。

(a) 第一には「何が本人の利益になるか」が問題となろう。この規準をベビー・テレサの事例に当てはめると、臓器摘出は何の問題もないことになろう。なぜなら前述のように、臓器摘出をしてもテレサの利益はまったく影響を受けないからだ。彼女には意識がなく、どのみちすぐ死ぬのだから。

(b) 第二の指針は本人の「選好」に訴えるものだ。「仮にテレサが自分の願望を述べることができるのなら、どう言うだろうか」と考えてみよう。

選好を有している（あるいは有していた）がそれを表現できない人々に対応する際にこの考えは有益である。例えば昏睡状態になる前に生前遺志《リビングウィル》に署名していた患者である。だが残念ながら、テレサには選好など皆無だ。かつてあったこともない。だから彼女から本人の選好について訊《き》くことはできない。想像することさえ無理だ。だからわれわれは最善と思うことをすべきというのが結論になろう。

「殺人は間違い」という議論

倫理学者による第二の反対論は「殺人は間違い」という原則に訴えるものだ。

（1）ある人間を救うために別の人を殺すことは間違いである。

（2）テレサの臓器を摘出することは、ある人を救うためにテレサを殺すことである。

（3）ゆえにテレサの臓器を摘出することは間違いである。

この議論は健全だろうか。

殺人禁止は確かに最も重大な道徳規則である。にもかかわらず殺人が常に間違いと思う人はほとんどいない。たいていの人は例外があると思っている。例えば正当防衛などである。すると問題はテレサの臓器摘出をこの規則の例外と見るべきかどうかである。例外と見る理由は多い。

——テレサには意識がない。

——テレサがこれから生活を営むことは決してない。

——テレサはまもなく死ぬ。

——彼女の臓器を摘出することで他の子供が助かる。

こうした理由を認める者は「殺人は間違い」という議論を欠陥ありと見なすだろう。殺人はたいてい間違いだが、常にそうというわけではない。

しかし「殺人は間違い」という議論に反対する論拠がこれとは別にある。われわれはおそらくベビー・テレサは「もう死んでいる」と見なすべきなのだ。これが馬鹿げた話に思えるなら、近年「死の概念」が変質したことを思い出すべきである。

一九六七年、南アフリカ共和国の医師、クリスチャン・バーナードは人間への心臓移植を初めて行った。これはセンセーショナルな出来事だった。というのは心臓移植のおかげで多くの命が助かる見込みができたからだ。しかしアメリカでは命が救われるかどうかは不明だった。というのは当時のアメリカの法律は心拍停止を死と理解していたからである。しかし心臓はいったん停止すると急速に劣化し、移植に適さなくなってしまう。それでアメリカでは移植用に心臓摘出をするのが合法かどうかは定かでなかったわけだ。このため法改正がなされたのだった。現在では心停止ではなく脳機能の停止が死とされる。「脳死」が生命の終わりの新規準なのだ。これで移植の問題は解決された。脳死患者の心臓はまだ健康で移植に適しているからである。

無脳症児は現在定義されている「脳死」の原理的要件を満たすものではない。しかしおそらく無脳症児を含むように脳死の定義が改正されるべきだろう。どう見ても無脳症児に意識ある生は見込めない。なにしろ大脳も小脳もないのだから。もしも無脳症児を含むように脳死の定義が変われば、この不幸な子は「生まれながらに死んでいる」という考えにも慣れてくるだろう。すると無脳症児の臓器摘出は殺人ではなくなるだろう。そうなると「殺人は間違い」という主張は論ずるに値しなくなろう。

全体的に見て、ベビー・テレサの臓器移植を支持する議論の方が反対する議論よりも強固なように思われる。

第三節　第二の例　ジョディーとメアリー

二〇〇〇年の八月イタリア南部のゴゾ島出身の若い女性が「接着双生児」を妊娠していることが分かった。ゴゾ島の医療施設では接着双生児の出産ができなかったので、女性と夫は英国マンチェスターのセントメアリー病院に行った。ジョディーとメアリーという名の赤ちゃんは下腹部でつながっていた。二人の脊椎はくっついていた。二人で一つの心臓、一対の肺があった。元気なのはジョディーの方で、妹の方に血液を送りこんでいた。

毎年どれくらいの接着双生児が生まれてくるのかは分からない。[2] しかしその数は数百にのぼるらしい。ほとんどは生後じきに死ぬが、生き延びる子もいる。大人になって結婚し子を儲けることもある。だがジョディーとメアリーの予後はきびしいものだった。「治療しないと双子は六か月以内に死ぬ」と医師は告げた。唯一の望みは分離手術だった。そうすればジョディーの方は助かるが、メアリーはすぐに死ぬはずだった。

敬虔なカトリック教徒の両親は、手術をすればメアリーを死なせることになるとして手術に反対した。彼らは言った。

「自然はあるがままであるべきです。わたしたちの双子は生き延びるべきでないというのが神の意思なら、そうなるべきです。」

病院側は何としてもジョディーを救おうとして分離手術の許可を裁判所に申請した。裁判所は許可を出し、手術は行われた。案の定ジョディーは生き、メアリーは死んだ。

　このケースを考えるとき、次の二つの問いは区別すべきだろう。

（1）誰が意志決定すべきか。

（2）どのような意志決定がなされるべきか。

　例えば「両親が意志決定の当事者であるべきで、裁判所が介入するのは間違い」と思われるかもしれない。だが仮にそうだとしても「両親（その他の人々）にとって何が最も賢明な選択だったのか」という別の問いが残る。われわれはこちらに焦点を合わせよう。

　――双子の分離は正しかったのか間違っていたのか。

「なるべく多くを救うべき」という議論

　双子の分離手術をする理由は「一人の子を救うか、それとも二人とも死ぬに任せるか」の二者択一を迫られているからである。この議論はとても説得力があるので、多くの人はよく考えもせずに「双子は分離するべきだった」と結論してしまう。論争が頂点に達していた時期に『レディーズ・ホーム・ジャーナル』がアメリカ人の考えを探るために投票を行った[3]。その結果、七八パーセントが分離手術に賛成だった。「なるべく多くを救うべき」という考えに人々が納得しているのは明らかだった。しかしジョディーとメアリーの両親は、反対陣営の議論の方がはるかに強固だと信じていたのである。

人命の神聖さに基づく議論

　両親は双子の両方を愛していた。だからたとえ一方を助けるためであっても、もう一方を殺すのは間違いだと考えていた。そう考えるのはもちろんこの両親だけではない。「人間の生命は尊い」という思想は、年齢・人種・社会階層・障碍《しょうがい》の有無に関係なく西洋の道徳的伝統の中核になっている。

（1）伝統的倫理では無実の人間を殺すことは絶対禁止である。

（2）「殺人が善き目的のために為されているかどうか」などは問題ではない。とにかく人を殺してはならない。

（3）メアリーは無実の人間であるから、殺してはならない。

この議論は健全だろうか。

　審理に当たった裁判官たちは健全とは考えなかったが、それは驚くべき理由によるものだった。彼らは分離手術そのものによってメアリーが死ぬことを否定したのだ。控訴院裁判官のロバート・ウォーカーはこう述べた。

分離手術はメアリーとジョディーを分離するにすぎず、「メアリーが死ぬとしても意図的に殺されたわけではない。彼女の身体が自らを支えきれなくなくなって死ぬのだ」と。言い換えれば、手術が原因でメアリーは死ぬのではなく、身体の衰弱で彼女は死ぬというわけなのだ。だから殺人禁止の道徳とは無関係ということになるのである。

しかしこの回答は的外れである。「手術が原因でメアリーが死んだのか、それとも身体の衰弱が原因で彼女が死んだのか」は重要ではない。いずれにせよメアリーは死ぬ。それを知りつつ分離手術を行えば彼女の死は早まる。無実の者の殺害を禁止する伝統の背後にあるのはまさにこのような思想なのだ。

しかし「生命の神聖さに基づく議論」に反論するなら、これよりももっと自然な反論が存在する。

無実の人間を殺すのは常に間違いというわけではない。例えば以下の三つの条件が満たされるなら、無実の者の殺人も正しい。

（1）どうせ間もなく死ぬのだから、無実であってもその人には将来など全くない。

（2）願望もおそらく皆無であろうから、その人には「生き続けたい」という願いはまったくない。

（3）この人を殺すなら、天寿を全うできそうな他の人々を救えそうである。

こういう稀な状況なら無実の者の殺人も正当化されるかもしれない。

第四節　第三の例　トレーシー・ラティマー

脳性麻痺《まひ》の十二歳児トレーシー・ラティマーは一九九三年、父親のロバートによって殺された[4]。トレーシーは父とともにカナダのサスカチュワン州の草原の農場で暮らしていた。ある日曜の朝、妻と他の子供たちが教会に行っているあいだに、父はトレーシーをトラックの運転席に乗せ排気ガスをパイプで送り込んで死なせた。死亡時にトレーシーの体重は十八キロ半に満たず、「三か月の赤ん坊の知能」であったと言われている。ラティマー夫人は帰宅してトレーシーが死んでいるのを見てほっとしたと述べている。夫人は自分にはトレーシーを殺す「勇気」がなかったと述べた。

ロバートは殺人罪で裁かれたが、裁判官と陪審員団は厳罰を求めなかった。陪審員団は第二級殺人罪にしかならないと考え、懲役十年の実刑判決を棄却するよう裁判官に勧告した。

裁判官はこれを認め、懲役一年および農場での禁固一年という判決を下した。しかしカナダ最高裁判所が介入し、懲役十年の実刑が言い渡された。ロバート・ラティマーは二〇〇一年に収監され、二〇〇八年に仮釈放された。

法的問題はさておき、ロバート・ラティマーは間違っていたのか。この事例は既述の他の事例と多くの問題点を共有している。一つの議論は「トレーシーの生命は道徳的に尊いものだから父親といえども彼女を殺す権利などない」というものだ。これに対し父親の弁護側からは「トレーシーの病状はたいへん悲惨で、生物学的意味でしか生きる見込みはなかった」と言われよう。トレーシーの生存は無意味な苦でしかなかったから、彼女の殺害は「慈悲」の行いであった。

これらの議論を見ると、ロバート・ラティマーの行動は弁護できるように思えてくる。しかし彼に批判的な陣営は別の点を指摘した。

「障碍者差別は間違い」という議論

第一審裁判所がロバート・ラティマーに寛大な判決を下したとき、障碍《がい》者の多くは侮辱されたと感じた。自身も多発性硬化症を患っている「サスカトゥーン市障碍者の声」の代表はこう述べた。「生命の価値の優劣を決めることなど誰にもできません。これが肝心なのです」と。

――トレーシーは障碍を持つがゆえに殺された。これは良心に悖《もと》ることだ。障碍者にも健常者と同じく敬意が払われ、同じ権利が与えられるべきである。

これはどう評価すべきだろうか。差別は常に切実な問題である。なぜならそれは正当な理由なしに人間の扱い方に差を設けることだからだ。例えば仮に目の不自由な人が「視覚障碍者は雇いたくない」というだけの理由で雇用主から仕事を断られたとしよう。これは「ヒスパニック系だから」「ユダヤ人だから」「女だから」ということで雇うのを断るのと同じである。

なぜこれらの人は異なった扱いをされるのか。――仕事の能力が劣るのだろうか。知能や勤勉さが劣るのだろうか。その仕事に適任ではないのだろうか。雇われても得るところがないのだろうか。

正当な理由が皆無なら、雇わないのは間違いである。

トレーシー・ラティマーの死は障碍者差別の事例と考えるべきなのか。父親のロバートは小児麻痺が問題ではないと主張していた。「世間ではこれは障碍者問題だと言われています。しかし違います。これは拷問なんです。トレーシーにとっては体が切り裂かれる生き地獄だったのです」と。

死の直前トレーシーは背中・臀部《でんぶ》・両脚に大手術を受け、

追加の手術も予定されていた。さらにロバートは言う。「栄養チューブをいくつも付けられ、背中には添え木が当てられ、脚が切断されたため不格好な歩き方になり、床ずれができて……。トレーシーが幸せな少女だと言えるでしょうか」と。

裁判でトレーシーの三人の担当医は苦痛緩和を困難と証言した。このようにロバート・ラティマーは障碍があるがゆえにトレーシーを殺したことを否定した。緩和の見込みのない苦痛ゆえに殺したのである。

「滑る坂」の議論

カナダ最高裁判所が懲役十年という判決を支持したとき、「インディペンデント・リビングセンター・カナダ協会」の代表は「驚いたが満足している」と述べた。

「これは本当に『滑りやすい坂道』になりかねないのです。生きるべき人間と死ぬべき人間を選別する道を開くことになるのです」と。

障碍者の支援者たちはこの考えに賛同の意を表明した。「われわれとしてもロバート・ラティマーには同情を覚える」と言う。そして「トレーシーは死んでよかったとさえ思うかもしれない」とも述べる。

しかしながらこの手の思考は危険なものだ。

――もしも「慈悲殺」のようなものを容認したら、「滑りやすい坂」をどんどん滑ってゆく。坂を「滑り落ちた果て」では全生命が安易に扱われるようになる。どこに一線を引くのか。仮にトレーシーの命が保護に値しないというなら、他の障碍者の生命はどうなるのか。老人・虚弱体質者・「社会の無用者」はどうなるのだろうか。

この文脈でよく引き合いに出されるのがヒトラーの「人種浄化計画」である。「最初の一歩を踏み出せば、最終的にはナチスのようになってしまう」と言われる。

これと同じ「滑る坂」の議論は他の問題でも使われる。中絶・体外受精・クローン人間などはどれも、その「行き着く先」ゆえに非難されてきた。後になって杞憂《きゆう》だったとわかることもある。人工授精がそうだった。これは胚を実験室で作る技術である。最初の「体外受精児」であるルイーズ・ブラウンが一九七八年に生まれたとき、本人と社会全体に何が起こるかについて恐るべき予測がなされた。しかしそのどれも杞憂だった。体外受精はいまや当たり前になった。ルイーズ・ブラウンが生まれてから十万組以上のアメリカ人のカップルが体外受精で子供を儲けている。

だが結果論を持ち出さずに「滑る坂」の議論を評価するのは難しい。「来年のことを言うと鬼が笑う」という古いことわざがある。理性的な人々の間でも、トレーシー・ラティマーのような事例で慈悲殺が許されるならどうなるのかについて意見は一致しない。ロバート・ラティマーの擁護者は「恐るべき予測」など非現実的と思うだろう。一方ロバートを非難したい人は「予測は理に適っている」と思うだろう。

ただ「滑る坂」の議論は乱用されやすいことを銘記しておいた方がよい。ある事象に反対しているが、それへの有効な議論が何もないなら、その「行き着く先」の予測を持ち出せばよい。その予測がどんなに起きそうにないことでも、誰も反証することはできないからだ。だから「滑る坂」の議論には用心すべきである。

第五節　理由と公平性

以上から道徳の本性について何が学べるだろうか。手始めに二つを指摘しよう。

（1）道徳的判断は正当な理由によって裏付けられていなければならない。

（2）道徳は個人のそれぞれの利益を公平に考慮することを求める。

道徳的推論

ベビー・テレサ、ジョディーとメアリー、トレーシー・ラティマーの実例は強い感情を掻き立てよう。そうした感情は称賛できるかもしれない。それは道徳的真剣さのしるしなのだろう。だがそれは真理発見の邪魔にもなる。ある問題について強い感情を懐くと、議論もせずに真理を知っていると思い込みやすい。でも残念ながら、いかに強かろうが感情に依拠するわけにはいかないのだ。われわれの感情は非合理なものだろう。それは偏見・利己性・文化条件の産物であろう。例えばかつては人々の感情によれば、他人種は劣等人種であり、奴隷制度は神の計画だった。

さらに感情というものは多様だ。トレーシー・ラティマーの父親は長期刑に値すると強く感じる人もいれば、熱心に彼を支援する人もいる。この二つの感情がともに正しいはずはない。「自分たちはそう感じているから」という理由だけで「自分たちの考えは正しいはずだ」と言うのなら、それこそ傲慢というものであろう。

だから真理を発見したいなら、極力、理性が感情を導くようにしなければならない。これが道徳の本質である。「道徳的に正しい」こととは常に「最もうまく議論によって支えられているもの」である。

このことは道徳的見方の狭い領域に限られるのではない。

皆が承認しなければならない論理の一般要件なのだ。基本はこうなる。

——もしも誰かがあなたに「あなたは〜すべきだ」と言ったら、あなたは「なぜそうすべきなんですか」と尋ねるのが正しい。

——仮に正当な理由が示されないなら、その忠告を恣意的あるいは無根拠として却下してよい。

この点で道徳的判断は個人の好みの表明とは異なる。もし誰かが「コーヒーが飲みたい」と言っても、べつに理由を言う必要はない。この人は自分の嗜好《しこう》の事実を述べているだけだから。コーヒーの味の好き嫌いなど「理性で擁護」するには及ばない。

他方もしも誰かが「それは道徳的に間違いだ」と言うなら、理由が必要となる。そしてその理由が正当なら、他人はそれに従わなくてはならない。同じ理屈により、ある発言に正当な理由がないなら、ただわめいているだけだから無視してよい。

もちろん全ての理由が必ずしも正当というわけではない。正当な議論もあればまずい議論もある。だから道徳的思考のスキルの多くはこの相違を見分けることにかかっている。だがどうやって違いを見分けるのだろうか。どうやって議論を評価すればいいのか。これまで考察してきた事例からいくつかの答えが分かる。

（1）第一は事実の直視である。だがこれは言われるほど簡単ではない。鍵となる事実が不明の場合もある。また事実が複雑すぎて専門家でも意見が一致しないこともある。

また別の問題として人間の持つ偏見がある。われわれは自分の先入見を裏付けてくれることを信じたいと思うものだ。例えばロバート・ラティマーの行動を非難する人は、「滑る坂」の議論がもたらすそら恐ろしい予測を信じたいと思うものだ。かたや彼の行為を是認する者はそうした予測を撥《は》ねつけようとするだろう。

別の例を考えつくのはたやすい。慈善団体に寄付をしたがらない人は証拠があまりなくても往々にして「慈善団体は非効率で腐敗している」と言う。同性愛者が嫌いな人は「ゲイの男は皆、小児性愛だ」と言う。そんな例などめったにないのだが。ある政党の支持者はニュースを見ずに「首都ワシントンでの失政は他党のせいだ」と非難する。事実と願望は別物である。事象を知性的に考えたいなら、事実をあるがままに見る必要がある。

（2）事実を直視した上でわれわれは道徳的諸原則を適用できるのである。前記の事例にはたくさんの原則が含まれていた。

——人間を利用すべきでない。

——ある人間を救うために、別の人間を殺すべきでない。

——自分の行為によって影響を受ける人々の利益となることを為すべきである。

——全ての生命は神聖である。

——障碍者差別は間違いである。

道徳的議論の大半は諸原則が個別事例に適用されるというかたちを取る。そのためわれわれは「諸原則は正当化されるのか」とか「諸原則は正しく適用されているのか」と問わねばならないのである。

正当な議論を組み立て、まずい議論を避ける簡単なコツがあればいいのだが、残念ながらそんなものはない。議論が多様な仕方で虚偽となるから、われわれは常に新種の誤りを受け止める用意をしていなくてはならない。しかしこれはべつだん驚くようなことではない。何を学ぶにせよ、お決まりの方法を機械的に当てはめるだけでは「批判的思考（クリティカル・シンキング）」にはならないのである。

公平性の要求

ほとんど全ての重要な道徳理論は公平性を含む。「公平である」とは万人を同じように扱うということだ。つまり誰も特別扱いされないということだ。これと対照的に「不公平である」とは「えこひいき」をすることだ。

公平性は特定集団の成員を「劣った」ものとして扱わないことも求める。だからそれは性差別や人種差別のような差別を非難するのである。

公平性は「道徳的判断は正当な理由に裏付けられていなければならない」という考えと密接に結びついている。「白人は全ての恵まれた仕事に就くにふさわしい」と考える人種差別主義者のことを考えてみよう。こういう人は全ての医師・弁護士・企業幹部などは白人であるのが好ましいと思うだろう。ここで理由を訊いてみるのがよかろう。つまり「なぜそれが正しいと思うんですか」と問うことができるのだ。

「白人は他人種よりずっと高給で社会的地位の高い仕事に向いているのだろうか。」

「白人は生まれつきより聡明、あるいはより勤勉なのだろうか。」

「白人はより自分や家族を大切にするのだろうか。」

「白人がそうした仕事に就いたらより多くの利益を得るのだろうか。」

これらの答えはどれも「否」である。異なった扱いをする正当な理由が何もないなら、差別は恣意的で受け入れがたい。

すると公平性の要求とは基本的に、「人間を恣意的に扱うことの禁止」に他ならない。これは「正当な理由がないのに人間の扱いに差をつけることの禁止」である。だが仮にこれが「人種差別が悪い理由」を説明するものならば、それは「不平等な扱いをしたからといって必ずしも人種差別主義者とはならない理由」の説明にもなるのである。

ある映画監督が——アフリカ系アメリカ人の公民権運動の英雄的指導者である——フレッド・シャトルワース（一九二二—二〇一一）についての映画を撮っていると仮定してみよう。この場合、この監督には主演をブライアン・クランストン（一九五六— ）にしない正当な理由があろう。なぜならクランストンは白人だからである。このような「差別」は恣意的でも反対すべきものでもなかろう。

第六節　道徳の最小概念

ここで道徳の最小の概念が示されよう。

> ——少なくとも道徳とは「理由によって行為を導く努力」である。つまり最良の理由があることを行なおうとする努力なのだ。ただし当該行為の影響を受ける各人の利益を等しく考慮しなくてはならない。

これは「良心的な道徳的行為者であるとはどういうことか」を示している。良心的な道徳的行為者とは、当該行為によって影響を受ける全員の利益に公平な関心を持ち、事実を注意深く選り分け、その含意を吟味し、正当性を精査せずに行為の諸原理を受け入れることはなく、自らの信念の改訂を要することになろうとも進んで「理由に耳を傾け」、最後にこうした熟慮に基づいて行為しようとする——まさにそんな人なのである。

もちろん予測できることだが、必ずしも全倫理説がこの「最小概念」を認めているわけではない。道徳的行為者に関するこのような描像は色々な仕方で論じられてきた。けれどもこの最小概念を拒否する理論は深刻な困難に直面することになる。そういうわけで大半の道徳理論は何らかのかたちでこの最小概念を受け入れているのである。

第二章　文化相対主義の挑戦

道徳は各社会で異なる。それは社会的に是認された習慣を表す便利な言葉である。

ルース・ベネディクト『文化の型』（一九三四）

第一節　文化ごとに異なる道徳律

古代ペルシアの王ダリウスは巡察途上で出くわした文化が多様なことに興味を覚えた。一例としてインドのカラチア族は父親の遺体を食した。ギリシア人はそんなことはしなかった。ギリシア人の埋葬習慣は火葬で、それが遺体処理の最適な方法と見なされていた[1]。

ダリウスは文化の違いを正しく理解するのが洗練された態度と考えていた。このことを諭すべくある日、彼は宮廷のギリシア人たちを集め、父親の遺体を食べることをどう思うかと尋ねた。予想通り彼らは衝撃を受けた。そしていくら金を積まれてもそんなことは不可能と答えた。

次にダリウスは何人かのカラチア族を呼び、ギリシア人たちが聞いている前で、父親の遺体を焼くことをどう思うか尋ねた。カラチア人たちはおののいて、そんな恐ろしいことを言わないでくれと言った。

ヘロドトスの『歴史』に登場するこの逸話は、社会科学の文献に頻出するテーマである。異なる文化には異なる道徳律がある。ある集団内で正しいとされていることも別集団には恐ろしいことかもしれない。逆もまた然りだ。われわれは遺体を食べるべきか。それとも焼くべきか。ギリシア人なら、焼く方が明らかに正しいと思うだろう。しかしカラチア族なら、食べる方が正しいと思うだろう。

同じような例は多い。二十世紀初頭から中葉にかけてのエスキモーについて考えてみよう[2]。エスキモーはアラスカ、カナダ北部、グリーンランド、シベリア東北部の原住民である。今日では彼らが「エスキモー」と自称することはないが、歴史的にこの語は北極圏に散在する原住民を指す。二十世紀になるまで彼らについてはほとんど知られていなかった。だが次第に探検家たちが奇妙な話を持ち帰るようになった。

エスキモーたちは小さな集団を作り、他集団からものすごく離れたところに住んでいた。彼らの習慣はわれわれとはひどく異なることがわかった。往々にして一夫多妻であって、なんと客には夜、妻を貸してもてなす風習まであった。集団内で有力な男は、他の男の妻との定期的な性交渉を要求できたし、実際にそうしていたらしい。だが女の側にもこうした関係を清算する自由があった。ただ夫を捨てて新しい相手と一緒になればよかったのだ。つまり元夫が波風を立てない限りでの自由だった。総じてエスキモーの婚姻の習慣はわれわれとは似ても似つかない不安定なものだった。

しかし異なっていたのは結婚や性慣習だけではなかった。エスキモーは人命にあまり頓着しないようだった。例えば乳児殺しは普通だった。探検家の草分けであるクヌート・ラスムッセンは、二十人の子を産んだがそのうち十人を出産時に殺した女性のことを記録している。女児は男児より殺されやすいことが分かった。それは両親の裁量に属することであり、何ら社会的不名誉を被らなかった。さらに極度に衰弱した老人は雪の中に放置されて死んだ。このためエスキモーは生命をあまり尊重しないと思われた。

われわれの大半には、こうしたエスキモーの習慣は受け入れられないだろう。自分たちの生き方こそ自然で正しいと思うものだから、大違いの生き方をしている人々をなかなか想像できない。だからひどく違った暮らしをしている人たちの話を聞くと、われわれは「遅れている」とか「原始的」と思いがちだ。だけれども人類学者にとって、エスキモーはべつに異常ではなかった。ヘロドトスの時代以来、賢明な人たちは「正しさ」とか「間違い」という概念は文化ごとに違うことを知っていた。万人が自分たちと同じ価値観を持つと思うのは幼稚という他はなかろう。

第二節　文化相対主義

「文化ごとに道徳律は異なる」という見方は、多くの人にとって道徳の鍵であるように思われる。彼らは言う。「普遍的な道徳的真理など存在しない」と。

——様々な社会には様々な習慣があるとしか言いようがない。ある習慣が「正しい」とか「正しくない」と言ったら、独立の規準で判断していることになろう。しかし自文化を規準にして判断しているにすぎないのが実態ではないか。独立した規準など存在しないのだ。どんな規準も文化由来である。

社会学者のウィリアム・グラハム・サムナー（一八四〇―一九一〇）はこう述べている。[3]

> 「正しい」方法とは先祖伝来の方法である……。「正しさ」の観念は習俗の内にある。その外側にはない。「正しさ」の観念は習俗から独立した起源を持たない。「正しさ」の観念で習俗を検証することはできない。習俗として行われていることは何であれ正しい。習俗とは伝統であり、よってそれ自身の内に祖霊の権威を含んでいるためである。習俗に突き当たったところで分析は終わるのだ。

なかんずくこの種の考え方ゆえに、倫理についての懐疑が生じた。文化相対主義では事実上「倫理に普遍的真理のようなものはない」と言われる。多様な文化規範があるのみだ。かくして文化相対主義は「道徳的真理には客観性や正当性がある」という信念に異議を唱えるものとなる。

以下の主張はどれも文化相対主義が強調する点である。

（1）社会ごとに道徳律は異なる。
（2）正しさは当の社会の道徳律で決まる。すなわちその社会の道徳律で正しいとされる行為は、少なくともそこでは実際に正しい。
（3）複数の社会規範の間で優劣をつける客観的規準は皆無である。全時代の全人間に当てはまる道徳的真理など全く存在しない。
（4）自らの社会の道徳律には何ら特別な地位などない。それは多くの道徳律の中の一つにすぎない。
（5）他文化を評価するのは傲慢だ。われわれは常に寛容であるべきである。

（2）「正しさも間違いも社会規範で決まる」という主張が文化相対主義の核心だ。だがそれは「他文化に寛容たるべし」という（5）と矛盾するように見える。常に他文化には寛容であるべきなのだろうか。自らの社会規範が他文化への不寛容を促すものだったらどうなるのだろうか。

例えば一九三九年八月一日、ナチスはポーランドに侵攻し第二次世界大戦が勃発したが、これなどは不寛容の最たるものだった。しかしポーランド侵攻がナチスの理念に則《のっと》ったものだったらどうなのか。仮にナチスの全行為がそれ自身の道徳的信念に基づくものなら、文化相対主義者は「ナチスは不寛容」と批判できないように思われる。

寛容を誇るはずの文化相対主義の理論が実は好戦的社会の不寛容を支持するとは、いやはや皮肉なことだ。しかし文化相対主義はナチスに寛容である必要はない。適切に理解された文化相対主義は「ある文化の規範はその文化の内部でのみ有効」と考える。だからドイツ軍はポーランドに進攻するや否や、ポーランド社会の規範に縛られることになる。その規範の中に無辜《むこ》のポーランド人の大量殺戮などあるわけがない。「郷に入れば郷に従え」ということわざの言う通りなのだ。これに文化相対主義者は同意する。

第三節　文化的相違の議論

文化相対主義者は往々にして論争を戦略とする。彼らは文化についての事実から始め、道徳についての結論を出して終わる。例えば彼らは以下の推論を認めさせようとする。

（1）ギリシア人は死者を食べることは間違いと思っていた。しかるにカラチア族は死者を食べることは正しいと思っていた。

（2）ゆえに死者を食べることは客観的に正しくもないし間違いでもない。それは文化ごとに異なる意見の問題にすぎない。

あるいはこんな風でもよい。

（1）エスキモーは乳児殺しを間違いだと思っていなかった。しかるにアメリカ人は乳児殺しを不道徳だと思っている。

（2）ゆえに乳児殺しは客観的に正しくもないし間違いでもない。それは文化ごとに異なる意見の問題にすぎない。

明らかにこれらの議論は一つの基本思想の変形だ。どちらも次のような一般的議論の実例である。

（1）文化が異なれば道徳律も異なる。

（2）それゆえ道徳に客観的真理など皆無である。正しさとか間違いは単なる意見の問題にすぎない。しかも意見は文化ごとに変わる。

これを「文化的相違の議論」と呼ぼう。多くの人にとってこれは説得力がある。しかし正当な議論だろうか。つまり健全だろうか。

健全ではない。議論が「健全」であるためには、(i)前提が全て真で、かつ(ii)結論が前提から論理的に導出されなければならない。ここで問題なのは結論が前提から導出不可能ということだ。つまり前提が真だとしても、結論は依然として偽かもしれないのである。

前提の方は「人々の信念内容」にかかわるものだ。社会ごとに「人々が信じているもの」は異なる。しかるに結論の方は「現実の事象内容」にかかわる。だが「信念」について云々する前提から「現実」について云々する結論を論理的に導出することはできないのである。哲学の術語で言えば、これは議論が「非妥当」であることを意味する。

　ギリシア人とカラチア族の例を再考してみよう。

――ギリシア人は「遺体を食べることは間違い」と信じている。

――カラチア族は「遺体を食べることは正しい」と信じている。

　両者が一致しないという単なる事実から「これについて客観的真理は存在しない」ということを導き出せるだろうか。否、導き出せない。というのは両方の陣営が見落としている客観的真理があるかもしれないからである。

　論点を明確にするために、まるきり違う事象について考えてみよう。

――ある社会では「地球は平らである」と信じられている。

――別の社会ではわれわれと同じように「地球は丸い」と信じられている。

　両者が一致しないという単なる事実から「地理において客観的真理は存在しない」ことが導き出されるだろうか。もちろん否である。決してそのような結論は引き出せない。なぜなら片方の社会の人が単に間違っているだけかもしれないからである。地球が丸いという事実を知らない人がいるだけかもしれないのだ。

　これと同じく一般には知られていない道徳的真理というものがあるのかもしれない。文化的相違を持ち出す議論は、人々の意見の不一致から道徳の実質にかかわる結論を引き出そうとする。しかしそれは不可能なのである。

　この点を誤解してはならない。議論の結論が偽であると言っているのではない。文化相対主義はやはり真だという「可能性」も依然として残されている。ポイントはこのような議論では、文化相対主義の真たることを証明できないということである。その意味でこの議論は失敗していると言えよう。

第四節　文化相対主義の帰結

　たとえ文化的相違の議論が「不健全」だとしても、文化相対主義そのものは真という可能性は残る。では仮に真だとすれば、一体どういうことになるのか。

　先に引用した件《くだり》においてウィリアム・グラハム・サムナーは、文化相対主義の本質を要約している。彼は「正しさと間違いの尺度は当該社会内部の規準以外にはない」と言う。そしてこう述べていた。「『正しさ』の観念は習俗の内にある。

その外側にはない。『正しさ』の観念は習俗から独立した起源を持たない。『正しさ』の観念で習俗を検証することはできない。習俗として行われていることは何であれ正しい」と。仮にこれを真に受けたら、どんな結論が出てくるだろうか。

（1）「他社会の習慣が自分たちの習慣より道徳的に劣っている」とはもはや言えなくなる。

これは文化相対主義が強調する論点の一つである。他の社会が自分たちと「違っている」というだけの理由でその社会を非難すべきではない。これは開明的態度に見える。とりわけギリシア人やカラチア族の葬式の例では。

だが文化相対主義が真ならば、他のもっと有害な習慣を批判することも禁じられよう。例えば中国政府には国内の政治批判を封じ込めてきた長い歴史がある。いつの時代にも何千人もの政治犯が過酷な労役を課せられた。一九八九年の天安門事件で中国軍は、平和的抗議をしていた人々を——数千人とまでは言わないとしても——数百人も虐殺した。

だが文化相対主義に従えば、中国政府の制圧政策は間違っていたとは言えなくなろう。言論の自由を尊重する社会の方が中国社会より「より善い」とは言えなくなろう。なぜならそう言うこと自体が比較の普遍的規準を含意しているから。しかしながらこうした中国政府の手口を批判しないのは、開明的ではないだろう。それどころか政治的抑圧はどこでも悪なのだ。けれども文化相対主義を認めたら、その批判ができなくなる。

（2）自分の属する社会の規範を批判できなくなる。

文化相対主義は正しさと間違いの判定をする簡単な検査を提案している。それは「行為が社会規範に沿っているか」を問うことだけが必要というものだ。

あるインド人が「カースト制」——厳格な社会階層システム——は道徳的に正しいのか思案していると仮定しよう。このとき必要なのは、カースト制がインド社会の道徳律に沿ったものかどうか問うことだけだ。他に考慮すべきことはない。少なくとも道徳的観点からすれば。

文化相対主義がこうしたことを意味するなら困ったことになる。というのは自分が属する社会の規範が完璧だと思っている人などほとんどいないからだ。われわれはむしろ社会規範はいろいろと改善されるものと思っている。また他の文化からはいろいろ学ぶものだとも考えている。にもかかわらず文化相対主義によると、自分たちの社会規範を批判してはならない。他文化が改善されると考えることもできない。差し詰め正しさと間違いが文化相対的と言うのなら、他文化も自文化も相対的と言わなければならないのだ。

（3）「道徳は進歩する」という思想が疑わしくなる。

少なくともいくつかの社会的変化はよりよい方向に向かって起きると考えられる。西洋の歴史の大半で女性の社会的地位は低かった。女性は財産を持つことができず、投票できず、官職に就けなかった。夫か父親のほぼ絶対的な支配下にあった。しかし最近この多くは変わった。大半の人々はそれを進歩と思っている。

もしも文化相対主義が正しいなら、これを進歩と考えるのが正当と言えるのか。進歩とは古い流儀を新しい流儀に改良していくことである。しかし一体どのような規準によって新しい流儀を「より善い」と判断するのか。もし仮に古い流儀が「当時の規準」に沿っていたなら、文化相対主義の立場はそれを「現在の規準」で評価することなどできないだろう。

性差別のあった十九世紀の社会は現代社会とは違う。「社会は進歩してきた」と言うなら、現在の方が「より善い」と言っていることになる。これは超文化的な判断であり、文化相対主義が禁ずるところなのだ。

文化相対主義の立場でも社会を改善しうる道が一つだけある。つまり社会をその理想に近づけてゆくということだ。理想があるからこそ進歩しているか否かが分かるのだ。しかし誰も理想それ自体に異議を唱えることはできない。なぜなら理想とは定義上正しいものだからである。すると文化相対主義における「社会改革」の意味はとても狭いことになる。

以上の帰結（1）（2）（3）により、多くの人々は文化相対主義を拒絶してきた。奴隷制度はどこであれ間違っているとわれわれは言いたくなる。だから社会が奴隷制度を廃止したら、まちがいなく道徳的に進歩したと言いたくなる。だが文化相対主義では「進歩した」ということに意味などないから、その判断が「正しい」ということもありえない。

第五節　見かけより少ない不一致

文化相対主義の出発点は「正しさ」と「間違い」の捉え方が文化ごとに劇的に異なるということだ。では事実としてどれくらい違うのか。相違があるのは本当だが、誇張されやすい。初めは大違いと思われていたことがあとで全然違っていなかったと分かることもよくある。

牛を食べてはいけない文化を考えよう。こういう文化は十分な食料がない、貧しい文化なのかもしれない。またそこでは牛に触ってはいけないとされる。こうした社会はわれわれの住む社会とはまったく別の価値を持っているように思われる。だが本当にそうなのか。そこの人々が牛を食べない「理由」をまだ問うていないのだ。

人間の霊魂は死後、動物——とりわけ牛——に乗り移るから、牛のなかには誰かの祖母もいるかもしれないと彼らは信じているものと仮定しよう。もしもそうなら、彼らの価値観はわれわれの価値観と違っていると言えるだろうか。

否である。相違は別のところにある。違っているのは「信念」であり「価値観」ではない。われわれは「祖母を食べるべきではない」ことには同意する。だが「牛が祖母であるかどうか」については同意しないのだ。

大切なのは、多くの要因が協働することで社会慣習が形成されるということだ。社会の価値だけが重要なのではない。宗教信仰・事実に関する信念・物理的環境も重要である。だから習慣が異なっているというだけで社会の間で価値観が異なるとは結論できない。要するに習慣の違いは数多くの「理由」によるのである。だから文化間での道徳の不一致はみかけほど多くはないだろう。

エスキモーについて再考しよう。エスキモーはまったく健康な乳児、特に女児を殺す。われわれはこれを是としない。われわれの社会では赤ん坊を殺す親は刑務所行きだろう。すると二つの文化の価値観には大変な違いがあるように思われる。

しかし「なぜエスキモーがそんなことをするのか」と問うてみよう。「彼らは人命を尊重しない」とか「わが子を愛さない」というわけではない。エスキモーの家族は状況が許せば常に赤ん坊を守る。しかし彼らは食べ物が少ない苛酷な環境に生きている。古いエスキモーのことわざを引用すれば「生活は過酷、安全は僅少《きんしょう》」なのだ。家族は赤ん坊を育てようにも、できないかもしれない。

エスキモーは避妊をしないから、望まない妊娠は日常茶飯事だった。多くの伝統的社会と同じくエスキモーの母親も、われわれの文化よりもはるかに長期間、赤ん坊に授乳する。おそらく四年以上だろう。そのため一番好条件の時でも一人の母親が養える子供の数はごくわずかなのだ。さらにエスキモーは遊牧民であった。過酷な北方の気候で農耕は不可能だから、食料を求めて常に移動を余儀なくされた。乳児は運ばなければならないのだが、一人の母親が移動したり屋外で働くとき毛皮服《パーカー》に包んで運べる赤ん坊は一人だけだった。

女児の方が男児より殺されやすいのには二つの理由があった。

（1）第一にエスキモー社会では男たちが主な食料調達係つまり狩人だったが、食べ物は少なかった。これゆえに男の方が集団内で尊敬されていた。

（2）第二に狩人は事故死の確率が高かった。そのため早死にする男の方が早死にする女よりもずっと多かった。もし男児と女児を同数生き残ったら、成人女性の人口が成人男性の人口よりはるかに多くなる。手近な統計を調べれば、「仮に女児殺しがなければ……平均的なエスキモーの地域集団において女性の数は、食料を調達する男性の一・五倍くらいになるだろう」と書かれている。

このようなわけでエスキモーの乳児殺しは基本的に子供軽視に由来するわけではない。むしろ集団の生存のために思い切った措置も必要という認識から来ている。これは確かなのだが、子殺しが第一選択肢というわけではなかった。養子に出す方が普通だった。特に子なしの夫婦は多産の夫婦の「余り」をもらえれば喜んだ。乳児殺しは最後の手段だったわけだ。

人類学の生データは誤解を招きやすいことを示すため、次のことを強調しておきたい。生データは文化間の価値の相違を実状よりも大きく見せることがあるということだ。エスキモーの価値観はわれわれの価値観と似ても似つかぬものではない。われわれには不要の選択を彼らは生きるために強いられているだけなのだ。

第六節　全文化に共通の価値

エスキモーが子供を大切にするのは何も驚くべきことではない。当たり前だ。赤ん坊は無力だから手厚い配慮がないと生きてゆけない。集団により保護されない幼児は生き残れなくなるから、やがて年長者の後を継ぐ者がいなくなる。結果、集団は絶えてしまう。だから今まで存続している文化は幼児を大切にする伝統を持っているはずなのだ。乳児が放置されることはあくまで例外だった。

同様に推論すれば、他の諸価値も人類社会で多かれ少なかれ普遍的であるにちがいないことが分かる。真実を語ることにまったく価値を認めない社会があるとしたら、どうなるのか考えてみればよい。話をするときにも本当のことを語っているいると当てにできなくなる。いとも安易に嘘をついているかもしれないからだ。こんな社会では他人の話に注意を払う理由は全然ないことになろう。時刻を知りたくても、皆がいつも嘘を言うなら、わざわざ他人に尋ねても無駄だ。コミュニケーションは不可能と言わないまでも極度に困難になる。社会というものは成員間のコミュニケーションなしには成り立たないから、こうなると社会そのものが成立しなくなる。

このことからいかなる社会でも正直というものに価値があることが帰結する。もちろん嘘が許されるような状況もあるかもしれない。それでも大半の状況では「正直に価値あり」とされるであろう。

別の例を考察しよう。殺人禁止の規則がない社会は存在しうるだろうか。あるならどんな社会だろうか。好きなように殺せて、誰もそれに反対しないと仮定してみよう。そうした「社会」では誰も安心できないだろう。誰もがたえず身構えて、なるべく他人を避けなければならないだろう。なにしろ他人は潜在的に殺人者なのだから。結果として誰もが自分のことは全部自分でしようとするだろう。すると大きな社会は軒並み崩壊してしまうだろう。

もちろん人々は安心できる小集団を作ることだろう。しかしこれの意味するところは要注意だ。この場合、人々は殺人禁止の規則を承認する小さな社会を作っていることになる。こう見るとやはり、殺人禁止は社会に必要なのである。

ここに一般的論点がある。

——全ての社会に不可欠の道徳規則がいくつかある。それらの規則は社会が存在するために必要なものだからである。

その二つの例が嘘禁止の規則と殺人禁止の規則である。現状としてこれらの規則はあらゆる文化で機能していることが分かっている。そうした規則の「正当な例外」は文化ごとに違うのかもしれないが、規則自体は同じなのだ。それゆえ文化間の相違の大きさを過大評価するべきでない。必ずしも全道徳規則が社会ごとに異なるわけではないのである。

第七節　望ましからざる文化的習慣

一九九六年、ファウジーヤ・カシンジャという十七歳の少女が、ニュージャージー州のニューアーク国際空港で亡命を求めた。彼女は現地人が言うところの「切除」から逃れるために、西アフリカの母国トーゴから逃亡してきたのだ。[4]

「切除」はいつまでも醜い傷痕の残る手術である。それは「陰核割礼」と呼ばれることもある。だがそれは男子の「割礼」とは似ても似つかない。西洋の報道ではしばしば「女性器切除」と呼ばれている。

世界保健機関（WHO）によれば、「切除」はアフリカの二十九か国で行われており、およそ一億二千五百万人の少女が激痛を伴う切除を受けた。小さい村での切除は部族の重大儀式の一部であり、少女は大人の仲間入りとして待ち望むこともあるという。その一方で猛烈に抵抗する都市の少女に施されることもある。

ファウジーヤ・カシンジャは五人姉妹の末っ子だった。運送会社で成功していた父は切除に反対だった。だから父は財産を利用して切除の伝統に逆らうことができた。それで上の四人の娘は切除をせずに結婚していた。ところがファウジーヤが十六歳のとき父が急死した。そこでファウジーヤはおばの後見に入った。おばは結婚話を持ってきて、切除の手はずを整えた。ファウジーヤは怖れおののいた。そこで彼女の家族がファウジーヤの逃亡を手助けした。

当局が処分を決定するまでファウジーヤはアフリカで十八か月近く収監されていた。彼女はこの間、屈辱的な裸体検査を受け、喘息の治療も許されず、まるで犯罪者のような扱いを受けた。最終的には亡命を認められたが、その時点で彼女の件は既に大論争の的になっていた。

「ニューヨーク・タイムズ」の一連の記事では陰核切除は野蛮で非難すべきとされた。他の論者はそう判断するのに及び腰だった。「人は人、自分は自分」と彼らは言った。「われわれの文化だってアフリカ人には恐らく奇妙に見えるだろう」というわけだ。

いま仮に切除は悪だとしよう。この場合われわれは単に自文化の規準を押し付けているだけなのか。もしも文化相対主義が正しいなら、そうなろう。なにしろ文化から独立した道徳の規準などないのだから。だがこれは真だろうか。

文化から独立の規準

陰核切除はいろんな点で悪い。痛くて性感が永久に失われる。短期的影響には大量出血、排尿障害、敗血症がある。死亡することさえままある。長期的影響としては慢性感染症、嚢《のう》胞、歩行困難を来す傷がある。

ではなぜこれが社会に広まったのか。簡単には答えられない。社会にとって明白な利益があるわけではない。エスキモーの乳児殺しと異なり、集団の生存に必要なわけでもない。また宗教に関係しているわけでもない。切除はイスラム教やキリスト教など様々な宗教の諸部族で行われている。

にもかかわらずこの風習を擁護する議論はたくさんある。性感のない女性は淫乱になる可能性が少ない。すると未婚女性の望まない妊娠が少なくなる。

性交が義務でしかない妻が浮気をする可能性が少なくなる。性交に関心がなくなるから、夫と子供に気配りをするようになるだろう。

夫としても切除済みの妻との性交の方が楽しめるそうだ。というのは未切除の女性を男性は不潔で未成熟と感じるから。

これらの議論を嘲笑するのはたやすいし、少し傲慢だろう。だがこれらの議論の重要な特徴に注意しよう。これらは切除の有益性を示すことでそれを正当化しようとしている。女児が切除を受けた方が男も女も家族もうまくいくと言っている。すると「切除は概して有益か、それとも有害か」と問えば、問題に迫ることができそうである。

ここにはどんな社会習慣を考察するときにも使える合理的

な規準が示されている。

——習慣は関係者の「幸福」を促進しているのか、それとも妨害しているのか。

この規準はどんな文化習慣を評価するのにいつでも使えよう。もちろん人々が常にこの規準を「外から持ち込まれたもの」と見るわけではなかろう。なぜならどんな文化も人間の「幸福」に価値ありと見なすからだ。とはいえこの規準は——文化相対主義が禁ずる——文化から独立した道徳的規準のように見える。

他文化批判に及び腰の理由

陰核切除をおぞましく思う多くの人も、その批判には及び腰である。それには三つの理由がある。

（1）無理からぬことだが、他民族の社会習慣への干渉に神経質になっているということがまずある。ヨーロッパ人とアメリカでのその子孫たちは、原住民の文化をキリスト教と啓蒙の名の下に破壊した卑劣な歴史を有する。この反動のためか他文化批判をしない人がいる。とりわけ過去に虐待した文化に似ている文化に対しては。それでも以下の区別はある。

（a）ある文化習慣は欠陥があると判断すること。

（b）その事実を報道し、外交圧力を加え、派兵すべきと考えること。

（a）は道徳的見地から世界をはっきりと見ようとすることにすぎない。（b）はまったく別だ。「何かの行動を起こす」ことは正しいこともあるが、そうでない場合もよくあるだろう。

（2）もっともなことだが、人々は他文化に対し寛容であるべきと思っているらしいことを次に挙げよう。寛容が徳なのは疑いない。寛容な人は異なる考え方の人とも平和共存できる。しかし寛容のどこを探しても、「全信念、全宗教、全社会習慣は同じように称賛すべきものだ」とは書いていない。逆に「それらに優劣がある」と考えないなら、寛容など無意味ではないか。

（3）最後に言えば、人々が批判に及び腰なのは、批判対象となる社会への軽蔑を表現したくないからだろう。だがこれもまた誤りである。ある習慣を非難することは「当の文化は軽蔑すべきものだ」と言うことではない。その文化にも多くの称賛すべき特徴があるかもしれない。まことにこのことが全人間社会に当てはまるものと願いたい。人間社会とは善き習慣と悪しき習慣の混合なのだ。陰核切除は悪い習慣の一つなのである。

第八節　再論　五つの主張

さて前記の文化相対主義の五つの主張に戻ろう。どんな議論だったろうか。

（1）社会ごとに道徳律は異なる。

これは確実に真である。ただし真実を語ることや幼児養育の重視や殺人禁止など、どの文化にも共通の価値はいくつかある。また習慣が違っていても、根底にある理由は「価値観」よりも、当該文化が有する「事実についての信念」と密接に関連していることが多い。

（2）正しさは社会内部の道徳律で決まる。すなわちその社会の道徳律で正しいとされる行為は、少なくともその社会内では実際に正しい。

ここで銘記すべきは「社会における道徳信念」と「実際の真理」との相違である。社会の道徳律は「当該社会の人々が正しいと信じているもの」と密接に結びついている。だが道徳律も社会内部の人々も誤りうる。先に陰核切除の例を論じた。多くの社会でいまだに容認されている蛮行である。さらに別の三事例も考察しよう。どれも女性虐待である。

（a）二〇〇二年、ナイジェリアの未婚の母が婚前交渉の罪で石打ちによる死刑の判決を受けた。[5] ナイジェリア人たちの価値観が、全体としてこの判決に賛成か反対かは不明だ。この死刑判決は上級裁判所で破棄されたからである。しかし死刑破棄の理由の一部には国際社会への迎合があった。ナイジェリア人たちはこの判決を法廷内で聞いたとき「賛成」と叫んだ。

（b）二〇〇五年、オーストラリアの女性が約四キロのマリファナをインドネシアに密輸出しようとしたかどで有罪となった。懲役二十年の判決を受けたが、過度の厳罰であった。インドネシアの法律では死刑になっていた可能性すらあった。

（c）二〇〇七年、サウジアラビアで女性が輪姦《りんかん》された。警察に訴えたものの捜査中に、女性が最近別の男と密会していたことが判明した。この罪として女性は鞭打ち九十回の判決を受けた。女性は上訴したがこれが裁判官の怒りを買った。それで鞭打ち二百回および懲役六か月へと罪が重くなった。最終的にサウジアラビアの国王による恩赦があったが、刑罰そのものは妥当とされた。

文化相対主義では、社会は道徳に関して無謬と見なされるのが実状である。つまり文化の道徳が間違いということはありえないということだ。だが社会が重大な不正を容認する可能性がある、あるいは現に容認しているとき、社会自体もその構成員も道徳的に改善の必要がある。

（3）社会規範に優劣をつける客観的規準は存在しない。全時代の全人類に当てはまる道徳的真理など皆無である。

全時代の全人類に適用すべき倫理原則を思いつくのは難しい。しかし仮に奴隷制や石打ち刑や割礼を批判し、かつまたそれらの習慣が実際に間違いならば、特定社会に拘束されない次の原則に訴えているはずだ。

——習慣が関係者の幸福を促進しているか、それとも妨害しているのかが重要である。

（4）自分たちの社会の道徳律は何ら特別な地位を持たない。それは多くの中の一つにすぎない。

自らの社会の道徳律が特別な地位を持たないことは真である。われわれの社会は天国などではないということだ。われわれの価値観は何ら特別な地位を持ってはいないが、それは偶然のものだからだ。とはいえ自らの社会の道徳律が「多くの中の一つにすぎない」と言うのは、「全ての道徳律は同じ」つまり「多かれ少なかれ同じように善い」と言うことである。ある道徳律が「多くの中の一つにすぎない」かどうかはまさしく「未決問題」なのだ。その道徳律は実際は「最善のものの中の一つ」かもしれないし「最悪のものの中の一つ」かもしれないからだ。

（5）他文化を評価するのは傲慢である。われわれは常に寛容であるべきである。

これは真に他ならないが、買い被られすぎている。他文化批判はしばしば傲慢になる。寛容は概して善である。しかし何でもかんでも寛容であるべきというわけではない。人間社会はこれまで蛮行を犯してきた。蛮行をやめるのは進歩なのである。拷問や奴隷制や強姦に寛容なことは悪徳であり、ちっとも美徳ではない。

第九節　文化相対主義の教訓

これまでの議論では文化相対主義の欠陥ばかり述べてきた。文化相対主義は（真なる前提から真なる帰結が導かれるのではない）不健全な議論に基づき、疑わしい帰結をもたらし、さらに道徳的不一致を誇大視していると述べた。これら全てから文化相対主義は拒絶されることになる。

　だがこう言うと少し不当と感じられるだろう。文化相対主義にだって賛成すべきところもあるに違いない。なにしろとても大きな影響を与えてきたのだから。文化相対主義には正しい面もあるのが現状とわたしは思う。文化相対主義の教訓は二つある。

（1）第一に文化相主義はもっともなことに「あらゆる習慣は絶対的な合理的規準に基づく」と思い込むのは危険と警告する。そんなものはない。習慣の中にはただの「ならわし」にすぎず、自分の属する社会だけにしかない習慣だってあるのだ。このことは忘れられやすい。それを思い出させる点で文化相対主義は有益である。

（a）葬礼の慣習はまさにその「ならわし」の一つだ。ヘロドトスによれば、カラチア族は「父親を食べる人々」だった。これは少なくともわれわれには衝撃的である。しかし死肉を食べることは尊敬のしるしなのかもしれないのだ。それは「死者の霊魂が自らの内に宿る」ことを願う象徴的行為なのかもしれない。たぶんこれがカラチア族の世界観だったのだろう。

　こう考えるなら、「遺体埋葬は禁忌、遺体焼却は軽蔑」が当然と見なされよう。もちろん人肉を食べることには嫌悪の念を覚えるだろう。しかしそれでもいいではないか。それも自分が育った土地のせいにすぎないのだろう。文化相対主義は多くの習慣は文化の産物にすぎないという洞察に始まる。全ての習慣がそうだと言うから間違うのだ。

（b）あるいは身だしなみについて考えてみよう。アメリカでは女は人前で胸を晒してはならないとされる。例えば二〇〇四年、プロフットボウルの王座決定戦のハーフタイムでジャスティン・ティンバーレークがジャネット・ジャクソンの衣装の一部を剝ぎ取り、観客に片方の胸が見えた。ＣＢＳはすぐさまスタジアムの上空映像に切り替えたが、手遅れだった。五十万人ほどの視聴者が抗議し、連邦政府はＣＢＳに五十万ドル超の罰金を科した。しかし女性が人前で胸を晒してもいい文化だってある。胸の露出は客観的に正しくもないし間違いでもない。

（c）最後にもっと複雑で論争を呼ぶ例について考察しよう。一夫一婦制である。われわれの社会の理想とは、恋愛後ただ一人の相手と結婚し、永遠に貞操を守るべしというものである。しかし幸福追求の別の方法はないものなのか。ダン・サベージという人生相談欄回答者は一夫一婦制の欠点として「倦怠・失望・マンネリ・セックスレス・当たり前」を列挙している。[6] このような理由で多くの人々は、一夫一婦制は幸福につながりそうもない非現実的理想だと思っている。

だからといって別の制度などあるのだろうか。結婚したカップルのなかには一夫一婦制を拒否し、お互いにときたまの不倫を許している夫婦もいる。配偶者に浮気を許すのはリスクがある。配偶者が二度と戻ってこないかもしれないからだ。でも結婚という制度をもっと緩やかなものにしてもいいのではなかろうか。多くの人は現行制度で性的に縛られすぎると感じているし、そう思うだけで何やらやましい気持ちになる。

一夫一婦制から完全に逸脱し、互いの同意のもと多数の相手と長きにわたって交際したり結婚する者もいる。こうした「ポリアモリー」(多重愛)には「三人婚」「四人婚」のような集団結婚もある。この制度の中にはいいものもそうでないものもある。だがこれは道徳の問題ではない。妻が夫の浮気を許しているのなら、浮気は背信ではない。なにしろ妻は夫の浮気を承認しているのだから、夫は妻の信頼を裏切ってなどいないのだ。

もしも四人が一つの家族のように愛し合って一緒に住んでいるなら、道徳的に問題はない。とはいえわれわれの社会の大半は一夫一婦制という文化的理想以外は認めたくないだろうが。

(2) 第二の教訓は「心の広さ」に関わる。成長してゆくにつれてわれわれは物事に強い感情を懐くようになる。是認しがたい行動もあれば言語道断の行動もあることが分かるようになる。ときたま自分の感情が「おかしい」と思うこともあろう。例えば「同性愛は不道徳」と教えられてきた。ゲイがそばにいたら気持ち悪いだろう。しかし誰かが言っていたことだが、感情は正当化を欠いている。ゲイに間違ったところはなく、他の人たちと同じで、たまたま同性に惹かれるというだけだ。われわれは同性愛に強い感情を懐くから、自分の偏見と向き合うのが難しいのであろう。

文化相対主義はこの種の独断の解毒剤になる。ギリシア人とカラチア族の話を伝えたところで、ヘロドトスは以下のように付け加えている。

世界中の国で最良の信仰を選べと言われたら、優劣を注意深く考えたあと、誰でも必ず自分の国の信仰を選ぶであろう。例外なく皆、自分の生まれ育った土地の習慣や宗教を最良と思うものだ。

これが分かれば、われわれの心は広くなろう。感情は必ずしも真理を認識するわけではない。感情は文化条件に由来するものでしかないのだろう。だから何かの社会規範への批判を耳にしたとき、自分の心が苛立つのを感じたなら、立ち止まってこのことを思い出した方がいい。そうすれば何らかの真理の発見に向かって心が開かれてゆくであろう。

このとき文化相対主義の訴えが分かってくる。もちろん欠点もある。だが本物の洞察に基づいているからこそ、文化相対主義は魅力的なのだ。すわなち「自然に見える習慣や態度の多くは文化の産物にすぎない」ということだ。傲慢を避け新しい思想に心を開きたいなら、このことを念頭に置いておくのが大事である。軽々しく受け取ってはならない。文化相対主義の学説全体を是認せずに、大切なところだけを受け入れればそれでいいのである。

第三章　倫理における主観主義

ある行為が悪徳だとしよう……。例えば「故意の殺人」である。「悪徳」と呼べる事実や実在が見つかるかとことん調べてみよう……。省みた胸の内に悪行への「非難」の「感情」が湧き起こるのが見えるだけだ。ここには事実があるが、それは「感情」の対象であり「理性」の対象ではない。

デイヴィッド・ヒューム

『人間本性論』（一七三九—一七四〇）

第一節　倫理的主観主義の基本思想

二〇〇一年にニューヨーク市長選挙があった。民主党の候補者も共和党の候補者も皆「ゲイ・プライド・デー」のパレードにやって来た。マット・フォーマンというゲイの権利擁護団体代表は全候補者が「ゲイ問題に理解がある」と述べた。[1] そしてこうも述べた。「アメリカの他の地域での選挙は絶望的とは言わないまでも、ニューヨークの状況とはずいぶん違います」と。どうやら共和党の連邦組織も賛成のようだった。何十年も間ずっと共和党はゲイの権利運動に反対だったのだが。

国民全体は本当のところどう考えているのだろう。二〇〇一年以来ギャラップ世論調査では、ゲイやレズビアン系の人についてアメリカ人の個人的意見を調べている。[2] 二〇〇一年、五十三パーセントのアメリカ人はゲイを「道徳的に間違っている」と考えていた。「道徳的に許容可能」と考えていたのは四十パーセントだけだった。だが二〇一四年までにこの数字は劇的に変わった。五十八パーセントがゲイを「道徳的に受け入れられる」と述べ、「道徳的に間違っている」と述べたのはたった三十八パーセントだった。

賛成派も反対派も強い感情を懐いている。下院議員を四期務めたミシェル・バックマン（一九五六—　）というミネソタ州選出の女性共和党員は保守層の聴衆にかつてこう語りかけた。[3]「皆さんがゲイやレズビアンとして生きているなら、それは束縛なのです。個人を束縛し、絶望させ、奴隷化するものなんです」と。彼女がこう言うとき意図していたのは恐らく、ゲイは自分の欲望の「奴隷」になっているということなのだ。ゲイは罪に縛られて生きているのである。

　バックマンと夫は問題を抱えたゲイにいわゆる「鎖」からの脱出法を教えた。ミネソタのキリスト教相談センターでは、同性愛の「治療」をしてくれるのだった。バックマンはルター派のキリスト教福音主義者であった。

　カトリックの見解はもっと微妙のようだったが、ゲイのセックスは間違いということには同意していた。[4]「カトリック教理問答」によれば、ゲイは「同性愛を選んだわけではない。ゲイは尊重と慈悲と思いやりをもって扱われなくてはならない。ゲイへの不正な差別はちょっとしたものでも全て避けるべき」なのである。だが同性愛は「内因性疾患であるから、いかなる状況でも是認してはならない」のだ。よって潔癖なゲイは自分の欲望に逆らっているはずである。

　これにどういう態度をとるべきなのか。ゲイは不道徳と思われるかもしれない。あるいは認めてやってもいいと思うかもしれない。しかし第三の選択肢もある。次のように思うかもしれない。

> 　人々の意見は多様である。しかし道徳に関してはいかなる「事実」もない。誰かが「正しい」ということもない。人々の物事に対する感じ方は多様である。これが全てなのだ。

　これが倫理的主観主義の基本思想である。倫理的主観主義とは「道徳的意見は感情由来であり、それ以上の根拠はない」という理論なのだ。

　デイヴィッド・ヒュームが指摘しているように、道徳は「理性」ではなく「感情」に関係している。この理論によると、正しさとか間違いというものはない。「ゲイもいれば非ゲイもいる」というのは「事実」である。だがゲイは非ゲイよりも「道徳的に善いとか悪い」というのは「事実」ではない。

　もちろん倫理的主観主義は同性愛だけを説明するものではない。それはあらゆる道徳的問題に適用される。別の例を挙げれば、毎年アメリカ合衆国では五十万件以上の中絶が行われている。しかし倫理的主観主義によると、中絶が道徳的に許容できるかそれとも道徳的に間違っているかということは「事実」ではない。生命尊重派《プロライフ》が中絶を「殺人」と呼ぶとき、自分の「怒り」を表明しているにすぎない。選択尊重派《プロチョイス》が女性には選ぶ権利があると言うとき、自分の「感情」を知らせているにすぎない。

第二節　言語論的転回

倫理的主観主義でびっくりすることは、道徳的価値に関する見解である。倫理に客観的基礎がないのなら、道徳とはすべて意見にすぎないことになる。すると何かの事象が「現実に」正しかったり「現実に」間違っていたりするという感じは、単なる幻想となる。

しかし倫理的主観主義を展開した大半の道徳哲学者たちは、価値のみに自分たちの理論を当てはめたわけではなかった。十九世紀末、哲学者の専門家は「言語論的転回」を遂げたわけだが、当時の哲学者たちは言語と意味の問題ばかり研究したのだった。この傾向は一九七〇年頃まで続いた。以下のような問いを立てた当時の哲学者たちが倫理的主観主義を発展させたのだった。

――人々が「善い」や「悪い」といった語を使用するとき何を意味しているのか。

――道徳の論争が「（実際に）誰の意見が正しいのか」に関する論争でないとしたら、一体何についての論争なのか。

――「道徳的言語」の目的は何か。

哲学者たちはこれらの問いを意識しながら様々な理論を提唱した。

単純主観主義

最も単純なかたちの学説はこうだ。

――何かが道徳的に善いとか悪いとか言うときに意味されているのは、それに「同意」か「不同意」かということである。言い換えればこうなろう。

「Xは道徳的に受け入れられる。」
「Xは正しい。」
「Xは善い。」
「Xは為されるべきである。」

これらはすべて次のことを意味している。

「わたし（話者）はXに同意する。」

また次のようにも言える。

「Xは道徳的に受け入れられない。」
「Xは間違いである。」
「Xは悪い。」
「Xは為されるべきではない。」

これらはどれも次のことを意味している。

「わたし（話者）はXに不同意である。」

この種の理論を「単純主観主義」と呼ぶとしよう。これは倫理的主観主義の基本思想を実にすっきりした形で表現している。だがそれは深刻な異論に晒される。

その異論とは単純主観主義は「道徳的不一致を説明できない」というものだ。前記の例を考察しよう。

――ゲイの権利の擁護者マット・フォーマンはゲイを道徳的に受け入れられると信じていた。しかし下院議員のミシェル・バックマンはそうではないと信じていた。

ゆえに二人は不一致である。

この事態を単純主観主義はどう説明するだろうか見てみよう。

フォーマンが「ゲイは道徳的に受け入れられる」と言うとき、単純主観主義は「フォーマンは自分の『態度』について述べているにすぎない」と説明する。「わたしマット・フォーマンはゲイに不同意ではありません」と。

ではバックマンはこれと不一致なのだろうか。否である。バックマンは「フォーマンはゲイに不同意でない」ということに同意しているからだ。

同様にバックマンが「ゲイは不道徳」と言うとき、「わたしミシェル・バックマンはゲイに不同意です」と言っているだけである。このこと自体を疑える者など誰もいないであろう。

かくして単純主観主義によると、フォーマンとバックマンの間には不一致はないことになる。ということはとりもなおさず二人はそれぞれ相手の発言内容の真理性を承認しなくてはならないということだ。けれどもこれが正しくないということは確かなのだ。何となればバックマンとフォーマンは同性愛について不一致にあることに変わりはないわけだから。

まさにここに単純主観主義の拭いえない不満がある。バックマンとフォーマンは深刻な対立意見を持っている。けれども二人は、不一致がはっきり分かるように自分の信念を述べることができないのだ。フォーマンの方がバックマンの発言内容を否定しようとしても、単純主観主義によると、フォーマンにできることはせいぜい自己自身の「立場」を語ることだけなのだ。

以上の議論は次のように要約できよう。

（1）ある人が「Xは道徳的に受け入れられる」と言い、別の人が「Xは道徳的に受け入れられない」と言うなら、二人は明らかに不一致である。

（2）しかし単純主観主義が正しいなら、二人が不一致る。

ということにはならない。

（3）　ゆえに単純主観主義は正しいはずがない。

この議論は単純主観主義の欠陥を示しているように思われる。

情緒主義

単純主観主義の改良型が「情緒主義」である。情緒主義は二十世紀中葉に人気があった。それはアメリカの哲学者チャールズ・L・スティーヴンソン（一九〇八―一九七九）の著作によるところが大きい。

スティーヴンソンによると、言語の使用法は多様だ。まず言語は陳述として、つまり事実を述べるために使われる。

「ガソリン価格が上昇している。」

「クォーターバックのペイトン・マニング（一九七六― ）は首を何か所も手術し、一年間試合に出場できなかったが、その後シーズン最多タッチダウンパスの記録を破った。」

「シェークスピアは『ハムレット』を書いた。」

これらにおいては真か偽かいずれかのことが述べられている。発言の目的は普通、情報を聞き手に伝えることである。

だが言語は他の目的でも使われる。「ドアを閉めて下さい」という発言は、真でも偽でもない。これは情報を伝えるための陳述ではない。「命令」である。命令の目的は人に何かをさせることだ。

あるいは次のような発言を見てみよう。それらは陳述でないが、かといって命令でもない。

「あーっ！」

「ペイトン、その調子！」

「あーあ、残念、ヨリック！」

これらの文を理解するのはとても簡単だ。だけどもこれらのどれも真ではないし偽でもない。（「『ペイトン、その調子！』は真である」とか『あーあ』は偽であると言っても意味をなさない。）これらの文は事実を述べるために使われているわけでもなければ、行動に影響を与えるために使われているわけでもない。これらの文の目的は話者の「態度」を表明することなのだ。例えばガソリン価格やペイトン・マニングやヨリックについての態度表明なのである。

さてここで「道徳語」について考察しよう。単純主観主義によると、道徳語とは「事実」を語ることにかかわる。すなわち倫理的判断というのは話者の「態度」を「報告」するものなのだ。

単純主観主義によると、バックマンが「ゲイは不道徳だ」と言うとき、この発言は「わたしバックマンはゲイに不同意である」ということを意味している。これはバックマンの「態度」についての「事実」を陳述しているのだ。

かたや情緒主義によれば、道徳語は「事実」を陳述するものではない。それは情報伝達するために使われるものではないのである。

（1）第一にそれは「行動に影響を与える手段」なのだ。「それをするべきではありません」と言うのは「説得」である。この発言は事実の陳述ではなく「命令」である。「それをするべきではありません」は「それをするな」を婉曲表現なのである。

（2）また道徳語は「態度表明」も使われる。「ペイトン・マニングは道徳的に善い男だ」と言うのは、「ペイトン、その調子！」と言うようなものだ。だからバックマンが「ゲイは不道徳だ」と言うとき、情緒主義はこの発言を「同性愛だってぇ、気持ち悪い！」とか「ゲイになるな！」などの意味と解釈される。

既述のごとく、単純主観主義は道徳的不一致を説明できない。では情緒主義ならできるのか。情緒主義は不一致にはいろいろなものがあると強調する。

（a）わたしは「リー・ハーヴェイ・オズワルドは単独でジョン・F・ケネディ大統領を暗殺した」と信じている。あなたはオズワルドは悪党一味の手下にすぎないと信じている。ここには「事実」の不一致がある。あなたが偽と信じていることをわたしは真と信じているわけだから。

（b）わたしはアトランタ・ブレーブスが勝ってほしい。あなたはアトランタ・ブレーブスが負けてほしい。でも二人の「信念」が対立しているのではない。「願望」が対立しているのだ。あなたが願わないことをわたしは願っているわけだから。

（a）で二人は異なる事柄を信じている。だが両方とも真ということはありえない。スティーブンソンはこれを「信念の不一致」と呼んだ。

（b）で二人は異なる結果を願っている。でも両方とも実現するわけではない。スティーブンソンはこれを「態度の不一致」と呼んだ。

二人の「態度」は違っていても「信念」は同じということ

はありうる。例えばあなたとわたしがアトランタ・ブレーブスという野球チームについて持つ「信念」全てが同じということはありうる。例えば二人とも「ブレーブスの選手は高給すぎる」「わたしは南部出身というだけでブレーブスを応援している」「アトランタは野球が盛んな都市ではない」と信じていることはありうることだ。

だけどもこのような共通性つまり「信念の完全一致」があっても、「態度の不一致」の可能性は残っている[5]。わたしがブレーブスに勝ってほしいと願う一方あなたはブレーブスに負けてほしいと願うことは可能なのだ。

スティーブンソンによると、道徳的不一致は「態度の不一致」である。マット・フォーマンとミシェル・バックマンは同性愛をめぐる「事実」についての「信念」で対立しているかどうかは不明だ。それでも二人の「態度の不一致」は明らかだ。例えばフォーマンは同性婚の合法化を願い、バックマンはそれを願わない。情緒主義においては、道徳的対立はこのようなかたちで現に存在しているわけである。

情緒主義の長所は道徳語の主要な使用法を知っていることだ。確かに道徳語は（1）「説得」や（2）「態度表明」などにも使われることがある。

しかしながら道徳語が「事実」を述べることを否定する情緒主義は、「明白な事実」を否定してしまうようだ。例えば「長期の独房監禁は残酷な刑罰だ」とわたしが言うとき、その刑に対してわたしが同意していないことは真である。わたしが他人も反対してくれるよう「説得」しようとしていることも真だ。

だがやはりわたしは「何かが真である」ことも言おうとしているのである。わたしは「自分は正しいと信じている」と陳述しているのだ。大半の人と同じく、わたしも自分自身の道徳的確信を「単なる意見」とは見ていない。「単なる意見」とは頑固者や無頼漢の持つ「信念」と同じく正当化されていないものだ。

実際に正しいか間違っているかは別として、わたしが自分は正しいと信じていると陳述しているまぎれもない事実は、道徳語の意味解釈にとって重要なのである。

錯誤理論

倫理的主観主義の最後の型は、倫理について語る際に人は少なくとも「何かが真である」と言おうとしていることは認める。これはジョン・L・マッキー（一九一七―一九八一）の錯誤理論《エラーセオリー》である。マッキーは主観主義者だった。倫理に「事実」などないと彼は信じていた。そして誰かが正しいとか間違っているということもないと信じていた。

しかし同時に人々は「自分が正しいと信じている」ことも彼は認めていた。だから人は「客観的真理を述べようとしている」と解釈すべきと彼は言うのである。

したがってバックマンとフォーマンは「自分自身の態度を報告しているにすぎない」（単純主観主義）とか「自分の感情を表明しているにすぎない」（情緒主義）とマッキーは言わない。錯誤理論はバックマンとフォーマンは「価値に関する積極的主張をしている」と考える。つまり「道徳的真理は自分の側にある」と主張している。ところがマッキーによるとそんな真理などない。だから道徳的話法は錯誤だらけということになるわけである。

第三節　価値の否定

道徳理論は主に「価値」を問題にするのであって、「言語」を問題にするのではない。よって倫理的主観主義についてのこれまでの論述は、脱線していたようだ。倫理的主観主義の核になるのは、「ニヒリズム」と呼ばれる価値論である。ニヒリストは「価値は実在しない」と信じる。

――道徳的信念は多様だが、「善い」とか「悪い」ないしは「正しい」とか「間違い」と言えるものなど本当のところ存在しない。

以前の論述では中絶や同性関係の問題にニヒリズムを適用したわけだが、ニヒリストに言わせれば、論争の際どちらの陣営も正しくはない。何と言ったって「正しさ」などというものはないのだから。

論争を巻き起こす難問を取り上げる限り、ニヒリズムはもっともらしく思われる。というのもわれわれは難問についてどう考えるべきか不安だからだ。不安になるのは、恐らく正しい答えなどというものなどはなから存在しないからだろうか。

そうはいっても簡単な問題ならニヒリズムや倫理的主観主義はもっともらしくなくなるようだ。新しい例を挙げれば、ナチスはその人種思想に基づいて何百万もの人間を殺した。しかしニヒリズムによれば、ナチスの行いが悪かったという事実はない。ニヒリストが言うのはむしろ「人ごとに意見は異なるから誰も正しくはない」ということだろう。

――あなたは何かをある事柄を信じている。かたやアドルフ・ヒトラーは別の事柄を信じている。だからあなたの意見とヒトラーの意見は同じように正当である。

こうなるとニヒリズムは荒唐無稽に見えてくる。ニヒリズムを信じている人がいるなんてとうてい信じられない。少なくとも一貫して信じていた人がいたなんてことは信じられない。

だからつまるところ人間は皆「主観的感情」のみならず「道徳的信念」も持っているわけなのである。人種差別主義者だってやはり、仲間を殺したり人種を絶滅させることは間違いと信じているのだ。しかしこんな風に言ってしまうと、主観主義と矛盾することにもなろう。

ニヒリズムを倫理と無関係の理論と比べることもできよう。その理論によると、宇宙はたった五分前に始まった。それは過去の実在を否定する。少なくとも五分より前の過去の実在を否定する。いかに馬鹿げていようと、これは論駁困難だ。昨日の出来事を引き合いに出して論駁しようとしても、「昨日の出来事の『記憶』など宇宙が始まった五分前に脳に埋め込まれたものだ」と切り返されるのがおちであろう。一七四〇年の著作権がある本を持ち出しても、「それだってちょうど五分前に(著作権の誤記とともに)存在し始めた」と言われるのだろう。

このような立場は論駁困難だが、誰も信じる気になれない。ニヒリズムや倫理的主観主義にもこれと同じことが言えるのである。これらは「正しさ」と「間違い」の実在を否定する。だから例えば、「理由なく故意に人体に激痛を与えるのは間違い」ということも否定する。ニヒリストは「児童虐待の加害者も自分自身の信念を持っている。各自は各自の信念を持っている」と言うだけだろう。

このような立場は確かに反駁困難だが、だからといっていくらなんでも論駁の必要ありとはならないだろう。

第四節　倫理と科学

倫理的主観主義には真実味が乏しいにもかかわらず、多くの人がこの説に魅力を感じてきたのは一体なぜなのか。たぶんこの説の意味するところを丹念に考察していなかったからだろう。とはいってもこの説が魅力的なのにはもっと深い理由がある。多くの思慮深い人は「科学に適切な敬意を払うのならば、価値に関しては懐疑的でなくてはならない」と思っているという根深い理由がある。

(1) 二十一世紀には「価値は客観的に存在する」という信念は「幽霊や魔女や超自然現象が存在する」という信念と同じだという思潮が存する。こんなものがもし実在するのなら、とっくに科学が発見していることだろう。十八世紀に遡るとデイヴィッド・ヒュームはこんな議論をしていた。

――「例えば故意の殺人」のような悪行を調べてみても、その悪さに対応する「実在」など見つからないだろう。宇宙には「悪」のようなものは含まれない。それが存在するという信念はもっぱら主観の反応に由来している。

マッキーが言っているように、価値は「世界の構造」の一部ではないのだ。[6]

これについてどう評価すべきなのだろう。価値とは惑星やスプーンのように触れられるものではないことは確かだ。科学者が新種の電子を発見することがあっても、「悪」を「発見」することなどまずないだろう。

だからといって倫理に客観的基礎がないということにはならないのである。ありがちな誤りは次の二つの可能性しか考えないことだ。

（a）惑星やスプーンが存在するように、道徳的価値も存在する。

（b）価値は主観的感情の表明にすぎない。

これらは第三の可能性を見落としている。人間は感情のみならず理性も持っている。理性を持つことで大きな違いがでてくる。だから次のようになる。

（c）道徳的真理は理性にかかわる。他の理由よりもいっそう正当な理由による裏付けがあるなら、道徳的判断は真となる。

このような見方では、「願望や信念から独立に真」という意味で「道徳的真理は客観的」である。幼児虐待反対に正当な理由があるが、かたや幼児虐待支持に正当な理由がないなら、ここには「幼児虐待は間違いだ」という客観的真理があるのだ。単なる「意見」しかないというわけではないのである。

（2）別の思潮として科学を客観性のモデルと見なすというものがある。これで倫理と科学を比較すると、倫理に欠陥があるように見えてくる。例えば科学には証明があるが、倫理に証明は皆無である。

「地球は丸い」「人類誕生以前に恐竜が生息していた」「身体は原子からできている」などは証明可能である。けれども「中絶は許容可能か許容不可能か」には証明がない。

「道徳的判断に証明など皆無」というのは訴えるところ大である。既述のごとく主観主義者の主張は、中絶のような難問を取り上げるとき最も強力なものに見えてくる。そのような難問を出されると、「証明など不可能」と信じたくもなる。

しかし科学にだって科学者たちが論争中の複雑な問題はある。それらしか見ていないなら、「物理や化学や生物学にも証明はない」と結論付けてしまいかねない。

ここではもっと簡単な道徳的問題を取り上げてみよう。「試験は公正でない」と言う学生がいたとしよう。これは明らかに道徳的判断である。なんといっても公正さは道徳的概念だから。さてこの判断に証明はないのだろうか。この学生は次のように指摘した。

「試験には些事が出題されているのに、教師が重要だと強調した箇所が出ていない。教材でもクラス討論でも触れられなかった問題が出題されている。それに問題数が多すぎて皆、時間が足りなかった」と。

これらは全部真と仮定しておこう。さらに教師は自己弁護できなかったとしてみよう。この新任教師は万事にまごついていたのが実態らしい。

この学生は試験が不公正であることを「証明」していると言えないのだろうか。類似の例を思いつくのはたやすい。

――「ジョーンズは悪人だ。」

ジョーンズは常習的嘘つきである。彼は他人をからかう。彼はトランプでズルをする。彼はかつて二十七セントをめぐって口論になり、殺人を犯したことがある。その他。

――「スミス医師は無責任だ。」

スミス医師はいいかげんな診察をする。彼女は他の医師の助言に耳を傾けない。難しい手術の前に安物のアメリカの安いビールを飲む。その他。

――「中古車ディーラーのジョーは不道徳だ。」

ジョーは車の欠陥を隠す。彼は押し売りする。彼はホームページに誇大広告を掲載する。その他。

こうした理由列挙はさらにもう一歩進めることができる。ジョーンズを常習的嘘つきと批判したら、次に嘘というものが悪い理由の説明へと進んで行ってもよい。

（a）嘘が悪い理由の第一は、嘘が人を害するからということだ。偽りの情報を知らされて、それを信じ込んだ人はいろいろと迷惑する。

（b）第二の理由は、嘘は信頼の棄損だからということだ。他人を信頼したら、自分は無防備になる。仮にわたしがあなたを信頼したら、わたしは不用心にもあなたの発言を信じる。それなのでもしもあなたが嘘をつくなら、あなたはわたしの信頼に付け込んでいることになる。

（c）第三の理由は、社会が存続するには「誠実の規則」が必要だからということだ。他人を信頼できないと、コミュニケーションは不可能となろう。コミュニケーションが不可能なら、社会は崩壊することになろう。

このように判断には正当な理由というものがあるわけだ。またそうした理由がなぜ重要なのかも説明できる。正当な理由を挙げ、かつその理由の重要性も説明し、そこでまた反対側の主張が弱いことも示せば、これこそまさに「証明」そのものではなかろうか。

倫理説が科学理論と同じく実験によって証明されることを期待するかもしれない。しかし倫理で「仮説を証明する」とは以下のことなのだ。

――「理由の列挙」「議論の分析」「原則の提示」とその「正当化」。その他。

「倫理的推論が科学的推論と異なる」という事実は、「倫理の欠陥」を意味するものではない。

にもかかわらず中絶などについて議論したことがある人は皆、自説の証明がいかに困難か知っている。だが本来まったく別の以下の二つの事項を混同してはいけない。

（ⅰ）意見が正しいと「証明」すること。

（ⅱ）証明を受け入れるよう人を「説得」すること。

健全な証明の構築は哲学の任務の一つだ。しかし哲学者は他人の説得という仕事を心理学者や政治家や広告業者に譲る。哲学の見地から言えば、議論で説得に失敗しても、その議論が証明としては正当ということはありうる。なんといったって相手が頑固者だったり偏見を持っていたり上の空だったりというだけの理由で、議論に説得力がないこともあるのだ。

第五節　同性関係の問題

ゲイとレズビアンをめぐる論争に戻ろう。関連する理由には何があるのか。最も適切な事実としては、「ゲイは幸せな生活を求めているだけ」ということがある。セックスとはさしずめ特別強力な本能なのだ。性的欲求の充足なくして幸せな人などほとんどいない。しかしセックスのみに焦点を合わせるべきでない。ゲイ問題は単に性交相手の問題なのではない。恋愛相手の問題でもある。異性愛の人と同じようにゲイだって恋に落ちる。異性愛の人と同じようにゲイも愛する人と一緒に生活したいとしばしば願う。

それだからゲイは「自分の願望通りに行動すべきでない」と言うのは、ゲイに虚しく腹立たしい生活を強要することだ。ゲイが異性愛者になることで問題を回避するのも不可能と言わねばならない。同性愛者も異性愛者も一定年齢に達してはじめて自分の性的指向が分かるようになる。どちらの性が好きか誰も自分で決められない。

人々がゲイの権利に反対するのはなぜなのだろう。同性愛は危険と思う人もいる。口に出さなくても、よくある非難にゲイは子供に性的いたずらをするというのがある。アメリカの公立学校で「ゲイをクビにせよ」という運動がいくつかあった。この種の議論ではいつも小児性愛への恐怖が首をもたげる。下院議員バックマンはゲイの結婚に触れて「これはとても深刻な問題です。子供は社会の宝だからです。（ゲイ集団は）とりわけ子供を狙っているのです」と述べたとき、小児性愛への恐怖が念頭にあった。[7] しかしこのような恐怖は正当ではない。ただの固定観念だ。「黒人は怠け者」とか「イスラム教徒はテロリスト」と言うのと同じだ。道徳的性格や社会貢献に関してゲイと異性愛者の間に差はない。

同性愛への最もありふれた異論は「不自然」というものだろう。これをどう評価すべきか。この異論を評価するには「不自然」の意味を知る必要がある。三つ可能性があるように思われる。

（1）「不自然」は第一に統計概念であろう。この意味では大半の人が持っていないような性質は不自然であろう。確かにゲイはこの意味で不自然なのだが、それだったら左ききだって高身長だって特別親切ということだってそうだろう。明らかにこれでは同性愛批判の理由にはならない。稀な性質がよいことも多いからだ。

（2）「不自然」の第二の意味は目的にかかわるものだろう。身体の各部位は特定目的のためにあるように見える。腎臓の目的は血液浄化である。眉毛の目的は眼球保護である。同じく性器の目的は生殖である。セックスは子作りのためにする。そうだとするとゲイのセックスは自然的目的から乖離《かいり》した性行動だから不自然と言われそうだ。

「同性愛は不自然」と言うとき多くの人の念頭にあるのがこれだろう。しかしもしゲイのセックスがこのような理由で非難されるのなら、他の広く行われている行為の多くも非難されなくてはならないだろう。マスターベーション・オーラルセックス・コンドームの使用・妊娠中や閉経後のセックスなどである。これらはゲイのセックスと同じくまさに「不自然」だ（そのうえたぶん悪い）。しかしこういう結論を受け入れる理由は皆無である。なぜなら推論全体に欠陥があるからである。推論は以下の仮定に基づいている。

——人体の部位を自然的目的以外の目的のために使用することは間違いである。

なぜこの仮定を受け入れなくてはないないのだろうか。目の「目的」は見ることである。だからといって色目を使ったり目で合図することが間違いということになるのか。指の「目的」はものをつかんだり突っついたりすることである。

だからといって注意をひくために指をパチンと鳴らすことは間違いなのだろうか。新しい目的を考え出したっていいではないか。物は「自然」な方法でしか使用してはならないとは言えない。だからこの種の議論は失敗である。

（3）第三に「不自然」は語感が悪いため、もっぱら価値評価の言葉として受け取られるようだ。恐らくその意味は「人があるべき状態とは反対」というものだろう。しかしこれが「不自然」の意味なら、「不自然だから同性愛は間違い」と言うのは空疎だろう。「同性愛は間違であるゆえに間違い」と言うようなものだろうから。こうした空虚な言葉は何かを非難する理由とはならないのだ。

「同性愛は不自然だから不道徳にちがいない」という考えは多くの人には正しく見える。にもかかわらずこの議論は不健全なのだ。どう解釈しても失敗なのである。

だが「同性愛は家族の価値に反している」というよくある主張はどうだろうか。保守的なキリスト教団体「フォーカス・オン・ザ・ファミリー」の創設者ジェームズ・ドブソンは支持者に述べた[8]。「同性愛運動はもう四十年以上、家族の完全破壊を旨とする基本計画を実行しようとしてきました」と。

だが精確に見て、同性愛がどうして家族を破壊しようとしていることになるのだろうか。ゲイの活動家は実は家族を拡大しようとしているのだ。異性愛のカップルから何かの権利を剥奪しようとしているのでは毛頭ない。むしろゲイが家族を簡単に作れるようにしたいのである。彼らは同性婚や同性カップルへの異性夫婦並みの権利付与、ゲイのカップルによる養子縁組の権利などを支持している。「家族の支持者」たるゲイが家族を持つのを邪魔しようとしていると言われるのは、いやはや何とも皮肉とゲイは思っているだろう。

「家族の価値」をめぐるこういった話を聞いたらたぶん「普通の家族はゲイの望む家族とは違っている」と言ってしまう。しかしたとえそうでも疑問が湧く。「二人の母親や父親が子育てをする家庭がどうして間違っているのか」という疑問だ。

常識では両親がそろっている方が片親よりもいいとされる。子育ては重労働だから、一人より二人でやる方が楽になる。しかしたとえ世帯内での親の数が重要でも、親の性別《ジェンダー》が重要な理由は不明である。

ゲイ家族に関する最大規模の調査は「合衆国におけるレズビアン家族の長期全国調査」である[9]。これは一九八〇年代以降のゲイの母親たちを追跡したものだ。データによると、レズビアンたちの十代の子供は異性夫婦の家庭の十代の子供より健全であった。ゲイの親を持つ子供が学校でからかわれる辛い経験をすることもある。だが概して素行不良は他の生徒より少なかった。友達づきあいも勉強も他の生徒よりましな傾向があった。

米国小児科学会はゲイの民事婚《シビルマリッジ》ならびに養子縁組の完全な権利を支持している[10]。そしてこれらの法的措置を「ゲイを親に持つ子供の利益と安全を保障する最善策」と述べている。ゲイでもよき親になると信じる十分な理由があるのだ。

にもかかわらずアメリカのゲイは不利な状況に置かれ続けている。法律がそれを助長しているケースもある[11]。大半の州ではゲイを理由にクビにしても合法である。ゲイのカップルが養子縁組できない州もある[12]。また大半の州では同性婚は違法だ。このようにアメリカの法律が同性婚を差別しているのは確かだ。だが他の多くの所ではずっと極端な法律がある。七十六の国ではゲイのセックス自体が違法である[13]。イスラム教の国では死刑になるところもある。

法律は脇に置いても、アメリカのゲイには社会的障害がある。四十パーセントの近隣住民に怪しまれている場所で育つのはきつい。もっとやっかいなのは、近隣住民の中には悪意の人もいるということだ。彼らはゲイが大嫌いで、畜生扱いする。それでアメリカに暮らすゲイはストレスが多くなる。アメリカの大学生のゲイは自殺と自殺未遂の率が異性愛者の二倍になるそうだ[14]。

ゲイは恥ずべきものと教えられてきた若者が、自分はゲイだと分かりだしたときはことさら悲しい。怖いからか恥ずかしいからか知らないが、多くのゲイは自分がゲイであることを隠して生きる。隠し事をして生きるのはとても辛い。ゲイを隠している大学生は、異性愛のクラスメイトと比較して（未遂を含めて）自殺を企てる確率が六倍になる。またゲイを隠している友人と異性愛者が恋愛したら、たいへん痛ましいことになろう。長期的に性的指向を友人や家族や同僚に隠しておくのはほぼ不可能だ。

ところでもう一つの議論を見ておかなければならない。聖書が同性愛を禁じているということだ。例えば「レビ記」の十八章二十二節では「女と寝るように男と寝てはならない。それは厭《いと》うべきことである」と書かれている。評論家の中には案外、聖書は同性愛にあまり厳しくはないと言う人もいる。彼らは各関連個所（九つほど）の正しい解釈を述べる。だがここはひとまず聖書の同性愛批判を認めるとしよう。さてわれわれはそこから何を引き出せるというのだろうか。「聖書にそう書いてあるから」というだけの理由で「聖書は正しい」と信じろとでも言うのか。

こんな風に言うと、怒る人もいるだろう。聖書を疑うなんてことは神の言葉に背くことだと彼らは信じている。彼らによれば、それは全能の神に本来なら感謝すべき被造物の傲慢なのだ。生活の仕方全体に異議を唱えることになるから、聖書に疑義を呈すると不愉快になる人たちもいる。

しかしここでたじろいではならない。そもそも哲学とは「生活の仕方全体に疑義を呈する」営みだからだ。「聖書に書いてあることだから同性愛は間違いのはずだ」という議論をするなら、その妥当性が吟味されなくてはならないのである。

この議論の問題点を言えばこうなろう。同性愛以外の問題に関する聖書の言及を調べれば、聖書は道徳の頼れる指針ではなさそうなのだ。「レビ記」は同性愛を非難しているわけだが、羊の脂肪を食べることも禁じている（七章二十三節）。また出産後間もない女性を教会に入れることも禁じている（十二章二〜五節）。さらにおじの裸体を見ることも禁じている。おじの裸体を見ることは同性愛と同様、禁忌とされる（十八章十四、二十六節）。もっと悪いことに、「レビ記」は両親を呪う者（二十章九節）や不貞をはたらく者に死を宣告している（二十章十節）。加えて司祭の娘が「売春する」なら火あぶりにせよと言い（二十一章九節）、近隣諸国から奴隷を買い取ることも許している（二十五章四十四節）。「出エジプト記」では、殺さない限り奴隷を殴ってもいいとさえ書かれているのだ（二十一章二十〜二十一節）。

このように書かれているからといって、聖書を嘲るべきではない。聖書は実に真理と知恵に富む。しかしこれらの例から聖書が常に正しいとは限らないと結論できる。聖書が常に正しいとは限らない以上、同性愛は禁忌と書かれているというだけで、本当にそうだと結論することはできない。

ところで本書第三章の主旨は同性愛ではない。主旨は道徳的思考の本性である。道徳的思考と道徳的行為は、諸理由を比較考量し、それらを指針とすることである。だが理由を指針とすることは、感情に従うこととはまるきり違う。感情が強ければ、理性は無視されて、感情に流されてしまう。

しかしそれでもわれわれは道徳的思考から完全に身をひくことはないだろう。そんなわけで態度や感情に焦点を合わせる倫理的主観主義は道を誤っているように思われるのである。

第四章　道徳は宗教に基づくか

善はいつ何どきも神の意思することを行うことである。
エミール・ブルンナー
『神の命令』（一九四七）

我、神仏を尊んで恃まず。
宮本武蔵
八代神社（一六〇八頃）

第一節　世間での道徳と宗教の関係

全米自由人権協会（ＡＣＬＵ）は一九九五年、法廷に「モーゼの十戒」を掲げたかどでアラバマ州ガズデンの裁判官ロイ・ムーア（一九四七―）を訴えた。協会側が言うには、裁判所に十戒を掲げるのは、合衆国憲法で保証されている政教分離原則に違反するものだった。しかし陪審員たちは投票でムーア側を支持した。ムーアは二〇〇〇年に「道徳基本法」を復活させるという公約を掲げ、アラバマ州最高裁判所長官への就任運動を展開した。運動は成功し彼は長官に就任した。「十戒裁判官」はこうしてアラバマ州で最も有力な法律家となったのである。

　だがムーアの主張はこれで終わっていなかった。二〇〇一年七月三十一日未明、ムーアは十戒が刻まれた花崗岩の石碑をアラバマ州立裁判所の館内に設置したのであった。この石碑の重量は二二〇〇キロ超あった。館内に入ればすぐに目についた。ムーアは再び訴えられたが、人々はやはり彼に味方した。七十七パーセントのアメリカ人が石碑の展示権を支持した[1]。しかし法に違反していた。石碑撤去の裁判所命令をムーアが無視すると、アラバマ州裁判所は「ムーアは法より自分を優先した」として彼を罷免した。しかしムーアは「神の正当な地位」は法を超越していると信じていただけだった。ムーアは二〇一二年に再びアラバマ州の裁判長に選任された。

合衆国は実は宗教国家である。九十二パーセントのアメリカ人は神を信じ、五十六パーセントが宗教は生活上「とても大事」と述べている。アメリカの主たる宗教はキリスト教であり、アメリカ人の四十一パーセントがイエス・キリストが二〇五〇年までに地上に再臨すると信じている。

アメリカではキリスト教聖職者はしばしば道徳の専門家として扱われる。病院は彼らを倫理委員会に招聘《しょうへい》する。記者は記事の倫理的側面について彼らに意見を求める。よく教会に行く人々は彼らの指示を仰ぐ。聖職者は映画の倫理評価の手伝いまでする。G（全年齢に適す）、PG（保護者による内容の検討を提案）、PG13（十三歳未満は保護者の厳重な注意を要す）、R（十七歳未満は保護者同伴を要す）、NC17（十七歳以下は全面禁止）という等級区分を手伝うのだ。司祭や牧師は健全な道徳的助言をしてくれる賢人と見なされている。

一体なぜ聖職者はこのような扱いをされるのだろう。普通の人々より優れた賢人ということが証明されたからではない。聖職者は全体として優れてもいなければ劣ってもいない。彼らが特別な道徳的洞察力を持つとされるには根深い理由がある。

世間では道徳と宗教は不可分である。道徳は宗教とのつながりでしか理解できないものと人々は信じている。だから聖職者は道徳の権威と見なされるわけである。

こう考えられている理由はさして難しくはない。非宗教的立場から見ると、宇宙は価値や目的がなく、冷徹で無意味な場所に見える。バートランド・ラッセルは一九〇三年の論文「自由人の信仰」の中で、彼の言う「科学的世界観」について述べている[2]。

> 人間は諸々の原因により産み出されたものだが、それらの原因には目的への見通しなどまったくない。人間の起源・成長・希望と恐怖・愛と信仰——これらは原子の偶然的配列の結果にすぎない。熱情・英雄的行為・強烈な思考と感情——どの人間も墓に入ればこれらを失う。あらゆる永年の労苦・献身・感動・人間的英知の燦然《さんぜん》たる煌《きら》めき——これらは太陽系全体の崩壊とともに死滅する運命にある。人類の遺産の大伽藍は宇宙の残骸に埋もれることが避けられない。以上のことはどれも論争の余地なしとは言わないまでもほぼ確実であり、これらを拒むいかなる哲学も成り立ちそうもない。

だが宗教の見地からすれば、事物はまったく違って見える。ユダヤ教とキリスト教によれば、世界は慈愛に満ちた全能の神が人間の住処《すみか》として創造したものだ。かたや人間は神の子となるべく、神をかたどって創造された。だから世界は意味や目的を欠くものではない。世界はむしろ神の計画が実現される舞台である。

こう考えると「道徳」は宗教の一部とする方がより自然ではなかろうか。無神論者の世界では価値には場所がないわけだから。

第二節　神の命令理論

ユダヤ教・キリスト教・イスラム教のいずれでも、神は人間に一定の行為規則に従うよう告げたと信じられている。だが神は人間にこれらの規則を強制したのではない。神は人間を自由な行為者として創造した。だから人間は為すべき行為を選べるのである。

しかしあるべき生を生きるのなら、神の法に従わなくてはならない。この考え方を発展させると「神の命令理論」と呼ばれるものになる。この基本思想は「まさに神こそ何が正しく何が間違いかを決める」というものだ。

——道徳的に求められるのは神が命じた行為である。道徳的に間違いなのは神が禁じた行為である。その他全ての行為は道徳的に中立である。

この理論には多くの利点がある。倫理の客観性という古来の問題がすぐ解けるというのがその一つだ。倫理とは単なる「個人の感情」や「社会慣習」ではない。この理論ではあるものが正しいか間違いかは完全に「客観的」である。

——神が命じているなら正しい。神が禁じているなら間違いである。

さらに神の命令理論は「誰でも道徳を気にするべきなのはなぜか」も説明してくれる。われわれはまさに「自分自身」のことを心配すべきだからである。また不道徳が神の命令に違反することなら、簡単な答えがある。「最後の審判」において責任を問われることになるのである。

しかしこの理論には深刻な問題がいくつかある。もちろん無神論者は神の存在を信じていないのだから、この理論を受け付けない。しかし神の存在を信じる者にとっても問題がある。主たる問題はギリシアの哲学者プラトンによって指摘されていた。プラトンはナザレのイエスが生まれる四百年も前の人だ。プラトンの著作は会話や対話のかたちで書かれている。その中ではいつも師ソクラテスが主たる話し手となっている。

プラトンの対話篇の一つ『エウテュプロン』では、「正しさ」が「神々の命令」と定義できるかどうか議論されている。これに懐疑的なソクラテスは、「行為は神々が命じたから正しいのか、正しいから神々が命じたのか」と問う。これは哲学史上最も有名な問いの一つだ。イギリスの哲学者アントニー・フリュー（一九二三―二〇一〇）は次のように指摘した[3]。「哲学の適性の試金石は、この問題の説得力と主旨を把握できるかどうかだ」と。

ソクラテスの問いは「神が道徳的真理を真たらしめるのか、それとも神はただ道徳的真理を認識するだけなのか」というものだ。二つは大違いだ。

（i）アラブ首長国連邦のブルジュ・ハリファは世界一高いビルだということをわたしは「知っている」。わたしはこの事実を「認識している」。

（ii）しかしこの事実を「真たらしめた」のはわたしではない。設計者とドバイの建設業者がそれを「真たらしめた」のだ。

「神と倫理の関係」というのは、「わたしとブルジュ・ハリファとの関係」に似ているのか、もしくは「わたしとその建設業者との関係」に似ているのか、どちらなのか。これはジレンマだ。どちらの選択肢にも困難が付きまとう。

（1）第一に「行為が正しいのは神が命じたから」というのがある。例えば「出エジプト記」二十章十六節で神は人間に「誠実であれ」と命じている。だから神が要求しているという理由のみにより「われわれは誠実であるべき」ということになる。「神の命令」が「誠実であること」を正しくあらしめるのである。ちょうどビルを造る建設業者がそのビルを高くあらしめるように。これが神の命令理論なのだ。

これはシェークスピアのハムレットの理屈とほぼ同じである[4]。ハムレットは「この世には善も悪もない。思考が善悪を決める」と言う。神の命令理論によると、「何事も善でも悪でもない。神の思考が善悪を決めるだけだ」となる。

道徳についてこのように考える思想は、いくつかの困難に巻き込まれる。

（a）「道徳」という概念が不可解となる。

神が「誠実であることを正しくあらしめる」とは一体どういう意味なのだろう。物体がかたちづくられる仕方を理解するのは、少なくとも原理的にはとても簡単だ。われわれは皆、砂の城やピーナッツ・バターとジャム入りのサンドイッチくらいなら作ったことがあろう。しかし「誠実であることを正しくあらしめる」とはそのようなことではない。物理的環境で物を再配列するようにはいかないのだ。ではどうやって「正しくあらしめる」のか。

これを考えるにあたって、ひどい児童虐待を取り上げてみよう。神の命令理論によると、神ならこのひどい児童虐待を正しくあらしめることができる。頬をひっぱたいたのを優しくつねったことにするというわけではない。「頬をひっぱたくことは正しい」と命じるのである。これは人間の認識に反する。「頬をひっぱたくことは正しい」と言ったり命じたりするだけで、どうしてそれが本当に正しくなるものだろうか。仮になるのなら、「正しい」という道徳概念が不可解となるだろう。

（b）神の命令が恣意的になる。

いま仮に親が十代の子供にある行為を禁止するとしよう。この子が「どうして」と理由を訊くと、親は「わたしがそう言っているからダメなんだ」と答えるとする。このとき親は自分の意志を子供に恣意的に押し付けているように思われる。しかし神の命令理論では、神はまさにこの親と同じなのである。神は命令の理由を示さないで、「わたしがそう言っているからそうなのだ」と言っているにすぎない。

神の命令も親と同じく恣意的と思われる。なぜなら神はいつでも反対のことを命じることができたのだから。例えば神が「誠実であれ」とわれわれに命じているとしよう。神の命令理論では、神はいとも簡単に「嘘つきになれ」と命令することもできたはずなのである。その場合には誠実でなく嘘をつくことが正しいということになろう。

要するに神が命ずる前には、嘘をつくことに賛成の理由も反対の理由もまったくないのだ。なぜなら神こそまさに「理由の創造者」なのだから。それゆえ道徳的視点からすれば、神の命令は恣意的ということになる。神なら何でも命令できたのであるから。このような帰結は単に受け入れがたいだけではないだろう。宗教的視点から見て不敬だろう。

（c）道徳原則に間違った理由があることになる。

児童虐待には間違いが多々ある。それは悪意がある、無用の苦痛を与えている、望ましくない心理的影響を長期にわたって及ぼすなどである。

しかし神の命令理論では、これらの理由はどれも不要となる。児童虐待における悪意・苦痛・長期の心理的影響などは、道徳的に無関係となる。関係あるものと言えばとどのつまり、児童虐待が神の命令に反しているか否かだけなのである。

ここで二つの仕方で間違いを確認できる。

(i)第一に神の命令理論の意味するところに注意しよう。もし神が存在しないなら、児童虐待は間違っていないことになるだろう。つまり神が存在しないのなら、児童虐待を間違いたらしめることなどできないのだ。しかしそうはいっても児童虐待は悪意に満ちている。だからやはり悪いだろう。それゆえ神の命令理論は失敗なのである。

(ii)第二に実は信心深い人でも神の命令の中身に関して本当は懐疑的かもしれないことを肝に銘じておかないといけない。

つまり聖書の記述は相矛盾しているのだ。一つのテキスト中にさえ不整合があるようなのだ。そのため神の本当の意思が何かについては疑わしい。

しかしながら児童虐待が間違いか否かについては疑う必要はない。神の命令と子供を殴ることが間違いということは、まったく別のことなのである。

（2）以上の帰結を回避する方法が一つある。前述のソクラテスの第二の選択肢を選ぶことである。すなわち「神が命令したがゆえに行為は正しい」と言う必要はないのだ。反対に「当該行為が正しいがゆえに神はそれを命じた」と言うこともできるわけだ。無限に賢明なる神は「創世記」で「神の見る光は善」と認めているように、誠実が不誠実より善いことを知っている。このゆえに神は誠実であれと命じたのである。

この選択肢を取れば、第一の選択肢を破綻《はたん》させた諸帰結を回避できる。「神はどうやって嘘をつくことを間違いたらしめたのか」と悩まなくてもよくなる。神はそもそも嘘を間違いたらしめてなどいないのだから。神の命令は恣意的ではない。神の命令は「何が最善かについての知恵の帰結」なのだ。

またこの選択肢では、道徳原則の間違った説明を背負い込むこともない。それどころか道徳原則のいかなる正当化も適切なものであれば、引き合いに出してよいのである。

しかし残念ながら、この第二の選択肢には別の欠陥がある。ここではもう正しさと間違いの神学的概念を捨てているのだ。「誠実が正しいがゆえに神はわれわれに誠実であれと命じた」と言うとき、神の意思から独立の規準を認めていることになるのである。「正しさ」というものが神の命令に先立って存在することになるわけだ。その「正しさ」こそ神の命令の「理由」なのだ。

以上から誠実であるべき理由を訊かれて「神が命じたからだ」と答えるのは何の役にも立たないことがわかる。「神がそう命じた理由は何なのか」とさらに問えるからだ。その答えこそが究極の理由となるのである。

信心深い多くの人は、正しさと間違いの神学的概念を受け入れないのは不信心だから、それを受け入れないわけにはいかないと信じている。彼らは神を信じるなら正しさと間違いも神の思し召しから理解しないといけないと感じているふしがどこかある。

しかしこれまでの議論から、神の命令理論は擁護不可能なだけでなく、不敬であることがわかる。最も偉大な神学者の中にはこうした理由で神の命令理論を拒否する者もいるのも事実だ。聖トマス・アクィナス（一二二五頃—一二七四）のような思想家が道徳と宗教を結びつけたのは別の方法によってであった。

第三節　自然法理論

キリスト教思想史において支配的な倫理説は神の命令理論ではない。その名誉は自然法理論に与えられる。この理論は三つの主要部分からなる。

（1）自然法理論は特殊な世界観に基づいている。世界は合理的秩序を有するという世界観である。しかも世界の本性には価値と目的が組み込まれているとされる。この思想はギリシア人に由来する。彼らの世界観は一七〇〇年以上にわたって西洋思想を支配した。ギリシア人は自然界の万物は目的を持つと信じていた。

アリストテレス（紀元前三八四—三二二）はこの世界観を自分の思想体系に組み込んだ[5]。万物を理解する際、四つのことが理解されねばならないと主張した。

——「何であるか」「何でできているか」「いかにして存在するようになったのか」「何のためにあるか」

これらの答えは次のような具合だ。

——「ナイフである」「金属でできている」「職人により作られた」「物を切るために使われる」。

アリストテレスは「何のためにあるか」という最後の問いは何にでも問えると思っていた。彼は「自然は何かのために活動する諸原因の階梯からなる」と言う。

ナイフのような人工物に目的があるのは自明だ。職人は目的を念頭においてナイフを製作するのだから。しかし人間が製作してはいない自然物はどうなのか。アリストテレスはそれらにも目的があると思っていた。彼が挙げる例は、咀嚼《そしゃく》のために歯があるということだ。生物の例は確かに説得力がある。直観的に言って身体の各部分は特定目的を有していると思われる。目は見るため、耳は聴くため、皮膚は生体保護のため等々。

しかしアリストテレスの主張は生物に限られなかった。彼によれば万物に目的がある。別種の例として、雨は植物の成長のために降るとも考えていた。だが彼には別の考えもあった。例えば雨は「必然的に」降り、ただ「偶然の一致で」植物を助けるか否か彼は問うている。しかしこれはもっともらしくないと考えている。

アリストテレスによれば、世界は秩序を有する合理的システムだ。個々の事物は固有の位置を占め自らの特定目的に従う。ここには整然とした階層がある。

――雨は植物のために降る。植物は動物のためにある。動物はもちろん人間のためにいる。

アリストテレスは言う。「自然に目的のないものなどないのならば、自然の全事物は人間だけのためにあるはずである」と。この世界観は驚くほど人間中心的だ。とはいえなにも彼のみがそう考えていたわけではない。人類史における重要思想家はほぼ皆このテーゼを支持していた。人類はとりわけうぬぼれが激しい種なのだ。

後のキリスト教思想家はこの世界観を魅力的と思った。ただ一つ欠けたものがあった。神だ。こうしてキリスト教思想家は以下のように述べた。

――「神の思し召しであるがゆえ、雨は植物のために降る」「神による創造の御業《みわざ》であるがゆえ、動物は人間が利用するためにいる」。

このように価値と目的は神の計画の一部とされた。

（2）「自然法」が「事物がいかにあるか」だけではなく「事物がいかにあるべきか」をも述べたものだったのも、こうした思想の必然的帰結だった。諸事物が自然的目的に仕えているとき世界は調和している。そうでないなら、またそうでありえないなら間違っている。だから例えばこうなる。

――見えない眼は欠陥がある。干ばつは自然的悪である。

これらの悪は自然法を参照すれば説明できる。しかしこれには人間の行為にかかわる意味もある。つまり道徳規則も自然法由来と見なされるのだ。ある種の行為は「自然的」だが、「不自然」な行為もべつにある。そして不自然な行為は「道徳的に間違い」とされる。

例えば慈善の義務について考えよう。隣人への配慮が道徳的に求められる。なぜか。

――「自然法理論」によると、人間という被造物の本性からして慈善は自然である。われわれは生まれつき社会的であり、他人との付き合いを必要とする。

他者への配慮がまったくない人――徹頭徹尾気遣いのない人――は変人と見なされる。現代精神医学でこのような人間は「反社会性人格障害（ＡＳＰＤ）」と呼ばれる。普通は「精神病質者《サイコパス》」「社会病質者《ソシオパス》」と呼ばれる。慈愛の心のない人は欠陥がある。見えない眼に欠陥があるように。付言すれば、これが真なのは、人間は神によりその全体的計画の一部として特別な「人間本性《ヒューマンネイチャー》」を具えて創造されたがゆえなのである。

慈善推奨にはほぼ異論の余地はない。しかし自然法理論にはずっと疑わしい考え方もある。宗教思想家はしばしば「異常」な性行為を非難する。彼らはこれを正当化するのにたいてい自然法理論を使う。万物に目的があるなら、セックスの目的とは何だろう。明白な回答は生殖だ。だとすれば子作りに結び付かない性行為は、「不自然」と見なされよう。このためマスターベーションやゲイのセックスなどは非難される。

性交に関する以上の考えは少なくとも聖アウグスティヌス（三五四―四三〇）まで遡る。聖トマス・アクィナスの著作で明瞭になる。[6] カトリックの道徳神学は自然法理論に基づく。

（3）三つ目は道徳的知識にかかわる。正しさと間違いはどうやって見分けるのだろう。神の命令理論では神の掟《おきて》に諮《はか》らなくてはならない。しかし自然法理論における「道徳」の「自然法」は「理性の法」だ。だから正しいことは最良の論証によって支えられている。この見方では神が人間に理性能力を付与したがゆえに、人間は何が正しいか分かるのである。もっと言えば神は理性能力を万人に付与した。信者も非信者もこの点では同じだ。

カトリック教会の外部で今日、自然法理論を擁護する者はほとんどいない。それは三つの理由により棄却される。
（a）第一に「自然なものは善」という考えは明白な反例に晒されよう。時には自然なものは悪なのだ。よそ者よりは自分自身のことを気にかけるのは自然だ。だが残念なことではある。病気になるのは自然だ。だが病は悪だ。子供がわがままなのは自然だ。だが親はそれを善とは思わない。
（b）第二に自然法理論は「ある」と「あるべき」を混同しているらしい。十八世紀にデイヴィッド・ヒュームはこう指摘した。
（i）「〜である」と「〜であるべき」は論理的に見て別の概念である。一方から他方についての結論が導き出されることはない。
（ii）人間には慈善を施す自然的な性向がある。だがこの事実から「慈善を施すべき」ということは導き出せない。
（iii）セックスで子供が生まれるのは真である。だがここから「セックスは子づくりのためにのみ行うべき（行うべきでない）」ということは導き出せない。
要するに事実と価値は別なのだ。

（c）第三に自然法理論は今日、現代科学の世界観にそぐわないから却下されるのが常だ。ガリレオ、ニュートン、ダーウィンが描く世界には、正しさと間違いについての「事実」など必要とされない。彼らによる自然の説明には価値や目的への言及は皆無である。出来事は「因果法則」に従って起こるだけだ。雨が植物を利するというのも、雨が降る地域で「自然選択の法則」によって植物が「進化」してきたからそう言えるだけなのだ。
だから現代科学の描像は「事実の世界像」なのである。そこでの「自然法則」は物理法則・化学法則・生物法則しかない。これらは盲目的に作用し「目的」などない。いかなる「価値」も自然秩序の部分ではない。「自然の全事物は特に人間のためにある」という思想はうぬぼれ以外ではない。現代科学の世界観を受け入れるなら、自然法理論の世界観は却下されよう。それは現代科学の産物ではなく、中世の産物なのである。

第四節　宗教と道徳的問題

宗教的な人々の中にはこれまでの議論に不満な人もいるだろう。それは抽象的すぎて実生活に無関係に思われよう。彼らにとって道徳と宗教の関係は個々の道徳的問題に焦点をあわせた直接的かつ実践的な問題なのだ。正しさと間違いが神の意思で理解できるか否かは問題でない。道徳法則は自然の法なのか否かも問題ではない。問題なのは自分が信ずる宗教の道徳的教えなのだ。聖書や教会指導者が権威とされる。本当に信心深い人は聖書や教会指導者の言うことを認めなくてはならない。例えば多くのキリスト教徒は、教会も（たぶん）聖書も中絶を非難しているがゆえに中絶に反対しなくてはならないと信じている。

主要な道徳的事象に関して信者が受け入れなくてはならない明確な宗教的立場はあるのだろうか。聖職者は「ある」と語る。けれども「ない」と言うべき正当な理由がある。

（1）第一に聖書に特定の道徳的指針を見出すのは困難なことが多い。二千年前の祖先と現代人とでは直面している問題が異なる。だから聖書は現代人にとって切実な問題に沈黙するのだろう。確かに聖書には多くの一般的教えがある。例えば隣人愛、自分が扱われたいように他人を扱うこと。これらは実生活に使える素晴らしい原則だ。しかし労働者の権利、種の絶滅、医学研究資金などについて、聖書がどう教えているのかは明らかではない。

（2）もう一つは聖書と教会の伝統がしばしば曖昧ということだ。諸権威は互いに喰い違う。そのため信者はどちらの伝統に従えばいいのかまごつくことになる。例えば「新約聖書」は富を非難する。節制と慈善の寄付には長い歴史があり、それが富の批判を後押ししていた。だが「旧約聖書」にはヤベツという目立たない人物が出てきて、神に「わが領土を広げてください」と頼む（「歴代誌」上四章十節）。神はこれを聞き入れる。最近のベストセラーには、キリスト教徒にヤベツを手本にせよと訴える本まであるくらいだ。

こう見てくると、道徳は宗教由来というのが往々にして誤りであると分かる。実を言えば、人々は問題に対して自分の考え方を決めたあとで、その結論に合うように聖書や教会の伝統を解釈するのである。しかしもちろんこうでないケースもあろうが、このようなケースは多々あると言えよう。富の問題はその一つだが、他には中絶がある。

中絶をめぐる論争ではいつも宗教が絡んでくる。宗教的保守派によると胎児は受胎の瞬間から人間（人格《パーソン》）と考えられる。よって中絶は殺人となる。彼らの信念では、胎児は単に「潜在的《ポテンシャル》人間（人格）」なのではない。一人前の生存権を有した「現実的《アクチュアル》人間（人格）」なのだ。もちろんリベラルはこれを否定する。彼らは少なくとも妊娠初期の胎児は現実的人間（人格）未満の存在だと考える。

中絶問題は複雑だ。しかしここでの関心はもっぱら中絶と宗教の関係だ。保守派が時々言うのは「胎児の生命は神聖」ということだ。これはキリスト教徒的な見方なのか。キリスト教徒は中絶を非難しなくてはならないのか。これに答えるために、聖書や教会の伝統について見てみよう。

聖書

ユダヤ教やキリスト教の聖典から中絶禁止を引き出すことは難しい。聖典は名指しで中絶批判をしてはいない。「胎児は完全な人間としての地位を有する」ことを示すために保守派がよく引用する章句はいくつかある。最もよく引用される章句の一つは「エレミア書」の最初の章である。[7] そこで神は言う。「わたしはあなたを胎内に造る前からあなたを知っていた。またあなたが生まれる前からわたしはあなたを聖別した」と。この言葉は神が保守派にお墨付きを与えたものであるかのように言われる。

——まだ生まれていない者も神に「聖別」されているがゆえに殺すのは間違いである。

だがこの言葉を前後関係から解釈すれば、明らかに別のことを意味している。前後を含めて読んでみようではないか。

> そこで主の言葉がわたしに臨んでこう言った。「わたしはあなたを母の胎内に造る前からあなたを知っていた。またあなたが生まれる前からわたしはあなたを聖別した。わたしはあなたを諸々の民の預言者に指名した」と。
>
> そこでわたしは言った。「おお、主なる神よ。見てください。わたしはどのように語ったらいいのか分かりません。わたしは若者にすぎませんから」と。しかし主は

わたしに言った。

『わたしは若者にすぎません』などと言ってはならない。わたしがあなたを誰のところに遣わそうとも、あなたは行き、わたしが命じることは何であれあなたは言わねばならないからだ。彼らを怖れてはならない。わたしはあなたと共にいてあなたを救うからである」と。（一章四〜八節）

この章句は中絶とは何の関係もない。むしろエレミアは預言者としての自分の権威を主張しているのだ。実際エレミアはこうも言う。「神の代弁をせよと神はわたしに告げた。わたしは断ろうとしたが、神は強制した」と。だがエレミアはそれをもっと詩的に表現しているわけだ。エレミアは「誕生前に自分は神により預言者に選ばれていた」と言っているのである。

これは常套《じょうとう》手段である。ある道徳的立場を支持する者が聖書からいくつかの言葉を引用する際には、前後関係を無視する。そして自説を支持するようにその言葉を解釈するのだ。だがそれらの言葉を前後関係まで含めて読んでみると、実はまるきり別のことが言われている。こんな場合「聖書の道徳的教えに従っている」と言うのが正しいのだろうか。それとも「自分が予め懐いている信念を裏付けるかのような箇所を探し当て、聖書を都合よく解釈している」と言うのが正しいのだろうか。後者なら、たとえその解釈が正しくとも、いやはや不敬な態度であろう。神も自分と同じ意見のはずだと決めてかかる態度だからである。

聖書の他の章句は、中絶について「リベラル」な見解を示している。聖書は三か所にわたって婚外交渉をした女性は死刑に処すべきとしている。そのような女性を殺せば当然、胎児も殺したことになるであろう（「創世記」三十八章二十四節、「レビ記」二十一章九節、「申命記」二十二章二十〜二十一節）。これが意味しているのは、胎児には「生存権」がないということだ。

また「出エジプト記」二十一章で神は、「殺人の罰は死刑」とモーゼに言っている。しかし女性を流産させても罰金のみである。イスラエルの律法は胎児を「人間（人格《パーソン》）」未満の存在と見ていたようである。

教会の伝統

現代のカトリック教会は強烈な反中絶である。多くのプロテスタント教会の聖職者たちも普通、中絶を非難する。聖書解釈とは別として、「宗教的理由」で中絶を非難しなければならないと多くの人が感じているのはなにも驚くに当たらない。中絶に関する現在の教会の立場の背後には何があるのか。

ローマ教皇庁は、コンドームや経口避妊薬などの避妊法を非難するのと同じ理由でずっと中絶に反対しがちであった。このどれを使っても「自然のはたらき」が阻止されることになるからである。

「自然法理論」によると、セックスは健康な子を産むためのものとされる。コンドームや経口避妊薬は妊娠と出産を阻む。かたや中絶は胎児の殺害だ。つまりカトリックの伝統によると、中絶が間違いなのは「自然のはたらき」を阻むからなのである。

とはいえこの種の議論では、キリスト教徒が「中絶反対」でなくてはならない理由はほとんど分からない。この議論は「自然法理論」に依拠しているが、既述のように自然法理論は近代科学より前の世界観に基づく。今日のキリスト教徒は近代科学を拒否するには及ばない。カトリック教会でさえ一九五〇年、チャールズ・ダーウィンの進化論への反対を撤回したのだから。こうなるとキリスト教徒は、自然法思想に基づいて中絶に反対する必要もなくなる。

とにかく中絶は「自然のはたらき」を阻むと言ったところで、「胎児の道徳的地位」について何も言ったことにならない。ローマ法王はただ単に「避妊具の使用と同じく中絶は不道徳」と信じているわけではない。法王は「中絶は殺人」と信じていたのだ。カトリック教会内でこの見方がどのようにして主流となったのか。教会の指導者は常に「胎児は特別な道徳的地位を持つ」と見なしてきたのであろうか。

これに関連する事柄は教会史の大半の期間——一二〇〇年頃まで——ほとんど知られていなかった。[8] 一二〇〇年頃に大学というものはなく、教会もとりたてて知的ではなかった。人々はいろいろなことをいろいろな理由で信じていた。しかし十三世紀に聖トマス・アクィナスが、後のカトリック思想の基盤となる哲学体系を構築した。鍵となる問いは「胎児は魂を持つか」だとアクィナスは信じていた。

——胎児が魂を持つのなら、中絶は殺人である。持たないなら殺人でない。

胎児は魂を持つのだろうか。「魂は人間の実体的形相」というアリストテレスの思想をアクィナスは受け入れていた。「実体的形相」なるものがどんな意味なのか悩まなくてもよい。ここで大切なのは、人間が実体的形相を持つのは「身体が人間の形になったときから」と考えられていたことだけだ。そこで鍵となる問いは「人間のような形になるのはいつか」ということだ。

出生時の赤ん坊が人間の形をしているのは誰でも分かる。だがアクィナスの時代、胎児が人間の形になり始めるのはいつか誰も知らなかった。なにしろ胎児は母親の子宮の中で成長するわけだから、目で見えない。男児は受胎後四十日、女児は受胎後九十日たって魂を持つようになるとアリストテレスは考えていたが、正当な理由などなかった。どうやら多くのキリスト教徒はこれを受け入れていたようだ。

だが胎児が既に人間の形相を獲得している「可能性」もあった。だから「中絶が殺人」となる「可能性」もあった。とにかくこのためその後の数世紀の間、カトリック教徒たちが「妊娠全時期、中絶大反対」だったのは無理からぬことであった。

とはいえ一般人とは異なり、カトリック教会は「胎児は受胎の瞬間から魂を持つ」と、決して公式に主張することはなかった。

だが一六〇〇年頃に「受胎後数日たって魂が体に入るため、妊娠初期でも中絶は殺人」と言い始めた神学者たちがいた。カトリック思想におけるこの大変化は、十分な神学的議論なしで起こった。神学的議論が重要と見なされなかったのはたぶん、教会が既に妊娠初期の中絶に反対していたからだろう。けれども教会がこの立場を採用した理由について、われわれはほとんど知らない。

現代では胎児の成長についてたくさんのことが知られている。顕微鏡や超音波検査によって妊娠数週目までの胎児は人間の形をしていないことが分かっている。だからもうアクィナスの信奉者なら、妊娠一～二か月の間の胎児は魂を持っていないと言った方がいいだろう。しかしカトリック教会内では、この立場を取ろうという動きはない。立場をはっきりさせない理由には、教会が胎児の地位について十七世紀の保守的見解を採用していることがある。教会は十七世紀以来ずっとその見解に固執しているのだ。

このような歴史を見直す目的は、現代の教会がとっている立場が間違いだと示すためではない。筆者が述べたことに反して、実は教会の立場が正しい可能性だってある。問題なのはむしろ、どの世代も自分たちの好む道徳的見解の支えとなるように伝統を解釈してきたということなのだ。中絶は一例にすぎない。奴隷制・女性の地位・死刑についての教会の見解の変化についても同様に議論しようと思えばできる。どの問題についても教会がとる道徳的立場は「聖書から導き出された」というより、「聖書に無理に当てはめた」ように見える。[9]

本章の諸議論は一般的な結論を示している。正しさと間違いは「神の意思」から理解するべきではないということである。道徳は「理由」と「良心」の問題なのだ。宗教信仰の問題ではない。どの事例でも宗教的意見は、目の前の道徳的問題の大半をしっかりと解決できない。要するに道徳と宗教はまるで別物なのだ。

もちろん宗教信仰が道徳的問題に影響を与えることはある。例えば「来世」の教えについて考えてみよう。もし死後人間は天国に行くのなら、死は善である。仮にそうなら「殺人」が道徳的に悪いという見方も変わってくるだろう。

あるいはいま仮に、古代の予言を調べて「世界はもうすぐ終わる」を信じている者がいるとしよう。こんなことを信じていたら気候変動の恐怖など薄まるだろう。道徳と宗教の関係は複雑だが、それは異なる分野の間の関係なのだ。

このような結論は反宗教的と思われるかもしれない。しかしこれは宗教の妥当性を疑うことで到達した結論なのではない。これまでの議論では、キリスト教や他の神学体系が誤りだと仮定してはいない。仮にそれらが真だとしても宗教と道徳は依然、別物であることを示しているだけなのだ。

第五章　倫理的利己主義

自分の幸福の達成は人間の最高の道徳的目的である。

アイン・ランド

『利己主義という気概』（一九六一）

第一節　飢餓救済の義務

何百万人もが毎年、栄養失調で死んでいる。死ぬのはたいてい子供である。毎日一万八〇〇〇人くらいの五歳未満の子供が予防可能な原因で死ぬ。[1] 死者数は毎年、六百五十万を超える。この見積もりは多すぎるかもしれないが、死ななくてもいいのに死ぬ人の数は衝撃的だ。

貧困問題は貧しくない人の多くにとっても深刻である。われわれは自分のためにお金を使う。必需品だけではなく宝石やコンサートのチケットやアイパッド（iPad）などのぜいたく品にも使う。アメリカでは安月給の人でもこうしたものをよく買う。だがわれわれはぜいたく品を買う代わりに、飢餓救済にお金を寄付することもできよう。寄付しないということは、飢えている人たちの命より自分のぜいたく品が大事と思っているということなのだ。

われわれは飢えた人たちを救えるのになぜ放っておくのか。自分のぜいたく品の方が大事だと思っている人などほとんどいないのが実態だ。だが露骨に質問されたらおそらく大半の人はまごつくだろう。そして「もっと助けるべきだ」と言うことだろう。

われわれが助けない理由の一つは、飢餓問題について考えることなどめったにないことが挙げられる。快適な生活を送っている自分にはあずかり知らぬことなのだ。飢餓で死にそうな人がいるといっても遠隔地の出来事だ。自分の見える範囲にいないし、考えずに済ますことだってできる。統計調査などを見て抽象的に考えることがあるだけだ。飢えている人には申し訳ないが、統計は人間を動かす力などほとんど持ち合わせていない。

二〇一三年にフィリピンを襲った台風では、六〇〇〇人超が死に四百万人超がホームレスとなった。こういう「危機」があるとわれわれの反応は違ってくる。「危機」がビッグニュースになり、救援活動が始まる。

だが助けを必要とする人たちが分散している場合、状況はあまり切迫していないように見える。毎年死ぬ六百五十万の子供たち全員が、例えばシカゴに集まったならたぶん救済可能だろう。

われわれが現状のように暮らしている「理由」は問わないとしても、「義務」とは一体何だろうか。われわれは何をすべきなのだろうか。

自分の利益と他人の利益のバランスをとるのが常識なのだろう。もちろん自分が大事というのは納得できる。だから自分の基本的要求を重視したって誰も非難できない。しかし同時に、他人の要求も大事なのだ。他人を助けられるのなら、そうすべきなのである。とりわけ自分の側の犠牲がほとんどない場合は他人を助けるべきだ。だからもし余った十ドルを慈善事業に寄付すれば子供の命が救えるのなら、常識は「十ドル寄付せよ」と言うことだろう。

以上では「自分の行為によって他人が助けられたり害されたりする」という理由のみによって「われわれには他人に対する義務がある」と考えている。もしある行為が「他人を利する（害する）」のなら、そうする「べき（べきでない）」理由があるわけだ。道徳的に見れば「他人の利益も大事」というのが常識なのである。

しかしある人の常識は別の人にとって幼稚なたわごとだ。「他人に対する義務など皆無だ」と信じている人だっている。「倫理的利己主義」と呼ばれるこの考えは、「各人は自分の利益のみを追求すべし」と説く。これは利己性の道徳である。唯一の義務は「自分にとって最善のことを為す」ことだ。他人が大事なのはただ「自分の側の利益になる」限りにおいてである。

第二節　心理的利己主義

倫理的利己主義について論じる前に、それと混同されがちな説について論じてみよう。「心理的利己主義」である。

（1）「倫理的利己主義」は「各人は自分の利益のみを追求すべし」と主張する。

（2）かたや「心理的利己主義」は「各人は自分の利益のみを実際に追求している」と主張する。

そして次の二つも別物である。

（ａ）「人間は利己的であり、隣人は慈善事業に寄付などしない」。
（ｂ）「人間は利己的であるべきで、慈善事業に寄付すべきでない」。

心理的利己主義は「人間本性」や「物事の在り方」についての主張である。かたや倫理的利己主義は「道徳」や「物事のあるべき姿」についての主張である。

心理的利己主義は「倫理」説ではないのだ。むしろそれは人間に関する「心理」説なのである。にもかかわらず倫理学者たちは心理的利己主義についていつも悩んできた。心理的利己主義が真なら、道徳哲学は無意味となろう。

万事について人間の行為は利己的ならば、「為すべきこと」について論じたって無意味だろう。「為すべきこと」が何であれ、人々はそれを為さないであろう。現実世界で倫理説が有効などと思うのは幼稚ということになろう。

利他主義の可能性

一九三九年、第二次世界大戦が勃発《ぼっぱつ》したとき、ラウル・ワレンバーグはスウェーデン在住の無名の実業家だった。[2] 第二次大戦当時のスウェーデンは安住の地だった。スウェーデンは中立国だったから、爆撃も封鎖も侵攻もされなかったためだ。それでも一九四四年にワレンバーグは自分の意志でスウェーデンを去り、ナチス支配下のハンガリーに入った。

ワレンバーグは、ブダペスト駐在の平凡なスウェーデン人外交官だった。しかし彼の本当の使命は人命救済であった。ハンガリーでヒトラーが「ユダヤ人問題の最終解決」を始めたところだったからだ。ユダヤ人を強制的にかき集め、ナチスの絶滅施設に送り込んで皆殺しにするというものだ。ワレンバーグは大量殺戮《さつりく》を阻止したかったのである。

ワレンバーグはユダヤ人の国外追放を停止するようハンガリー政府にはたらきかけた。しかしまもなくハンガリー政府はナチスの傀儡《かいらい》政権になった。かくして大量殺戮は再開された。そこでワレンバーグは「ユダヤ人は皆、スウェーデンとつながりがあるからスウェーデン政府の保護下にある」と主張して、何千人ものユダヤ人に「スウェーデンへの入国許可証」を発行した。

またワレンバーグは多くの人をかくまった。隠れ処が見つかると、彼はナチスとユダヤ人の間に割って入り、「ドイツ人たちよ、まず初めにわたしを撃ちたまえ」と言った。こうして彼は合計何千人もの人命を救った。終戦時の混乱の中、他の外交官が逃げ去っても、ワレンバーグは残り続けた。その後彼は行方不明となり、長らく生死が分からなかった。今では彼は殺害されたと考えられている。ドイツ人ではなく、ハンガリー占領のあとワレンバーグを監禁したソ連の人たちの手によって。

ワレンバーグ物語はとりわけドラマチックだ。しかしこの種の話は他にもある。イスラエル政府によると、ホロコースト（大虐殺）からユダヤ人を救うため自分の命を懸けた非ユダヤ人が二万二〇〇〇人超いたらしい。イスラエル人はこうした英雄的人物を「国を超えた義人」と呼んだ。

われわれの中には人命を救ったことのある人などほとんどいないが、利他主義の行為はありふれているように思われる。われわれはお互い善行を施す。献血、ホームレス用施設の建設、病院での奉仕活動、視覚障碍者への読み聞かせなどだ。多くの人は価値ある運動に献金をする。

これが途方もない金額に達することもある。

アメリカの実業家、ウォーレン・バフェットは全世界に健康と教育を広めるため、ビル・ゲイツとメリンダ・ゲイツの基金に三七〇億ドル寄付をした。

アメリカの不動産投資家、ツェル・クラヴィンスキーは全財産の四億五千万ドルを慈善事業に寄付した。おまけに彼は腎臓一個を赤の他人に提供した。[3]

ミシシッピ州ハッティズバーグ出身で八十七歳のアフリカ系アメリカ人、オセオラ・マッカーティは十五万ドルを南ミシシッピ大学の奨学資金に寄付した。彼女は七十五年間メイドとして働き貯金していた。自動車も持たず、八十七歳になっても最寄りの食料品店まで自分の手押し車を押しながら一マイル歩いていた。

これらは素晴らしい行為だが、額面通り受け取ってもよいものだろうか。心理的利己主義によるとこうなろう。

——われわれは自分たちのことを高潔で自己犠牲を払う者と見ているが現状は違う。われわれが気遣っているのは自分自身だけというのが実態なのだ。

こんな説が真たりうるのか。これとは反対の証拠がたくさんあるのに、こんな説を信じられるものだろうか。心理的利己主義のよくある議論は次の二つである。

「利他的行為は願望から」という議論

心理的利己主義を支える第一の議論を見よう。「この世に誕生してからの全行為は『そうしたいからした』行為である」。[4]最初で最良の自己啓発書『人を動かす』（一九三六）を書いた著述家、デール・カーネギーの言葉である。カーネギーは「願望こそ人間心理の鍵」と考えていた。

もしもカーネギーが正しいなら、人間の行為が「利他的」とか「利己的」と評するときに見落とされている事実がある。すなわち「どちらにせよ人は自分が最もしたいことをしているだけ」ということだ。

例えばラウル・ワレンバーグがハンガリー行きを決めたとき、スウェーデンに留まるよりハンガリーに行くことを望んだのである。彼は「自分がしたいことをしているだけ」なのに一体なぜ「利他的」と褒められるのだろうか。彼の行為は自分自身の希望や「〜したい」という願望感覚に由来しているのだ。だから彼は自分の利益に動かされていることになる。同じことは「利他的」と称されるどんな行為にも当てはまるから、心理的利己主義は真でなくてはならないと結論してもよいだろう。

しかしながら以上の議論には欠陥がある。(1)「〜したいから」ではなく「〜すべきと感じるから」する行為も存在するためだ。例えば祖母に手紙を書くと母に約束したがゆえに、しぶしぶ書くということもあろう。この場合「約束を守ることを最も強く願う」がゆえに手紙を書くのだという反論もありうる。

しかしこれは真でない。自分の最も強い願望が約束順守であるというのはまったくの誤りである。最も強く願っていることは「約束の破棄」なのだが、良心からそれができないということなのだ。

実を言えばワレンバーグがこうした状態にあった。おそらく彼はスウェーデンに留まりたかったのだが、人命救済のためハンガリーに行かねばならぬと感じていたのである。とにかくハンガリー行きの決心は彼の最も強い願望などではなかった。

(2) 二つ目の欠陥を見てみよう。われわれは常に「自分の最も強い願望に基づいて行為する」と仮定してみよう。仮にそうだとしても「ワレンバーグが自分の利益から行動した」ということは導き出せない。

というのはワレンバーグが願っていたのが自分の命を懸けた「他者救済」に他ならないならば、それでもう彼の行為は「利他的」ということになるからである。「自分の願望に基づいて行動した」からといって、それだけで「自分の事しか念頭にない」ことにはならない。大切なのは「何を願っているか」なのだ。

他人を省みず自分の心配ばかりする人は「自分の利益から行動している」と言ってもよい。かたや「他人に幸せになってほしい」という「願望」に基づいて行動する人は違う。「行為が自己利益によるか否か」の評価で大切なのは「行為が願望に基づいているか否か」ではない。大切なのは「どんな願望に基づいているか」なのだ。

したがってこの議論は(1)でも(2)でもうまくいかない。(1)まず前提が真ではない。つまりわれわれは最も強く願うことを常に行うというわけではない。(2) また仮に前提が真だとしても、結論がそこから導かれるわけではないのである。

「利他的行為は気持ちいい」という議論

心理的利己主義を支える二番目の議論は、いわゆる利他主義的行為は行為主体に「自己満足」を感じさせるという事実を持ち出す。「利己的」でない行いをすると気持ちよくなる。だからそういう行動をするというわけだ。

十九世紀の新聞によると、エイブラハム・リンカーンがこの手の議論をした[5]。イリノイ州スプリングフィールド市の「モニター」紙はこう報じている。

泥道を行く旧式馬車の中でリンカーンは同乗者にこう語ったことがある。「善行は全て利己性によるのです」と。沼に架かった丸太橋で同乗者は反論した。橋を渡ると、土手で一匹の野豚がものすごい声で鳴いていた。子豚たちが沼に落ちて溺れかけていたのだ。坂を上りかけていた古い馬車のなかでリンカーンは叫んだ。「ちょっと止めて下さい」と。リンカーンは馬車を飛び降りて引き返し、子豚を沼から土手に引き上げた。リンカーンが戻ると、同乗者が言った。「この場合、利己性はどうなるのでしょう」と。するとリンカーンは答えた。「なぜですか。おめでたい人ですね。これこそ利己性の真髄なのです。子豚の心配をする哀れな老豚を見捨てたら一日中、心配し続けなければなりません。心の平安を得るために助けてやったわけです。分かりませんか。」

この逸話に出て来る正直なリンカーンは、心理的利己主義の由緒ある戦略を用いている。「動機の再解釈」である。皆が知っているように、人間は利他的に行動することがあると思われる。しかしより詳しく検討すると、実態は異なると分かるだろう。「利己的」でない行為も本当のところは、行為者本人の利益につながっていることを知るのはたいてい難しくはない。だからこそリンカーンは子豚の救助を「心の平安」と言ったのだ。

「利他的」に見える他の例も再解釈可能である。ラウル・ワレンバーグの友人によると、ハンガリー行きの前のワレンバーグは「わたしの人生はつまらない」と感じて落ち込んでいた。だからこそ彼は英雄的な行動をとったわけだ。もっと大きな人生の意味を追い求めて見事成功したわけだ。死後六十年超経過した今われわれがワレンバーグについて語っているのも、彼の「成功の証」であろう。

カルカッタの貧者のために生涯を捧げた修道女のマザー・

テレサは、しばしば利他主義の完璧な手本と言われる。だがもちろん彼女は、天国で然るべく報いられると信じていただろう。

財産と腎臓を捧げたツェル・クラヴィンスキーの両親は彼をあまり褒めなかった。だから彼はそんな両親でも褒めてくれそうなことをしようといつも努力していた。クラヴィンスキー自身「献金しだすと次第にそれが『楽しみ』になっていった。わたしは本当に献金が心地よかった」と述べている。

だがたとえ以上のことを認めても、リンカーンの議論には欠陥がある。子豚救助の動機の一つが自分の「心の平安」だったことは真かもしれない。しかしリンカーンが「自己利益に基づく動機」を持っているからといって、「慈善の動機」を持っていなかったことには必ずしもならない。「子豚を助けたい」というリンカーンの願望は実のところ、「心の平安」を得たいという願望より強かった可能性もある。リンカーンの場合にこれが真でないとしても、他の場合には真かもしれない。子供がおぼれているのを見たときの「助けたい」という筆者の願望は「良心の呵責《かしゃく》」を逃れたいという願望をたいてい上回るであろう。こうしたケースは心理的利己主義の反例となる。

利他主義の例の中には、利己的動機が皆無のものもあろう。例えば二〇〇七年、五十歳の建設作業員ウェズリー・オートリーはニューヨーク市内で地下鉄を待っていた[6]。すると隣の男が倒れて苦しみだした。それから立ち上がり、ホームの端までよろよろ歩き、線路に落ち込んだ。そのとき列車のヘッドライトが見えた。「瞬時に判断しなければなりませんでした」とオートリーは後に語っている。彼は線路に飛び降り、上に乗っかって男を一フィートの深さの隙間に押し込んだ。キーッという音を立てて列車はブレーキをかけた。だが間に合わなかった。ホーム上の人々は悲鳴を上げた。五台の車両が二人の上を通過した。オートリーの青いニット帽に油が染みついた……。二人が無事と分かったとき、周りから拍手が沸き起こった。「助けなければと思っただけです」と後にオートリーは述べている。彼は自分の満足などこれっぽっちも考えずに人命救済したのであった。

ここから教訓が引き出せる。それは願望の本性にかかわることだ。われわれが欲しいと願う物は多々ある。お金・友達・名声・新車などである。これらを望むがゆえに、手に入ったら満足するのだろう。しかし「願望の対象」は通常、「満足感」などではない。われわれは「満足感」そのものを追求してはいないのだ。われわれが欲しいと願うものはあくまで、お金・友達・名声・新車である。

他者救済も同じである。たいていは他者を救済したいとの「願望」が初めにある。他人を助けたときに感じる「気持ちよさ」は、副産物にすぎないのである。

心理的利己主義のまとめ

もしも心理的利己主義に真実味がないのなら、なぜかくも多くの賢い人たちがそれに魅力を感じたのだろう。この理論が説く人間本性についての皮肉な見方を好む人もいる。この理論の単純さを好む人もいるだろう。また単一の要因で人間の全行為を説明できるとしたら、なんと結構なことだろう。しかし人間はずっと複雑なのだ。だから心理的利己主義はもっともらしい理論ではないのである。

かくして心理的利己主義の主張と道徳は何の関係もない。われわれは「隣人への配慮」に動機づけられることがある。そうだとすると「隣人を助けるべきか」について語ることは決して的外れではない。人間本性の非現実的見方に基づいて、道徳を幼稚な仕方で理論づける必要はないのだ。

第三節　倫理的利己主義の三つの擁護論

さて倫理的利己主義とは次のような説である。

——各人が追求すべきは自己利益のみである。

これは「各人は他人の利益に加えて自分の利益も促進すべし」という常識と異なる。倫理的利己主義はあらゆる責務を「自己利益の原理」で説明する極端な思想である。

しかし倫理的利己主義は「他者救済をするな」と説くわけではない。自分の利益が他人の幸せと一致することはあるだろう。こういう場合、自分の支援は他人の支援にもなる。例えば教師を説得して宿題を出すのをやめさせたら、自分ばかりか級友の利益にもなろう。倫理的利己主義はこうした行為を禁じているわけではない。実状としてそれを奨励することさえあるかもしれない。倫理的利己主義の主張は「他人を利することで行為が正しくなるわけではない」ということだけである。行為が正しいのは「自己に利益をもたらす」がゆえなのだ。

また倫理的利己主義は「自己利益の追求において自分が望むこと——あるいは最大の短期的快楽をおのれにもたらすこと——を常になすべき」と示唆するのでもない。世間にはタバコを吸いたい人もいるし、全財産を競馬に注《つ》ぎ込みたい人もいるし、地下に覚醒剤製造所を作りたい人もいるだろう。これらは短期的利益を本人にもたらしうるが、倫理的利己主義はこれらの行為全てを是としないだろう。倫理的利己主義が説くことはこうだ。

——長期的に見て本当に最高の自己利益になることを為すべし。

さてこれから倫理的利己主義を支える三つの主要議論を検討しよう。

「利他主義は他人をダメにする」という議論

最初の議論にはいくつかのタイプがある。

（1）誰も皆、自分の願望や要求に気づいている。さらに誰も皆、それらの願望や要求を効果的に追求しうる唯一の「自分という場所」に存在している。とはいえ自分は不完全ながらも他人を理解している。しかし自分は他人の利益を促進するのに好都合な場所にいるわけではない。このようなわけで「他人の世話」をしようとしても失敗して、役立つどころか害になることが多い。

（2）また「他人の面倒をみる」のは他人の「プライバシー侵害」となる。それは本質的に余計な「おせっかいを焼く」ことなのだ。

（3）他人を自分の「慈善」の対象にすると、他人の「価値を下げる」ことになる。慈善は他人から尊厳や自尊心を奪う。それは実質として「お前に自立する能力はない」と言うようなものである。さらに慈善はそれを施す側の自己実現にすぎない。施しを受ける側は自立できなくなり、受け身で他人に頼るようになる。慈善を施される側がしばしば感謝するより憤慨するのはこのゆえである。

これらのどれにおいても、他人の面倒をみることは「他人をダメにする行為」と言われることになる。

最善の行いをしたいのなら、いわゆる「利他主義」はやめるべきだ。むしろ各人は自分の利益を追求した方が幸せであろう。

多々の根拠からこのような議論に反論することはできる。もちろん誰も他人の世話に失敗したり、余計なおせっかいを焼いたり、自尊心を損ねたりしたくはない。しかし飢餓の子供に食料援助するときの実状はこうなのだろうか。ソマリアの飢えた子供に食べ物を与えるのは、本当に「おせっかい」で、その子にとって有害なことなのか。そんなことはないように思う。だがこの点は脇においておく。なぜならもっと深刻な欠陥が最初の議論にはあるからだ。

深刻な欠陥とは、この第一の議論が本当の意味で倫理的利己主義を支える議論になってないということである。それはある行為方針を採用するべきと結論付けている。それは「利己的」に見える行為方針である。しかしそれらの行為方針を採用すべき「理由」は明らかに「非利己的」なのだ。そうした方針を採用すれば「社会が改善される」というわけだからである。だが倫理的利己主義によれば、社会改善など気にするべきではないことになる。全部きちんと書けばこんな風になろう。

（a）われわれは皆の利益を最大限に促進するものなら何でも行うべきである。

（b）皆の利益を促進する最善の方法は、われわれ各自が自分自身の利益のみを追求することである。

（c）ゆえにわれわれ各自は、自分自身の利益のみを追求すべきである。

この推論を容認するなら、われわれは倫理的利己主義者でないことになろう。たとえ利己主義者のように振る舞っているとしても、究極の原理はやはり「慈善」なのだ。自分自身だけを助けようとしているのではなく、皆を助けようとしているからである。これを利己主義者と称するのはふさわしくない。むしろ「一般の幸福を促進するものは何か」について独特の見方をしている利他主義者であること言った方がいいのだろう。

アイン・ランドの議論

哲学者たちはアイン・ランド（一九〇五―一九八二）の仕事にあまり注目していない。彼女の小説の主要テーマは「個人と資本主義の優越性」を探ることだった。だがそれは他の著述家によってもっと厳密に展開されている。それでも彼女は熱烈な信奉者を惹きつけるカリスマ的人物であった。二十世紀のどの著述家よりも彼女の方が倫理的利己主義と深く関わっている。

アイン・ランドは「利他主義の倫理」を社会全体ならびに社会内部の個人の生活を全面的に破壊する思想と見なしていた。彼女によれば、利他主義は個人の価値の否定につながる。それは「あなたの生活が犠牲になるだけです」と個人に語りかける。彼女は書いている。[7]「もし利他主義の倫理を認めたら、最初の関心事は『自分の人生をどう生きるか』ではなく『自分の人生をどう犠牲にするか』になってしまう」と。利他主義の倫理を推進する人は軽蔑にすら値しない。彼らは寄生虫《パラサイト》である。自分の生活を築き維持するために働かず、他人に寄生する。ランドはこう続ける。

寄生虫・乞食・略奪者・畜生・悪党は人間にとって価値が全くない。こうした連中の要求や保護に棹《さお》さした社会に生きたとて何の利益もない。このような社会は人間を生贄《いけにえ》の動物のように扱い、美徳には罰を、悪徳には褒美《ほうび》を与える社会である。それは利他主義の倫理に基づいた社会である。

ランドの言う「自分の生活を犠牲にする」とは、なにも死のように劇的なことではない。個人の生活は部分的には計画や蓄財である。だから計画や財産の放棄を個人に求めるのは「自分の生活を犠牲にせよ」と要求することなのだ。

ランドは倫理的利己主義には形而上学的基礎があることも指摘している。とにかく倫理的利己主義こそ「個人の現実」を真剣に受け止める唯一の倫理なのだ。彼女は嘆く。「利他主義が個人の生の価値を……人間の理解力を大きく毀損《きそん》している。利他主義は人間の現実を消し去った精神を表している」と。

ならば飢えた子供たちはどうなるのか。倫理的利他主義そのものが「人間の現実を消し去った精神を表している」と答えればよかろう。つまり利他主義の方こそ「飢えた人間」がいるという現実を消し去っているのだ。ランドは自分の信奉者から寄せられたファンレターに賛意を示し、それを引用してこう言う。「かつてバーバラ・ブランドンは学生から質問されました。『貧乏人はどうなるのですか』と。そこで彼女は答えました。『もしもあなたが貧乏人を助けてやりたいなら、誰も止めないでしょう』と」。

これらの言葉は以下のような一連の議論の一部である。

（1）各人には一つの生しかない。個人に価値ありとするならば、各人の生に至高の重要性を認めなければならない。なんといっても各人の生こそ各人の所有と存在の全てである。

（2）利他主義の倫理によれば、個人の生は他人の善のために犠牲にすべきものである。それゆえ利他主義の倫理は個人の価値を真剣に受け止めていない。

（3）自分の生は至高の価値を有するという各人の見方を倫理的利己主義は真剣に受け止めている。現状として他の哲学にはそれができない。

（4）したがって倫理的利己主義を受け入れるべきである。

お気づきのように、この議論の問題点は利他主義の倫理と倫理的利己主義という二つの選択肢しかないと想定していることにある。この二者択一は一見疑う余地がなさそうに思えるが、実は馬鹿しか認めないような仕方で利他主義を描いている。利他主義とは「自分の利益にはまったく価値がないから、誰に頼まれようが自分のすべてを犠牲にしなければならない」という主張とされている。もしも利他主義がこういうものなら、倫理的利己主義を含めて他のどんな倫理説もずっとましに見えるだろう。

しかしこれは諸選択肢の正当な説明とは言い難い。「常識」と言われるものは両極端の中間にある。常識に従えば、自分の利益と他人の利益はともに重要だから、二つのバランスをとるべきなのである。他人のために行動すべき時もあれば、自分のことを心配すべき時もあるのだ。極端な利他主義の倫理は却下するとしても、だからといって極端な倫理的利己主義を受け入れる必要など毛頭ない。中間領域があるからだ。

常識道徳と両立する倫理的利己主義

倫理的利己主義の第三の擁護論はこれまでとは異なるアプローチをとる。倫理的利己主義はたいてい常識道徳に異議を唱える。しかし「倫理的利己主義が常識的道徳観を支えている」という解釈も可能なのだ。

この解釈は次のようなものである。

——通常の道徳は規則順守である。例えば「真実を語らねばならない」「約束を守らなければならない」「他人に危害を加えてはならない」などだ。一見これらの義務に共通するものなど皆無に思われる。別個の規則の寄せ集めにすぎないように見える。しかし一貫性があるのかもしれない。倫理的利己主義が言うのは、これらの義務全部が「自己利益」という単一の基本原理に由来するということだ。

倫理的利己主義をこう理解すれば、それほど過激な説ではなくなるだろう。それは通常の道徳に異論を突きつけるものではなくなる。通常の道徳の説明と体系化をもくろんでいるにすぎない。そしてそれは驚くほどうまくいくのだ。前掲の義務や他の義務をもっともらしく説明することができるのである。

（1）他人に危害を加えない義務

もしも他人を害すれば、他人の方もこちら側を臆することなく害することになろう。すると友達などいなくなろう。他人を寄せ付けず、忌み嫌うことになろう。助けてほしい時も助けてくれなくなるだろう。他人への攻撃がひどすぎるなら、監獄行きだろう。したがって他人に危害を加えないのが自分の利益になるのだ。

（2）嘘をつかない義務

もしも嘘をつけば、悪評が広まるからかえって困ることになる。信用が失墜して一緒に仕事もできなくなる。こちら側が不正直と思われたら、相手の方もこちらに対して正直でなくなるだろう。したがって誠実である方が自分の利益になるのだ。

（3）約束を守る義務

他人と互恵的な協定を結ぶのが自分にとって好都合だ。こうした協定から自分が利益を得るには、他人の側が約束を守ってくれないといけない。こちら側が約束を守らないのに、向こう側が守ってくれるなどと期待するのはほぼ無理である。そのゆえに自己利益の観点から約束は守るべきである。

この手の推論を追究したのがトマス・ホッブズ（一五八八―一六七九）である。彼の指摘によると、倫理的利己主義の原則はさしづめ「黄金律」に他ならない。他人のためになることをすべきなのは、相手の方がこちら側のためになることをしてくれると当て込めるからなのだ。

それではこの議論は倫理的利己主義を有効な道徳説として構築することに成功しているのか。たぶん一番いい線を行っているが、二つの深刻な問題を抱えている。

（a）第一にこの議論は必要なだけの論証をしていない。「真実を語ること」や「約束を守ること」や「他人を害しないこと」がたいてい自分の好都合になることを示しているだけである。だが殺人などのおぞましい行為から自分が利益を得ることもままあるだろう。そのようなケースでもおぞましい行為をすべきでないことを倫理的利己主義は説明できないのである。したがってある種の道徳的責務は自己利益から由来するものではありえないようだ。

（b）第二に飢餓救済の献金がどういうわけか自分の好都合になると仮定してみよう。仮にそうだとしても「自分の利益になる」ことが献金の唯一の理由ということにはならない。他の理由があるかもしれないからだ。「飢えた人たちを救済したいから」という理由もあろう。倫理的利己主義が言うには、まさに自己利益こそが他者救済の唯一の理由である。だが目下の議論はそれをちっとも擁護できていない。

第四節　倫理的利己主義への三つの異論

「倫理的利己主義は悪」という議論

様々なニュース記事を題材にして悪行について考察しよう。[8]

「金儲けのため薬剤師がガン患者の薬を水で薄めて調剤していた。」

「モルヒネを転売するため救急医療隊員が、モルヒネではなく滅菌水の注射を救急患者に打っていた。」

「ミルクが汚染されているという嘘の訴訟を起こすため、両親が赤ん坊に酸を飲ませていた。」

「男性看護師が意識不明の患者二人をレイプした。」

「七十三歳の老人が娘を二十四年も地下室に監禁し、むりやり七人もの子供を産ませていた。」

「ホームレスになるくらいなら連邦刑務所に入った方がましと思って、九万ドルの借金を負っている六十歳の男が郵便配達員に七発も撃った」……。

以上のような行為から実際に利益を得る人がいたと仮定してみよう。はてさて倫理的利己主義はやはりこれらにも賛成しなくてはならないものなのだろうか。こう考えるだけでも、倫理的利己主義は疑わしくなってくるだろう。

しかしながらこの異論は倫理学的利己主義にとって不公平かもしれない。なぜなら「これらの行為は悪い」と言うとき――「他人に不利益を及ぼすから」という――悪の「非利己主義的概念」がもう前提されているからだ。だからこそ倫理的利己主義にはずっと深刻な論理的困難があることを示そうとした哲学者もいるのだ。次の議論はそうした点を衝《つ》いている。

「倫理的利己主義は論理矛盾」という議論

カート・ベイアーは『道徳的視点』（一九五八）の中で「倫理的利己主義は純粋に論理的な根拠によって正しいはずがない」と主張した。[9] ベイアーはこの理論には矛盾があると考えた。それが本当なら、倫理的利己主義は誤りに他ならない。なにしろ自己矛盾した理論が正しいはずはないのだから。

――いま仮に二人が大統領選に出るとしよう。二人をそれぞれMとKと呼ぼう。Mは民主党員で、Kは共和党員である。Mが勝つのはMの「利益」だから、Kを暗殺するのがMの「利益」になる。倫理的利己主義によると、ここから「MはKを暗殺すべき」ということが導かれる。つまりKを暗殺することがMの道徳的「義務」となる。

――しかしKが生き続けることがKの「利益」になるというのも真である。ここから「MがKを暗殺するのをKは阻止するべき」ことが導かれる。それがKの「義務」となる。

――するとここに問題がある。KがMから自分を守るとき、Kの行為は間違いでありかつ間違いでない。MがMの「義務」を遂行するのをKの行為が阻止するわけだから、この意味でKの行為は間違いである。一方Kの行為はKの最高の「利益」だから、間違いであるはずがない。しかし「同一の行為が道徳的に間違いでありかつ間違いでない」なんてことはありえない。

この議論は倫理的利己主義を反証しているだろうか。一見すると説得力があるように思われよう。しかし議論が込み入っているから、各段階を整理する必要がある。そうすれば評価しやすくなるだろう。全部書き出すと次のようになる。

（1）各人の義務は自分にとって最高の利益になることを行うことであると仮定する。

（2）Mの最高の利益とはMが選挙で勝つためにKを暗殺することである。

（3）Kの最高の利益とはMがKを暗殺するのを阻止することである。

（4）それゆえMの義務とはKを暗殺すること、Kの義務とはMがKを暗殺するのを阻止することである。

（5）しかし自分の義務を果たそうとする人を阻止するのは「間違い」である。

（6）それゆえMがKを暗殺しようとするのをKが阻止することは「間違い」である。

（7）それゆえMがKを暗殺しようとするのをKが阻止することは「間違いでありかつ間違いでない」。

（8）しかしいかなる行為も「間違いでありかつ間違いでない」ことはありえない。それは「自己矛盾」である。

（9）それゆえ各人の義務とは自分にとって最高の利益になることを行うことであるという最初の仮定は正しくない。

段階表記してみると、この議論の隠れた欠陥が分かる。（7）で現れる論理的矛盾——MがKを暗殺しようとするのをKが阻止することは間違いでありかつ間違いでないこと——は単に（1）における倫理的利己主義の原理だけから帰結するものではない。それは（1）の原理および（5）で加えられた前提、すなわち「自分の義務を果たそうとする人を阻止するのは間違いである」の両方から帰結する。ベイアーは（5）の段階を付け加えることで独自の前提をしているわけだ。

こうなると倫理的利己主義を却下する必要はなくなる。追加前提を取り下げさえすれば矛盾の回避ができるのである。しかしこの追加前提の却下こそ実は、倫理的利己主義の主張そのものに他ならない。

なぜなら倫理的利己主義者は「義務を果たそうとしている人を阻止するのは常に間違い」などとは決して無条件では言わないからだ。むしろ倫理的利己主義者は「義務を果たそうとしている人を阻止するべきか否か」は「それが自分の利益になるか否か」に全面的に依存していると言うことだろう。

これがわれわれの好む考えかどうかは別にして、少なくとも倫理的利己主義者ならこう言いそうだというのは確かだ。かくして倫理的利己主義者が自己矛盾していると宣告する試みは失敗するのである。

「倫理的利己主義は恣意的」という議論

この議論なら倫理的利己主義を反証できる見込みがある。少なくともそれはここで取り上げる議論の中で最も深い。というのはこの議論は「自分にとっても他人の利益は大切であるべき」なのはなぜかの「理由」を説明しようとしているから。しかしそこに入る前に、道徳的価値に関する一般的論点を見ておく必要がある。

人間をいくつかのグループに分け、「あるグループの利益は別のグループの利益より重要」という道徳的見方を共有する一派がある。人種差別はその明白な例だ。人種差別主義者は人種によって人間をいくつかのグループに分け、「ある人種の福利を別の人種の福利よりもずっと重要」とする。現状としてどんな差別もこういうかたちをとっている。反ユダヤ主義・ナショナリズム・性差別・年齢差別などだ。こうした見方に囚われた人は、「自分の属する人種の方がずっと価値がある」「自分の信じる宗教の信者の方がずっと価値がある」「自分の国の方がずっと価値がある」などと本気で考えている。

こんな思想の擁護などできるものだろうか。これを是認する者が必ずしも「擁護論」を展開しているとは限らない。例えば人種差別主義者が人種差別の「正当化」を試みることなどめったにない。しかしここではそうすると仮定しよう。さて人種差別主義者はどう言うだろうか。

こうした正当化の邪魔になる一般的原則がある。それを「平等な扱いの原則」と呼ぼう。それはこんな具合だ。

——正当な理由がない限り、人間を平等に扱うべきである。

例としてここでは、法科大学《ロースクール》への入学許可を二人の学生に出すかどうかについて考えてみよう。どちらも大学を優秀な成績で卒業し、入学試験で高得点をとったとしよう。つまり二人とも同じように入学する資格があるわけだ。するとこの場合、一方を入学させるのに他方を入学させないのは恣意的となる。

しかし一方が優秀な成績で大学を卒業し入試でも高得点をあげたのに、他方は大学を中退し入学試験も受けなかったとしたなら、前者を入学させ後者を入学させないのはべつに構わない。

基本的に「平等な扱いの原則」は他人の扱いの公正さを求める原則だ。つまり「似たケースでは似た扱いをすべき。違う扱いをしてもよいのは違うケースのみ」ということである。この原則について二つのことを理解しなくてはならない。

（a）まず「人間を平等に扱う」ことは必ずしも「同一の結果」を保障するものではない。ベトナム戦争中、アメリカ人の若者は徴兵を逃れようと必死になった。それで政府は徴兵委員会が徴兵する順番を決める必要に迫られた。一九六九年テレビで最初の「徴兵抽選」が全国放送された。抽選方法はこうだった。

三六六枚の紙切れに一年の日付が書かれ（例えば「二月二十九日」と）、その紙切れが青いプラスチックのカプセルに収められている。カプセルはガラス瓶の中に入れられ、かき混ぜられる。そして一つずつカプセルのくじを引いてゆく。

最初に引かれたのは「九月十四日」であった。年齢が十八歳から二十六歳の間で誕生日が九月十九日の若者が最初に徴兵されることになった。最後にくじに当選したのは六月八日生まれの者であった。だがこれらの誕生日の若者で実際に徴兵された者は一人もいなかった。

大学の寮では学生たちが抽選の模様を生放送で見ていた。誰の誕生日が引かれたかすぐ分かった。選ばれた者のなかには「行きたくない」とわが身の不運に呻《うめ》く者とか「行きます」と入営の誓いを立てる者もいた。この結果は様々であることが分かった。徴兵されたものもいたし、免れた者もいたのだ。しかし抽選そのものは公平だった。くじ引きで当たる確率は全員同じだから、政府は皆を平等に扱っていたことになる。

（b）二つ目の点は「原則はどんな状況に適用されるか」という原則の適用範囲にかかわる。あなたが事情で行けなくなった大事な試合のチケット友人に譲るケースを想定しよう。「友人に譲る」というのは、友人を他の誰よりも優遇するということだ。あなたはチケットを他の誰に譲ることもできたはずだ。

このような行為は「平等な扱いの原則」に違反しているのではなかろうか。これには正当化が必要なのだろうか。

こういう問題については道徳哲学者たちの意見は割れる。なかには「平等な扱いの原則」はこの事例には適用されないと考える道徳哲学者もいる。この原則は「道徳的状況」にのみ適用されるというわけである。「自分のチケットをどうすべきか」ということは「道徳的問題」と言えるほど重要ではないのだ。

一方あなたの行為は正当化が必要であると考える道徳哲学者もいる。そこでまた様々な正当化がありうるであろう。例えば「友情の本質」から正当化することもできよう。かといって「チケットが欲しい人全員のために試合直前まで抽選会を開くというのは無理」という事実を挙げてもいい。あるいは「チケットの所有者はあなただから、それをどう処分するかはあなたの勝手」という考えもあろう。

「平等な扱いの原則」が「道徳的状況」にのみ適用されるかどうかは、さしあたり重要ではない。「どう解釈しようが、この原則を認めない者などいない」と言うだけで十分なのだ。いい、、、状況が許す限り、誰しも人間を平等に扱うのは正しいと信じているのである。

今度はこの原則を人種差別に当てはめてみよう。人種差別主義者は例えば白人と黒人への違った扱いを正当化するような両人種間の違いを指摘できるだろうか。人種差別主義者は昔、「黒人は怠け者で、頭が悪く、恐ろしい」などと言って、違いを正当化したことがあった。こういう発言をすることで人種差別主義者たちは「自分たちでさえ『平等な扱いの原則』を受け入れている」ことを示している。このような紋切り型の発言の目的は、人種間での扱いの違いを正当化するのに必要な「正当な理由」を示すことにある。

もしも黒人へのこんな悪口が真なら、人種間の違った扱いが正当化される場面もあることになろう。しかしもちろんそんな悪口は真ではない。黒人と白人の間には、この悪口が言うような違いなどない。だから人種差別は恣意的な考えなのだ。正当な理由がないのに人間を差別的に扱うことを奨励しているからである。

倫理的利己主義は実態として、人種差別と同じタイプの道徳説なのである。それは世界を――自分と他人という――二つのカテゴリーの人間に分類することを説く。そして第一カテゴリー者の利益が第二カテゴリーの者の利益よりも重要と見なすよう迫る。しかし次のように問うことができる。

「自分が特別なカテゴリーに入ることを正当化するような違いが自分と他人の間にあるのだろうか。」

「自分は他人より頭がいいのだろうか。」

「自分の業績は他人より偉大なのだろうか。」

「自分の方が人生を楽しんでいるのだろうか。」

「自分の要求や能力は他人の要求や能力と違うというのだろうか。」

要するに「何ゆえに自分はかくも特別なのか」と問うことができるのである。

これらの問いに答えられないのなら、倫理的利己主義は恣意的ということになる。これは人種差別が恣意的なのとまったく同じ論理なのだ。両方とも「平等な扱いの原則」に反している。

まさしく以上のようなわけで、われわれは他人の利益も配慮しなければならないのだ。他人の要求や願望は自分の要求や願望と同等だからである。

最後にもう一度、自分のぜいたく品の一部を諦めたら救える飢えた子供について考察しよう。なぜこうした子供に気遣わなくてはならないのだろう。もちろん自分のことを気遣ったって構わない。仮に自分が飢えているのなら、食べ物を得るためにほとんど何でもするだろう。

けれども自分たちと飢えた子供たちの違いとは一体何なのだろうか。子供たちは空腹でもあまり困らないとでもいうのだろうか。子供たちはあまり価値がないとでもいうのだろうか。両者の間に適切な違いがないのなら、「自分たちの要求が満たされるべきなら、こうした子供たちの要求も満たされるべき」と認めなくてはならない。

万人平等ということこそ、道徳に他人の要求への配慮が含まれている所以《ゆえん》なのである。それはまた倫理的利己主義が最終的には頓挫する道徳説にすぎぬ理由なのだ。

第六章　社会契約説

法が終わるところはどこでも専制が始まる。[1]

ジョン・ロック
『統治二論』（一六九〇）

第一節　ホッブズの議論

いま仮に道徳を支える全ての伝統を捨てるとしよう。まず命令を出し徳に報いる神など存在しないとしよう。次に「自然の目的」などないとしよう。つまり自然の事物には「本来のはたらき」とか「決められた使い方」などないものとしよう。最後に人間は生来「利己的」だと仮定しよう。するとどこから道徳が生じうるのか。神や自然の目的や利他主義を引き合いに出すことができないなら、道徳の根拠として何が残るというのだろうか。

十七世紀イギリスの大哲学者トマス・ホッブズは、道徳の根拠はこれらのどれでもないと示そうとした。道徳とはなんといっても利己的な人間たちに実際に生じる問題の解決であるはずだ。誰も皆できる限り幸せに生きたいと願う。けれども豊かに暮らしたいなら、平和で協力的な社会秩序が必要となる。そして社会秩序は規則なしに成り立たない。道徳規則とはこのような規則に他ならない。道徳とは「社会生活の利益を得るために従わなければならない決まり」なのだ。神でも自然の目的でも利他主義でもなく、まさにこれこそが倫理を理解する鍵である。

ホッブズはまず「社会規則を施行する仕組みがまるまるないなら一体どうなるのか」と問う。

——統治機構など皆無と仮定してみよう。法律も警察も裁判所もないとしてみよう。こういう状況では誰も皆、好き勝手に行動するだろう。

ホッブズはこれを「自然状態」と呼んだ。[2]それはどんな状態だろうか。空恐ろしい状態とホッブズ考えた。彼は言う。

自然状態に勤労はない。なぜならその成果が不確実だから。結果として地上に農耕などない。航海術もなければ、海路で輸入された産物もない。広い建物もなければ、多大な力を要するから要る移動の道具もない。地表についての知識もない。そのようなものは多大な計測もない。技術もない。文字もない。社会もない。時間の計測もない。技術もない。文字もない。社会もない。そして最悪なことに、止むことのない恐怖と暴力による死の危険がある。人々の生活は孤独で貧しく、険悪で野蛮で短い。

自然状態がかくもひどいのは人生についての四つの基本事実によるとホッブズは考えた。

（1）必要なものは誰でも同じ。
生きていくために必要とするものは誰も皆、基本的に同じである。食料・衣服・住居などである。必要なものが人によって異なる場合もあるが——糖尿病患者にはインスリンが必要だが他の者には不要——本質的には似ている。

（2）物資が不足している。
われわれは乳が流れ全ての木に果実がたわわに実る「エデンの園」に住んではいない。世界は苛酷で住みにくい所だ。必要なものは豊富にあるわけではない。われわれは一生懸命働いてそれを生産しなければならないが、それでも不足することがある。

（3）人間の力は本質的に等しい。
誰が少ない物資を得るのだろうか。欲しい物がたやすく手に入る人などいない。他人より利口で丈夫な人はいるにはいるが、弱い人たちが結束したら最強の人でも追い落とされる。

（4）利他主義にも限度がある。
単独では他人に勝てないなら、望みはあるのだろうか。他人の善意に頼れるものだろうか。それは無理だ。人々は完全に利己的であるわけではないとしても、最も気がかりなのはやはり自分のことなのだ。それなので利害が一致しないとき、他人の方が譲歩してくれると当てにはできない。

これらを総合すると、恐怖絵図が現れる。
——皆が必要とする物は基本的に同じだが、全員に行き渡るほどの量はない。だから競争しなくてはならない。しかし誰もこの競争に勝てない。また誰も——ほぼ誰も——隣人に配慮などしない。ホッブズによれば、結果は「万人との不断の闘争状態」である。それは勝者のいない闘争だ。生き残りたい者は皆、必需品を奪い取り、攻撃から守ろうとする。他人の側も同じことをするだろう。自然状態の生活はかくも耐え難い。

ホッブズはこれを空理空論と思わなかった。市民暴動が続いて政府が崩壊したとき、これが現実に起きると彼は指摘する。人々は食料を買い溜めし、武装し、隣人を閉め出す。さらに国際法が弱体化すると、国家自体がこうした行動に走る。平和を維持する強大な統一権力がなければ、国々は国境警備をし、軍備増強して、自国民への食料供給を優先する。

自然状態から逃れるためには、協力方法を見つけなければならない。安定的に協力する社会では、必需品をたくさん生産できるし、効率的な分配もできる。しかしこんな社会を作るのは簡単ではない。人間関係を管理する規則に人々が合意しなくてはならない。例えば互いに危害を加えないことや約束を守ることに合意しなくてはならない。

このような合意をホッブズは「社会契約」と呼んだ。社会ができれば、人々は一定の規則に従うし、規則を実施する手段も作られる。そうした手段の中には法律もある。暴行すれば警察に逮捕される。加えて「世論の法廷」もある。例えば嘘つきという噂が広まれば、皆から無視されるだろう。こういう規則を全部合わせたものが「社会契約」である。

慈善を施せるのは社会契約という背景がある場合のみである。他人に配慮する余裕は契約によって生まれるからである。自然状態では皆、孤立している。他人に気遣うのは愚かなことだ。他人に気遣えば自分の利益が危うくなるからだ。

しかし社会を作れば、利他主義が可能となる。社会契約が「止むことのない暴力による死の恐怖」からわれわれを解放してくれるからこそ、他人に配慮する余地も出てくるわけである。

ジャン・ジャック・ルソー（一七一二―一七七八）は、他人と「社会化された関係」を築いたとき人間は「別種の生き物になる」とまで言い切った。ルソーは『社会契約論』（一七六二）でこう述べる[3]。

> 自然状態から社会状態へ移行すると、人間は注目すべき変化を遂げる……。義務の呼び声が肉体的欲求に取って代わったときに初めて、自分のことしか眼中になかった人間は、以前とは違った原理に基づいて行動しなければならないことに気付く。すなわち好き嫌いよりも理性に諮《はか》らねばならないことに気付く……。能力が活性化されて発達し、気持ちが高尚になり、魂全体が気高くなる。このような変化を遂げた人間は、以前の愚かな劣等動物から永遠に脱し、知的存在としての人間に変わった幸福な瞬間を祝福し続けるはずだ。ただしこの新しい状態で過ちを重ね、元の状態以下に堕落すれば話は別であるが。

ではこの「義務の呼び声」は「新しい人間」に何を求めるのだろうか。それは万人を利するため、自己中心的な計画を退けることを求めるのである。しかしそれが可能なのは、他人の側も同じことに同意してくれなくてはならない。これぞまさに「契約」の本質である。

社会契約論は道徳と政治の目的を一緒に説明する。道徳の目的は社会生活を可能にすることだ。政治の目的は枢要な道徳を実施することである。

道徳にかかわる社会契約的概念の方は、以下のようにまとめることができる。

——道徳とは理性的人間が受け入れる行為の諸規則である。ただし他人の側も同じくそれに従うことが条件となる。

理性的人間が規則を受け入れるのは、そこから「利益」を期待できる場合のみである。

だから道徳とは「互恵的」なものだ。自分も相手の側も道徳規則に従わねばならないのは、規則が常に順守されている社会に暮らす方が幸せな場合のみである。

第二節　囚人のジレンマ

ホッブズの議論は社会契約説にたどり着く一つの道だ。他の議論では「囚人のジレンマ」が持ち出される。それはメリル・M・フラッドとメルビン・ドレシャーが一九五〇年頃提唱した[4]。それは以下のような概要になる。

いま仮にあなたが全体主義社会に住んでいるとしよう。ある日あなたは突然、逮捕されてびっくりする。国事犯で告発されたのだ。警察が言うには、あなたはスミスという名の男と共に政権転覆を企てた。スミスも逮捕されて別の独房に監禁されている。取調官はあなたに自白を迫る。あなたは無実を訴えた。スミスという人物など知らないと言う。だが無駄だった。警察は真相に興味がないとじきに分かった。誰かを有罪にしたかっただけなのだった。あなたは次のような取り引きをもちかけられる。

（1）仮にスミスは自白しないが、あなたが自白してスミスの罪状を証言するなら、あなたは釈放される。あなたは自由の身になるが、スミスは十年間投獄される。

（2）仮にスミスが自白し、あなたが自白しないなら、立場が逆転する。スミスは自由になるが、あなたは十年間投獄される。

（3）両方とも自白するなら、どちらも五年間投獄の判決を受ける。

（4）両方とも自白しないなら、どちらも有罪の決め手はない。一年間の投獄後はどちらも自由の身になる。

最後にスミスも同じ話を持ちかけられていることをあなたは告げられる。だがスミスと連絡を取ることはできないから、彼がどう出るのかあなたは知りようがない。

問題はここにある。あなたの唯一の目的がなるべく投獄期間を短くすることだとすると、あなたはどうすべきなのか。自白すべきか自白すべきでないか。この問題を考えるにあたっては、尊厳の維持だの権利の擁護だのを忘れるべきである。そんなことは無関係だから。またスミスを助けようという考えも忘れるべきだ。この問題は何があなたの最高の利益になるかを厳密に計算することに他ならない。どうすればあなたは最も早く自由になれるだろうか。

この問題はスミスの出方が分からなければ解答不可能のように見える。だがそれは錯覚である。これには明確な解答があるのだ。スミスがどう出ようが、あなたは自白すべきなのである。これは以下のようにして示される。

(a) スミスは自白するか自白しないかのいずれかである。

(b) 仮にスミスが自白するとしよう。この場合もしあなたが自白すれば、あなたは五年間投獄となる。一方あなたが自白しないなら、あなたは十年間投獄となる。ゆえにスミスが自白するなら、あなたも自白した方が得である。

(c) 仮にスミスが自白しないとしよう。この場合もしあなたが自白すれば、あなたは自由となる。一方あなたが自白しないなら、あなたは一年間投獄となる。ゆえにスミスが自白しなくても、あなたは自白した方がよい。

(d) ゆえにあなたは自白すべきである。スミスの出方とは無関係に、それが一番早く出獄できる道である。

ここまではこれでよい。しかしスミスも同じ取り引きを持ちかけられていることを思い出してほしい。だからスミスも自白することになろう。すると結果として、両方とも五年間投獄になる。しかし仮に両方とも反対の選択をすれば、どちらもたった一年で出獄できたのである。ここが興味深い点だ。あなたもスミスも利己的であるがゆえに、どちらも損する羽目になるのである。

さてここであなたがスミスと連絡を取れることになったとしよう。その場合あなたはスミスと契約することができる。すると二人とも自白しないということで合意できるだろう。つまり二人とも一年間拘留されればいいわけである。二人が別々に行動するより、協力した方が得になるわけである。

もちろん協力したからといって、一方の側にとって最高の結果になるわけではない。つまり即刻釈放というわけではない。しかし協力すれば、単独で行動するよりも双方にとってましな結果になるのである。

だがそうすると、二人の間での合意が実行されることが肝心要となる。なぜなら仮にスミスが契約を破棄し自白するが、あなたの方は契約通り自白しないなら、彼は自由の身になるのに、あなたは十年もの獄中暮らしになるからである。したがってあなたがこの契約に乗ることが割に合うのは、彼の方も契約を守ると確信できる場合のみである。

囚人のジレンマの解決としての道徳

囚人のジレンマは単なる知的遊戯ではない。架空の話が取り上げられているが、そこで示された状況はしばしば実生活で見られる。実生活での二つの一般戦略の間の選択を例として考察しよう。

（1）まず自分の利益のみを追求するという選択肢がある。どんな状況でも他人を無視して、自分を利するように行動するということだ。これは「利己的行為」と呼べる。

（2）これに対して、他人に配慮するという選択肢がある。他人の利益と自分の利益のバランスを取り、時には他人のために自分の利益を手放す。これは「慈善的行為」である。だが決定するのは自分だけではない。他人たちもどの戦略を取るか選ばねばならない。すると四つの可能性が生ずる。

（a）自分は利己的、他人は慈善的。
（b）他人が利己的、自分は慈善的。
（c）全員が利己的。
（d）全員が慈善的。

これらの状況において自分はどうするのか考えてみなければならない。四つの可能性は下記のように評価できよう。

（a）自分は利己的で他人が慈善的な場合に、自分が最も得をする。自分は他人の「気前のよさ」にあずかって利益を得る。だが「お返し」をするには及ばない（ただ乗り）。

（b）次善の状態は全員が慈善的な場合である。他人の利益を度外視して自らを利する「虫がいい」状況ではない。だが他人から思いやりのある扱いを受ける（通常の道徳）。

（c）悪いことは悪いが最悪ではない状況は皆が利己的な場合である。自分で自分の利益を守ろうとするが、他人に助けてはもらえない（ホッブズの「自然状態」）。

（d）他人は利己的で自分が慈善的な場合に、自分が最も損をする。いつでも他人に裏切られる。それなのに自分は他人を決して裏切れない。自分ばかり貧乏くじを引かされる

（お人好し）。

以上は「囚人のジレンマ」と同じ構造である。囚人はいないけれども、実質的には「囚人のジレンマ」である。ここでもあなたは利己的戦略を採るべきと証明できる。

（1）他人はあなたの利益を尊重するか尊重しないかのいずれかである。

（2）もし仮に他人があなたの利益を尊重するとしても、あなたは他人の利益を尊重しない方が得をする。少なくとも他人の利益を尊重しない方があなたの利益になるときは。これが最高の状況である。あなたは「ただ乗り」できるからだ。

（3）他人があなたの利益を尊重しないのに、あなたが他人の利益を尊重するのは愚かである。これは最悪の状態だ。あなたは「お人好し」になる。

（4）ゆえに他人がどう出るかに関係なく、自分の心配だけしていれば得をする。あなたは利己的であるべきなのだ。

だがここにも落し穴がある。他人の側も当然、同じように推論するからだ。すると結果はホッブズの「自然状態」に戻ってしまう。つまり全員利己的となり、邪魔者をすぐ裏切る。この状況では全員が協力する場合よりもめいめいが損をする羽目になる。

このジレンマを避けるため、合意を実行しなくてはならない。今度の合意とは「互いに尊重し合う社会生活の規則に従う」という合意である。

既に見たように、協力は各自に最高の結果をもたらすものではない。だがまったく協力しないよりもましな結果になるのだ。デイヴィッド・ゴーチェの言葉を使えば、われわれは「取り引きして道徳を作り上げる」必要があるわけだ。ただしこれが可能となるためには、関係者全員の利益を守る法と社会習慣が確立されていなくてはならないが。

第三節　社会契約説の長所

社会契約説における道徳とは「理性的人間が――他人の側も受け入れる限り――受け入れる規則」に他ならない。この理論の強みは主に、いくつかの難問に真実味のある解答を出せることにある。

（1）どんな道徳規則に従わねばならないか。道徳規則はいかにして正当化されるのか。

道徳的拘束力のある規則とは、協力的な社会生活を可能にする規則である。殺人・暴行・窃盗・虚言・破約などを許すなら、われわれは安心して一緒に生きていけなくなろう。したがって、これらの行為を禁ずる規則は「協力を促進する見込み」によって正当化されている。

かたや売春・同性愛・乱交などを是としない「道徳規則」は、この理由では正当化できない。個人の自発的な性行為がどうして社会生活を脅かすというのだろう。これらの規則に合意すれば、どのような利益があるというのか。密室での出来事は社会契約の埒外《らちがい》にある。だからこうした規則には拘束力はないのだ。

（2）道徳規則に従うことはなぜ合理的なのか。

われわれが道徳規則の順守に同意する理由は、「道徳規則が受け入れられている社会で暮らす方が利益になる」からである。しかし道徳規則を実際に順守する――契約を実行する――理由は、「規則が現に施行されていて、規則違反による罰を避けるのが合理的」だからだ。例えばなぜ上司を誘拐しないのかと言えば、「警察に捕まる」からである。

だが「誘拐しても捕まらない」と思ったらどうするだろう。この場合にもなぜ規則に従うのだろうか。

この問いに答えるに当たってまず次のことに注意しなくてはならない。つまり他人が「罰を免れられる」と内心思っていても、あなたは他人が規則違反をするのを望むわけがないということである。他人が「罰から逃げ切れる」と内心思っているからということだけでもう、あなたは他人が殺人や暴行を犯すことを望まないわけなのだ。なんといっても他人が殺したり襲ったりする対象が当のあなた自身かもしれないからである。

このような可能性があるからこそ、われわれは相手側がいい加減な気持ちで軽々しく契約を受け入れるのは御免こうむりたいのである。相手には契約実行の「強い意志」を持ってほしい。契約相手がふらふらするような人間であっては困るのだ。合意に織り込み済みのことだが、もちろん相手側もこちら側に同じことを求めてくるだろう。

しかしいったん契約実行の「強い意志」を持ったら、それに基づいて行動するのが合理的である。上司を誘拐しても罰から逃げ果《おお》せると思っていても、実際に誘拐しないのはなぜか。それは「そんな人間にはならない」という強く決心したからである。

（3）道徳規則を破ることが合理的なのはどんな場合か。

規則順守の合意に達するには一定の条件がある。

（a）第一の条件は、協定全体から利益が得られることである。

(b) 第二の条件は、相手側も契約を実行してくれることである。だから誰かが規則違反をすればそれでもう、違反者以外の者は違反者本人に対する責務から解放される。例えば他人を助けるべき状況で助けなかった人を想定してみよう。この人が後で助けが必要になっても、「わたしはあなたを助ける義務などない」と思われるのが道理というものだろう。

これと同じ論理で、犯罪者処罰が容認される理由が説明できる。法律違反者は他の市民とは異なる扱いを受ける。処罰の際に犯罪者は、普通の市民には禁止されている扱いを受ける。犯罪者本人も嫌がるような扱いである。なぜこんなことが許されるのか。思い出してほしい。自分の側が規則を順守しなければならないのは、他人の側も規則を順守する場合のみであったことを。

だからこそ規則を順守しない者を扱うときは、規則を度外視していいのである。それだから犯罪者は規則違反の行為を通して「わたしに仕返ししてもいいですよ」と言っているようなものなのだ。これで政府が法律を施行するのがなぜ正しいのかが説明できる。

(4) 道徳のどれくらいのことを要求できるのか。

道徳は「公平」であることを要求するように思われる。自分の利益は他人の利益より重要なわけではないということだ。いま仮にあなたが自分の死と他の五人の死のどちらかを選択しなければならない状況に直面したとしよう。公平性ということから言えば、あなたは自分の死を選ばなければならないように思われる。何といっても五対一である。あなたは道徳的に自分を犠牲にしなければならないのか。

哲学者たちはこの手の例にしばしば胸騒ぎを感じた。彼らは直観的に「道徳の要求」には限界があると感じてきた。だから彼らは伝統的にこうした英雄的行為を「超義務的」と言ってきた。「義務の呼び声」を超えた行為である。為されれば称賛に値する行為だが、道徳的に要求される行為ではない。

とはいえこうした行為が道徳的に要求されない理由を説明するのは困難である。道徳は公平な行為を要求するから、五人の死より一人の死の方がましだとすれば、あなたは自己犠牲を要求されて然るべきなのである。

社会契約説はこれについてどう言うのだろうか。ここでの問いは、次のような規則を採用すべきか否かだとしてみよう。

——仮にあなたの自己犠牲によって多くの命を救えるならば、あなたはそうしなければならない。

他の皆も受け入れるという条件付きで、このような規則を受け入れるのは合理的だろうか。恐らく合理的なのだろう。なんといっても各人は、このような規則から害を被る可能性より利益を得られる可能性の方が高そうだから。命を投げ出す一人に自分がなる見込みよりは、命を救われる五人の中に自分が入れる見込みの方が高そうだから。そうだとすると、社会契約説は道徳的英雄主義を求めるように思われるが……。

だがこれは誤りだ。社会契約説における道徳とは「理性的人間が――他人の側も受け入れる限り――受け入れる規則」である。しかし他人の側での順守を期待しえない協定を交わすことは合理的でないだろう。こんな「自己犠牲の規則」の順守を他人に期待できようか。自分たちのために赤の他人が命を捧げる「強い意志」を持つなんてことを期待できようか。

そこまで期待はできないのだ。大半の人はそこまで慈善的な行為はしないだろう。たとえ仮にそうする約束をしていたとしても。ではもし処罰される恐怖があればそこまで慈善的になることを期待できるかと言えば、やはりできないだろう。というのも人間の死への恐怖は、処罰への恐怖を凌駕するものだろうから。

かくして社会契約が要求しうる自己犠牲の程度にはおのずと限界があることになる。理性的な人間は、要求が大きすぎて他人が順守できない規則に合意しないだろう。このようにして社会契約説は、他の道徳理論が説明できない道徳の特徴を解き明かすことができるのである。

第四節　市民的不服従の問題

道徳説は道徳の具体的問題の理解に役立たなくてはならない。とりわけ社会契約説は社会制度の問題の理解に役立たなくてはならない。社会制度の本来の機能を説明することこそさしづめ社会契約説の趣旨の一つとなる。そこで法律順守の義務について再考してみよう。法律違反は正当化されるのか。仮に正当化されるとすれば、どのような場合なのか。

現代における市民的不服従の偉大な例は、マハトマ・ガンディー（一八六九―一九四八）によるインド独立運動とマーティン・ルーサー・キング・ジュニア（一九二九―一九六八）によるアメリカ公民権運動である。[5] 両方の運動とも、法に従うことへの公的で良心的で非暴力の拒否である。

ガンディーと彼の支持者たちは一九三〇年、ダーンディーというアラビア海沿いの村まで行進した。ここで彼らは海水から塩を蒸留することでイギリスの法律に抵抗していたからだ。イギリス人はインドの農民に高価な塩を買わせるために、塩の生産を統制していたのだ。

アメリカではキング博士はモンゴメリ市の「バス・ボイコット運動」を率いていた。これは一九五五年十二月一日、ローザ・パークスがバスの座席を白人に譲らなかったとして逮捕された後に始まったものだ。パークスは「黒人差別法」に対抗したのであった。これは南部での人種隔離の実施を定めた法律だった。二十世紀に非暴力運動を主導した偉人であるガンディーもキングも銃殺された。

二人の運動の目標は違っていた。ガンディーと支持者たちはイギリスのインド統治権を認めていなかった。彼らは英国による統治ではなく自治を望んだのである。

かたやキングと彼の支持者たちは、アメリカ政府の正当性を疑ってはいなかった。彼らが反対していたのはあくまで、自分たちが不正と思った特定の法律と社会政策にすぎなかった。あまりにも不公平すぎたから順守を拒否したのだ。

「バーミンガム市留置場からの手紙」(一九六三)の中でキングは、こみ上げる不満と怒りを書き連ねた。

> 卑劣な群集があなたの父母を好きなように私刑《リンチ》し、あなたの兄弟姉妹を気まぐれに溺死させるのを見たとき。憎悪に満ちた警官があなたの黒人の兄弟姉妹に悪態をついて蹴りを入れ、ついには虐殺しても何のお咎《とが》めもないのを見たとき。豊かな社会のただ中で二千万という圧倒的多数の黒人同胞が張りつめた貧困の檻の中で窒息しているのを見たとき。テレビで宣伝された公立遊園地へ行けない理由をあなたの六歳の娘に説明しようとすると、舌がもつれて吃《ども》るのに突然気づいたとき。有色人種の子供は「ファンタウン」には入れないと聞かされるや、娘の小さな目から涙が溢《あふ》れ出すのを見たとき。劣等感の憂鬱な雲が彼女の小さな心の中で大きくなり始めるのを見たとき。

人種差別は社会習慣だけによって行われているわけではなかった。黒人市民が公に意見表明することを否定する法によっても行われていた。通常の民主的手続きに訴えるよう促されたキングが指摘したのは、そうした試みは全て失敗したということであった。また「民主主義」という言葉は南部黒人には無意味だとも述べた。彼はさらに言う。「黒人が有権者登録するのを妨害するあらゆる狡猾《こうかつ》な方法がアラバマ州全体で使われている。そして黒人が人口の大多数なのに有権者登録できた黒人がただの一人もいない郡さえある」と。こういうわけなので、キングは不正な法律を拒否して監獄行きを受け入れる以外の選択肢はないと思ったのである。

今日キングは偉大な道徳的指導者として記憶されている。しかし当時、市民的不服従という戦略は大きな論争を巻き起こした。多くのリベラルはキングの目標には共感したが、法の侵犯という作戦は批判した。

一九六五年「ニューヨーク州法曹ジャーナル」の記事はこのような典型的な懸念を表している。ニューヨークの著名な弁護士ルイス・ウォールドマンは「全ての人々に公民権を与えるという目標をわたしは、キング博士が生まれるはるか前から支持していたし、今でも支持している」と読者に断った後で、次のように論じた。

憲法が存続すべきならば、その下で保障された権利とその下で制定された法律を擁護する人々は、憲法と法律に従わねばならない。「つまみ食い」は許されない。自分が正当と思う法律には従うが、不正と思う法律には従わないということは許されない……。

したがってキング博士の教えを容認するわけにはいかない。キングと支持者たちは、違法と知りながら「つまみ食い」をしているからだ。わたしが言いたいのは「こんな教えは違法だから捨て去るべき」ということだけでない。わたしは「それは不道徳で、民主政治の原理を破壊し、キング博士自身が求めている公民権自体を脅かすものだ」とも言いたい。

ウォールドマンは的を射ている。法体制が基本的にしっかりしていれば、法に背くことは一見、悪いことに思われる。法への反抗は一般に法律に対する人々の敬意を減退させるものだから。

この反論に直面したキングはこう述べたことがあった。「敵対している不正があまりに深刻で数が多く手に負えないほどならば、市民的不服従が『最終手段』として正当化される」と。つまり手段には欠陥があったとしても、目的が手段を正当化するというのだ。この論拠はウォールドマンの反論への十分な回答だろう。しかしもっと深遠な回答が可能なのである。

社会契約説によると、法律順守の義務が生ずるのは、負担より多くの利益が見込まれる社会体制に各人が参画したことによる。ここでの「利益」とは社会生活の利益である。自然状態を脱して社会生活に入れば、安全を確保でき基本的権利を享受しうる。われわれが制度の維持に合意するのは、制度がもたらす利益を得るためである。法律順守や納税や陪審員就任などの義務は、利益を得る代わりに受け入れなければならない負担なのだ。

しかし市民の中に基本的権利を剝奪される者がいたらどうだろうか。市民を守るはずの警察が「悪態をついて蹴りを入れ、ついには虐殺しても何のお咎《とが》めもない」なら、どうだろうか。まともな教育を受けられない人々とその家族が「張りつめた貧困の檻の中で窒息している」なら、どうだろうか。

このような条件下で社会契約は尊重されていないのである。不利な立場の集団に法律順守と社会制度の尊重を求めるのは、社会生活の利益を剝奪しておきながら「負担だけは受け入れよ」と迫ることに他ならない。

一連の議論は次のことを示している。

――市民的不服従は、公民権を剝奪された社会集団にとっての望ましからざる「最終手段」などではない。市民的不服従とはむしろ、抗議表明の最も自然で合理的な方法なのだ。不利な立場の集団が社会生活の利益を剝奪されているとき、この集団は――通常は社会の諸規則の順守を求める――社会契約を守る義務からも解放されているからである。

これが市民的不服従の最深の論拠である。社会契約説はそれを明快かつ力強く示している。

第五節　社会契約説の問題点

社会契約説は功利主義、カント主義、徳倫理とならんで現代の主要道徳哲学の一つである。その理由は簡単だ。社会契約説は道徳的生について多くのことを説明できそうだからである。しかしながら二つの重要な異論がある。

（1）まず社会契約説は歴史的虚構に基づいているという異論がある。われわれは以下のような想像をせよと言われる。「人々はかつて互いに孤立して暮らしていたが、我慢できなくなって遂には結束し、相互利益をもたらす社会規則の順守に合意した」というようなことを。

しかしこのどれも今まで起きたことはない。純然たる空想《くうそう》譚《たん》にすぎない。ならばそれにどういう意味があるのだろうか。確かなことは、もし昔の人々が実際このようにして結束したとするなら、社会契約説が言うように「お互いへの義務」を説明できるということだ。つまり自分たちが合意した規則には「順守義務」が生ずるのである。

しかしこの答えを認めるとしても問題はさらにある。

――一体その合意とやらは「全員一致」だったのだろうか。もし全員一致でなかったら、合意のうえ契約しなかった人々はどうなるのだろう。彼らに道徳的行為は要求されないのだろうか。またはるか昔の祖先がその契約を交わしたというのなら、子孫にもそれを守る義務が残る理由は何なのか。

いずれにしても実際に「社会契約」など存在しなかった。だから社会契約を引き合いに出したって、何も説明できないのだ。社会契約は「白紙の契約書の価値にすら及ばない」と言った評論家がいたが、まさに言い得て妙である。

確かなことは、実際に契約した人など誰ひとりとしていないことだ。署名済みの契約書などただの一枚もない。市民権取得の際に法律順守を宣言する移民は例外だが。

しかし社会契約論者はこう言うだろう。

——前記のような社会的協定はやはり誰にとっても現に存在しているではないか。誰もが皆、拘束力ありと認める一群の規則が実際に存在しており、一般に規則が順守されていることから皆が利益を得ているのが実状ではないか。

誰も皆こうした協定から「利益」を受け取っている。加えて他人が規則に従うのを期待するし推奨もする。

これぞまさしく「現実の世の中」で起こっていることに他ならない。虚構などではない。

——協定の利益を現に受け取っているということは、「その対価として協定を守り自分の義務を引き受ける」ということでもある。これは少なくとも「われわれは規則に従うべきだ」ということを意味している。

こうして「暗黙の社会契約」による拘束があるということになろう。「暗黙」というのは、表向きはっきりした契約などしていないが、社会契約の利益を受け取ることで間接的に契約しているからだ。

こう考えると、社会契約をめぐる物語を歴史的出来事の描写と見なす必要はなくなる。むしろ有用な分析の道具なのだ。その根底にある思想は「道徳的責務の起源があたかもこのようなことだったら……」と想定すると分かりやすいということである。

次のアナロジーについて考えてみよう。

いま仮にあなたは凝ったゲームをしている人々に出くわしたとする。面白そうなのであなたも加わった。だがしばらくするとあなたはルールを破り始めた。その方がもっと面白くなると思ったからだ。他の人々が抗議すると、「わたしはルールを守ると約束した覚えなんかない」と言い返した。

しかしこの発言は的外れである。恐らくルールに従う約束をしていた者などいないだろう。にもかかわらずゲームに参加した者は皆、ゲームを成り立たせているルールに従うことに暗黙のうちに同意していることになる。全員が合意したかのような想定をしているわけなのだ。

道徳とはまさにこのようなものである。「ゲーム」と「社会生活」が対応する。ゲームを成立させる「ルール」と「道徳規則」が対応するのである。

だが最初の異論への以上の回答は有効でない。進行中のゲームにあなたが飛び入りしたとき、あなたはゲームへの参加を「選択」したことは明らかである。というのも「不参加」という選択肢もあったわけだから。ゲームのルールを尊重しなければならないのはまさにこのゆえである。さもなければ「ルールを守らない厄介者」と思われても当然だろう。

これと対照的に、人々が協力し合う巨大な現代世界に生まれ落ちた者は、その世界への参入を「選択」したわけではない。自分が生まれることを「選択」ができる者などいない。成長したあとでその世界から脱出するのは、代償があまりに大きい。

どうやって抜け出せるというのだろうか。サバイバリストにでもなって、電気も道路も水道も一切使わないというのもありかもしれない。だがこれはとんでもない面倒を背負い込む。では国外退去というのはどうだろう。けれども他国のどの社会規則も自分に合わないときどうすればいいのか。

さらにデイヴィッド・ヒューム（一七一一―一七七六）が述べたように、多くの人はのっぴきならない理由で「自由に祖国を捨てる」ことなどできないのである[6]。

外国の言葉も習慣も知らず、薄給でその日暮らしをしている貧農が……祖国を捨てる選択の自由を持っているなどと本気で言えるだろうか。これは熟睡中に船に拉致された人に「船内にいる限り船長命令に無条件で従い、退船するなら即刻、海に飛び込んで溺死するしかない」と言うようなものだろう。

こんなわけで人生とはゲームに参加するのはとわけがちがう。ゲームのルールなら不参加を決め込めば無視できる。これに対して人生とは、不参加が許されないゲームへの参加を強制されたようなものだ。社会契約論者はこんなゲームのルールを順守しなければならない理由を説明できないのである。

さて以上から最初の異論は社会契約説を反証していると言えるだろうか。筆者の考えは「言えない」である。

――社会契約論者はこう答えるだろう。「適切な社会体制に参画するのは合理的である。実際それが各人の最高の利益になる。だから規則に従って生きる者が規則から利益を得られるような規則は妥当な規則である」と。

こうなると、規則に同意しない人にもやはり規則は適用されることになるわけである。こういう人は理性的でない人なのだが。

これに関する例としてサバイバリストが社会生活の「利益」を手放すと想定してみよう。このサバイバリストは納税を拒否できるのだろうか。実はできない。なぜならサバイバリストといえども、納税と引き代えに清浄水や舗道や屋内配管などを使う「利益」を享受する方がいい暮らしができるからだ。サバイバリストは「ゲームをしたい」と自分では思ってないかもしれないが、にもかかわらずそのルールはサバイバリストにも課せられるのだ。なぜならゲームへ参加することが実際にサバイバリストの「利益」になるからである。

とはいえこの種の社会契約説擁護論は、「道徳は合意に基づく」という思想の方は捨てているというのが実状である。それでいて、「道徳は互恵的規則」に他ならないという思想の方は墨守《ぼくしゅ》している。よってそれは前出の定義、すなわち「道徳とは理性的人間が受け入れる行為の諸規則である。ただし他人の側も同じくそれに従うことが条件となる」という定義も固守している。理性的人間は「相互の利益」になる規則なら受け入れることだろう。

（2）二つ目の異論はもっと悩ましい。「利益をもたらせない個体もいるではないか」という異論だ。すると社会契約説によれば、これらの個体はわれわれに対して要求することができない。だから社会の「互恵的規則」を制定する際に、こうした個体の利益は無視してもいいことになろう。かくして道徳規則によれば、こういう個体はどう扱っても構わないことになろう。社会契約説だとこうなるわけだが、受け入れ不可能な帰結だ。

こうした社会的弱者には少なくとも三つある。

（a）人間以外の動物
（b）未来世代の人々
（c）被抑圧集団

（a）いま仮にネコ虐待が好きなサディストがいるとしてみよう。ネコ虐待禁止の諸規則からサディストは何の利益も得られない。何といってもサディスト自身はネコではないし、とにかく彼は残酷なことをしたいだけなのだから。そこでいくらネコ虐待禁止の規則を制定したところで、サディスト自身には効果がないだろう。

もちろんこのままでは「飼い主」たちは不利益を被るだろう。飼い主たちは自分のネコを心配するからだ。それで飼い主たちはネコ虐待を許容している諸規則には異議を唱えるだろう。ただこの場合どんな道徳規則を確立するのが妥当なのかは難しい。

さらにサディストが森で飼い主のいない野良ネコに出くわした場面を想定してみよう。このケースではサディストがどんなにひどい虐待をしても、社会契約説で彼を非難できないのはまちがいない。

（b）次に未来世代について考察しよう。彼らは現在世代のわれわれを利することはできない。未来世代の人間が生まれる前に、現在世代の人間は死ぬからだ。一方われわれ現在世代の側は未来世代を犠牲にして利益を得ることができる。なぜ多額の国債を発行するべきでないのか。なぜ湖沼を汚染するべきでないのか。なぜ二酸化炭素で空を覆い尽くしてはならないのか。何百年も経つうちに分解されるとしても、なぜ有害廃棄物を容器に密封して埋めてはならないのか。

これらの行為をしても現在世代の利益に反するわけではない。子孫にとって害になるにすぎない。ならばこれらの行為をしてもいいのではなかろうか。

（c）あるいは抑圧された人々について考えてみよう。ヨーロッパ人が新たに発見された土地を植民地化したとき、先住民を奴隷にするのはなぜ道徳的に許されないことだったのか。何といっても先住民は善戦できるだけの武器を持っていなかった。ヨーロッパ人の側からすれば、先住民が奴隷になるような社会を作るのが最大の利益になったのであろう。

以上三つの批判は、社会契約説の上っ面に触れているだけではない。まさしく核心にまで効いてくる。

社会契約説は「自己利益」と「相互性」を根拠にしていた。

そのため相手方に「利益」をもたらすことが不可能な個体に対しても道徳的義務があることがうまく理解できないように思われるのである。

第七章　功利主義者のアプローチ

最大多数の最大幸福こそ道徳と立法の基礎である。[1]

ジェレミー・ベンサム

『ベンサム全集』（一八四三）

第一節　倫理学の革命

十八世紀末と十九世紀には、驚くべき大変動が続いて起こった。フランス革命（一七八七―一七九九）とナポレオン帝国瓦解によって近代国民国家が生まれた。「一八四八年革命」（二月革命・三月革命）は道徳思想としての「自由・平等・博愛」の力を示した。新世界アメリカは大英帝国からの独立を勝ち取り、開かれた民主的社会を誓う憲法を承認した。アメリカ南北戦争（一八六一―一八六五）は西洋文明における奴隷制度を終わらせた。この間に産業革命が起こり、経済によって社会が再構築された。

このような時期に倫理の新思想が生まれるのは驚くに値しない。特にジェレミー・ベンサム（一七四八―一八三二）は新手の道徳概念を推奨する議論をした。彼は力説する。「道徳とは神のご機嫌取りでも抽象的規則の順守でもない」と。何といっても道徳とはこの世をできるだけ幸福にすることなのだ。ベンサムは究極の道徳原理とは「功利性原理」だと思っていた。この原理はいかなる場合にも最大の幸福と最小の不幸を生み出すことを求める。

ベンサムは功利主義の方針に沿ってイングランドの法律と制度を改革しようとする急進派のリーダーだった。追随者の中には、スコットランドの著名な哲学者にして歴史家にして経済学者のジェームズ・ミル（一七七三―一八三六）もいた。ジェームズ・ミルの息子ジョン・スチュアート・ミル（一八〇六―一八七三）は後に功利主義道徳推進のリーダーになった。ジョン・スチュアート・ミルの説く道徳理論は、ベンサムのものよりいっそう洗練され説得力があった。今でもミルの短い著書『功利主義論』（一八六一）は倫理学専攻の真面目な学生が読むべき本である。

一見すると、功利性原理は過激思想には見えないかもしれない。実際それは自明すぎて改めて取り上げるまでもないことのようだ。「苦しみを止め幸福を促進するべき」と思っていない人なんているのだろうか。だがチャールズ・ダーウィンとカール・マルクスという十九世紀の偉大な知性に負けず劣らず、ベンサムとミルも独特の知的改革者であった。

功利性原理がなぜかくも過激かを理解するには、それが道徳から取り除いたものを考えてみるとよい。

神や「天空に書き込まれた」抽象的道徳規則を引き合いに出すことは一切なくなった。道徳はもはや神の律法や不動の諸規則への服従ではなくなった。ピーター・シンガー（一九四六―）が後にこう言っている。[2] 道徳とは「人間から楽しみを奪う……清教徒のように厳格な禁止令」ではないと。道徳で大切なのはむしろ、この世に存在する者の幸福なのだ。決してそれを超えはしない。幸福促進に必要な行為は許される。それどころか要求される。これはまさに革命的思想だった。

既述のごとく、功利主義者たちは哲学者にして社会改革者でもあった。彼らが望んだのは、自分たちの教えが理論のみならず実践においても際立つことだった。これを具体的に見るために、三つの実践的問題を取り上げて功利主義の回答を吟味しよう。安楽死、マリファナ、動物の扱いの三つである。これらの問題を通して功利主義がどんなものか実感できよう。

第二節　第一の例　安楽死

ジークムント・フロイト（一八五六―一九三九）は伝説的な精神分析医であるが、生涯にわたる喫煙がわざわいして口腔がんと診断された。[3] 最晩年のフロイトの体調は一進一退だった。しかし一九三九年の初め頃、口の奥がひどく腫れ上がり、まともな生活ができなくなった。進行がんで手術不可能だったのだ。彼は心不全でも苦しんでいた。だんだん骨が蝕まれていくにつれて、腐敗臭を放つようになった。愛犬でさえあまりの悪臭から逃げ出した。ハエ除《よ》けのため蚊帳《かや》をベッドの周りに張り巡らせなければならなかったほどだ。

九月二十一日、八十三歳のフロイトは友人にしてかかりつけ医のマックス・シュールの手を取ってこう言った。「シュール君、われわれの初めての会話を君は覚えているだろう。その時わたしが死にかかっても見捨てないと約束してくれたね。もう今は苦しみしかない。これ以上生きていたって無意味なのだよ」と。この四十五年前にフロイトはこう書いていた。「『次は誰それが死ぬ番だ』などと言うのはもうやめにしたらどうなのだろうか」と。

シュール医師は「わかりました」言った。彼はフロイトに薬物注射を打って死なせた。彼は「すぐにフロイトは苦痛を感じなくなり、安らかな眠りについた」と書いている。

シュール医師は間違ったことをしたのだろうか。一方で彼は高潔な感情に動機づけられていた。彼は友達思いだったから、フロイトを悲惨から救いたかった。そのうえフロイトは「死なせてください」と頼んでいた。これらを勘案すれば、温情ある判断をしたくなる。他方で西洋文化の支配的な伝統にのっとれば、シュール医師の行為は道徳的に間違っていた。

それはキリスト教の伝統である。キリスト教において人間の生命は神からの賜物であるから、神のみが終わらせることができる。イエスはこの規則に例外を認めなかったと考えた初期教会は殺人を全面禁止した。

後に教会は死刑や戦争での殺人など若干の例外を許容した。しかし自殺と安楽死は禁止のままだった。神学者が教会の教義を要約した規則は「無実の人間を意図的に殺害するのは常に間違いである」というものだ。なかんずくこの思想によって、西洋における殺人道徳への取り組み方が決まった。

だからこそマックス・シュール医師は高潔な動機から行動したとしても、われわれとしては彼を大目に見る気になれないのだ。彼は意図的に無実の人間を殺したからである。よって西洋の伝統に沿って言えば、彼の行為は間違いだったのである。


功利主義者はこれと異なるアプローチをとる。彼らはこう問う。

——マックス・シュール医師に可能であったどういう行為が、不幸を差し引いた幸福の残高を最大化したか。

幸福が問われているのはジークムント・フロイトその人である。もしシュールが殺してなかったら、彼は悲惨な苦痛の中で生き続けたことだろう。生き続けたことでどれだけの不幸が生じただろう。正確に答えるのは難しい。しかしフロイトは病状がひどすぎたから死を望んだのだ。殺せば激痛はなくなる。したがって功利主義者たちは、このようなケースでの安楽死を支持するのである。

このような議論はキリスト教の伝統的議論とは大違いだ。けれども古典的功利主義者は、無神論や反宗教の哲学を推奨しているとは思っていなかった。ベンサムの考えでは信心深い人も、「神は慈悲深い」と見なしさえすれば、功利主義的見方を容認することになるのである。彼は言う。

宗教の対象である「存在」が賢明で強力なだけでなく慈悲深いというのが一般的な考え方ならば……、あらゆる場合に「宗教の命令」は「功利性」の命令に一致するはずだ。だが宗教の弁護者の中で……神の慈悲を本当に信じているのはほんのわずかのようだ。彼らが「神は慈悲深い」と言うときは口先だけで、実際にそうだとは思っていない。

慈悲殺の道徳は好例だ。ベンサムならこう問うだろう。[4]「慈悲深い神がどうしてジークムント・フロイトを殺すことを禁止できたであろうか」と。また「神は思い遣りと愛情に満ちているが、フロイトが悲惨から抜け出すのは禁じた」と言う人がいたら、これぞまさしく「『神は慈悲深い』と言うときは口先だけで、実際にそうだとは思っていない」というベンサムの言葉の主旨に他ならない。

敬虔《けいけん》な人々の大多数はベンサムに同意しない。西洋の道徳的伝統のみならず法的伝統も、ずっとキリスト教の影響下で発達してきた。西洋で安楽死が合法の国はほんの一握りだ。合衆国では純然たる殺人である。患者を故意に殺した医師は終身刑になる可能性もある。功利主義者ならこれについてどう言うだろうか。功利主義の見方で安楽死が道徳的なら、合法でもあるべきではなかろうか。

一般論として道徳的に容認される行為は違法であるべきではない。ベンサムは法学教育を受けていたから、功利性原理を立法者と民間人両方の指針と考えていた。彼の思想において法律の目的は全市民の福利促進である。この目的のためには法律が人民の自由を制限してもよいが、あくまで必要最小限に抑えるべきである。特に他人に危害を及ぼさない限りは、いかなる行為も違法とされるべきではない。だからベンサムは例えば、同意ある成人同士の性交渉を規制する法律には反対していたのだ。しかしこの原則を非常に雄弁に説いたのはミルだった。『自由論』（一八五九）にはこう書かれている。[5]

文明社会のどの成員についても、本人の意志に反して権力が介入する正当な目的は「他人に危害を及ぼすのを防ぐため」ということ以外にはない。物理的にも道徳的にも「介入するのが本人にとって善い」ということは十分に正当な理由にはならないのだ……。個人は自分自身——自分の身体と精神——に対して主権を有しているわけだから。

かくして古典的功利主義者にとって、安楽死禁止の法律は「自分自身の生を制御する能力」の不当な制限なのだ。マックス・シュール医師がジークムント・フロイトを殺したとき、彼はフロイト本人が望んだ方法で生命を終わらせる手助けをした。誰も害を被らなかった。だから誰も口出しすべきことではなかった。ベンサム自身も臨終の際には安楽死を求めたと言われる。しかしその願いが叶えられたかどうかは不明である。

第三節　第二の例　マリファナ

　ウィリアム・ベネットはアメリカにおける麻薬問題の最初の責任者だった。一九八九年から一九九一年までジョージ・H・W・ブッシュ大統領の主任補佐官として麻薬政策を担当した。彼はその間、合衆国麻薬取締法の積極的実施を推進した。博士号も持っていたベネットはこう言った。「麻薬が悪いのは単純な事実です。結局は、道徳的議論が最も強制力のある議論なのです」と。ベネットの言う「道徳的議論」とは「麻薬摂取は根本的に間違い」という主張にすぎないように思われる。

　功利主義者ならこれをどう思うだろうか。功利主義者から見ると、「麻薬摂取は不道徳か否か」について「単純な事実」など存在しない。道徳的議論が取り組まなければならないのはむしろ「麻薬摂取で幸福は増すか減るか」という複雑な問いだ。ここでは麻薬の一種である「大麻《マリファナ》」を主に取り上げよう[6]。「マリファナ倫理」について功利主義者はどう言うのだろうか。

　人々はこの話題に敏感である。麻薬を摂取する若者は自己弁護して、「麻薬は無害」と言うかもしれない。麻薬を摂取しない年配者は、コカインやメタンフェタミンなどの「高中毒性違法薬物《ハードドラッグ》」とマリファナを区別せず説教を垂れるかもしれない。だがまともな功利主義者はこんな感情的反応は無視する。では功利主義者によれば、マリファナの賛成意見と反対意見はどうなるのか。

　マリファナからの主たる利益は快感である。マリファナは強力な鎮静作用があるだけでない。それは食べる、音楽を聴く、セックスするなど、感覚を使う活動時の快感を大いに高める。だが公の討論ではこの事実はほとんど伏せられている。享楽は道徳と無関係と決め込んでいるらしい。

　だが功利主義者たちは異論を唱える。彼らにとっての問題は「マリファナで幸福は増すか減るか」だけだ。加えて功利主義者たちは「悪しき快楽」なるものの存在も信じない。「気持ちいい」限りで何でも「善」なのだ。

　マリファナの快感はどのくらいなのか[7]。マリファナを好む人も好まない人もいる。その多くは摂取法にかかっている。だから一般論として答えるのは難しい。しかし多くの人がいわゆる「ハイになる」のを楽しんでいるのは事実だ。マリファナはアメリカで最も人気のある違法麻薬である。三分の一のアメリカ人に摂取経験がある。六パーセントが直近の一か月以内に摂取経験がある[8]。投獄の危険を冒しながら、毎年アメリカ人は百億ドル超をマリファナに費やしている[9]。

　ではマリファナによる不幸には何があるのだろうか。マリファナへの非難には無根拠の誤解がある。

（1）マリファナは暴力を誘発しない。マリファナを摂取すれば攻撃的になるわけではない。むしろ従順になる。

（2）マリファナは高中毒性違法薬物摂取へのインセンティブ（誘因）となる「入門薬物《ゲートウェイドラッグ》」なのではない。多くの人が高中毒性違法薬物の摂取以前にマリファナを摂取しているが、これは入手の容易さによるにすぎない。近所で入手しやすい薬物が「クラック・コカイン（たばこ吸引可能なコカイン塊）」なら、たいてい試しにまずクラック・コカインを摂取する。

（3）マリファナには高度の常習性はない。[10]専門家によると、カフェインより常習性は弱い。功利主義者は誤った情報に依拠した評価は望まない。

こうは言ってもマリファナにはいくつか実害もある。[11]功利主義者は害を利益から差し引く必要がある。

（a）マリファナ中毒になる人もいるにはいる。マリファナの使用中止は、例えばヘロインの使用中止ほどの精神的外傷《トラウマ》にはならないものの、やはり中止には抵抗がある。

（b）長期間の乱用は認知能力に軽度の損傷を来す。これにより幸福が減じる。

（c）常時「ハイ」になると、仕事ができなくなる。

（d）マリファナ吸引は呼吸器系と歯肉に悪い。[12]だがチョコレートクッキーに入れて焼くなどといった他の方法でのマリファナの経口摂取なら肺や歯肉に悪くはない。[13]

功利主義者は以上からどんな結論を出すのか。実害と利益を検討すると、非常習のマリファナ摂取は道徳的にはほとんど問題にならないように思われる。それによる不利益はまったく知られていない。だから功利主義者はマリファナの時折の摂取を個人的嗜好の問題と考える。

だがマリファナの乱用はもっと複雑だ。長期乱用で得られる快感は不利益を上回るのか。恐らくは人によりけりなのだろう。とにかくこの問題はあまりに難しい。だから功利主義者間で答えは食い違うだろう。

これまでの論述では、マリファナ摂取の是非に関する個人の選択を論じてきた。では法律はどうなのだろう。功利主義によれば、マリファナは違法なのだろうか。功利主義では、多くの人が「ハイになる」のを楽しんでいることが、麻薬合法化の強力な理由になる。他の要因は関係してくるのか。

もしマリファナが合法なら、もっと多くの人がそれを摂取するだろう。だがそうなったとき二つの心配事がある。

（1）第一に社会全体の生産性が落ちる。より多くの人が「ハイ」の状態で車の運転をするようになろう。[14] しかしマリファナが運転技能を損なうとしても、ごく軽微なものでしかないということは注意しなければならない。なぜならマリファナで感覚器官が鋭敏になり、より慎重に運転するようになる傾向があるからである。

（2）一方どうせ乱用するのならアルコールよりマリファナの方が社会はよりよくなるだろう。確かにマリファナで「ハイ」になった市民は非生産的であるが、アルコールの過剰摂取ではひどい二日酔いになるから、もっと仕事を休む。またアルコール依存症は特に健康面で大きな代償を払うことになるためだ。さらにアルコールはマリファナよりもずっと大きく運転技能を損なう。最後に言えば、酔っぱらいの方がマリファナ常用者よりはるかに暴力的になる。

これらから言えるのは、マリファナ合法化の一つの利益は、たとえマリファナ常用者が増えても、アルコール依存者を減らせるということだ。

また現行法を維持するのは四つの大きなコストがかかる。[15]

（a）まずアメリカの麻薬に対する姿勢が世界中、とりわけメキシコで薬物戦争を引き起こしていることがある。合衆国でマリファナ販売は違法であり、他国にも販売の違法化を迫っているので、薬物取引人は法律で公式に保護してもらうわけにはいかない。このため麻薬業界はどうしても暴力組織が絡むのである。

（b）二番目には歳入減がある。マリファナが違法であるがゆえに、麻薬取締法施行のための費用を社会が支払っている。マリファナが合法なら、麻薬への課税により税収増となる。合衆国で麻薬が合法化されれば、毎年およそ七十七億ドルの節約になるだろう。現行のアルコールの税率がマリファナに適用されれば、約六十二億ドルの税収が得られる。コロラド州では合法化直後のたった一か月の間にマリファナ売買への課税で二百万ドル超の税収が得られた。

（c）三番目のコストは違反者が負う痛手である。二〇一二年に合衆国ではマリファナ関連の逮捕者がおよそ七五万人いた。[16] その大半はマリファナの所持にすぎなかった。ただ逮捕や収監が恐ろしいというだけではない。前科者がまともな仕事を見つけるのがこれまた難しいのだ。たとえ法律違反者は処罰を覚悟していいとしても、功利主義者たちはこれらの害にも配慮する。

（d）四番目のコストは麻薬取締法施行によりマイノリティー集団に憎悪が生ずることである。[17] 貧民地域におけるマリファナ関連の逮捕で大きな反感が湧き起こる。その結果、住民たちは殺人や暴行などの凶悪犯罪解決のために警察に協力することがほとんどなくなる。

以上からほとんどの功利主義者たちはマリファナの合法化に賛成である。ただし合衆国で麻薬の私的使用を合法化しているのはコロラド州とワシントン州のみである。[18] また北アメリカの医師の四分の三はがん治療にマリファナを処方したいと思っているのに、大半の州で医療目的の麻薬使用が禁止されている。全体としてマリファナは、西洋社会で既に公認されているアルコールやタバコよりずっと害が少ないのだ。

しかしながら功利主義者には柔軟性が欠かせない。新証拠が出てきて、マリファナが以前に考えられていたよりずっと有害と分かったら、功利主義者たちの態度は変わることだろう。

第四節　第三の例　動物

動物の取り扱いは伝統的に些末なことと見なされてきた。キリスト教信仰では、人間のみが「神の像」をかたどって作られ、動物たちは魂を持っていないとされた。だから諸事物の自然的秩序からして、人間は動物を好きなように扱ってもいいのである。聖トマス・アクィナスはこうした伝統的見解を次のように要約する。[19]

こうして「人間が動物を殺すことは罪深い」と言った人たちの誤りが証明される。というのは神の摂理により動物が人間に使用されることは自然の秩序の中で定められているから。ゆえに殺すなり何なりして人間が動物を利用するのは間違いではない。

しかし動物虐待は間違いではないのか。アクィナスは間違いと認める。だが彼の挙げる理由はあくまで人間の福利であり、動物の福利ではない。

どのくだりでもいいが聖書が動物虐待――例えば鳥の親子の殺害――を禁じているように読めるのは、一つ目には「人間も虐待してみよう」という考えを防ぐ目的がある。つまり動物虐待が人間虐待の誘因になるのを抑止する目的がある。二つ目には、動物虐待によって――虐待行為の本人であれ他の人間であれ――人間の側が損害を被るのを防ぐ目的がある。

かくして人間と動物は別の道徳的カテゴリーに属することになる。

――動物に固有の道徳的地位などない。人間は動物を好きなように扱ってよい。

これほど露骨な表現を聞いたら、人々は伝統的教えに少し敏感になることだろう。つまり伝統的教えは動物への配慮の欠如が極端すぎるように思われるのだ。だが何といっても動物の多くは知性と感覚を有する生き物である。それなのにわれわれの行為の多くは伝統的教えに導かれている。

　われわれは動物を食料にする。実験室では実験対象として使用する。毛皮を服に、頭を壁飾りにする。サーカスやロデオで娯楽の対象にする。動物を追い詰めて殺すスポーツもある。

　これらの慣行の「神学的正当化」が薄っぺらに見える場合に、西洋の哲学者たちが持ち出したのが多くの「世俗的正当化」であった。

「動物には理性がない。」
「動物には言語能力がない。」
「動物は人間ではない。」

こうしたことを哲学者たちは主張してきた。これらはどれも動物が「道徳的配慮」の外側にある「理由」である。

　しかしながら功利主義者たちはこれらのいずれとも違う。功利主義で重要なのは「動物は魂を持つか」「動物は理性を持つか」などでない。重要なのは「幸福や不幸を経験できるか」ということだけなのだ。もしも動物が苦を感じることが可能なら、行為決定の際にそれを考慮する義務が出てくる。実際にベンサムが主張していることだが、「黒人か白人か」が問題でないのと同じように「人間か動物か」は全然問題ではない。ベンサムは言う。

> 　動物たちは当然持っているはずのこれらの権利をひどい虐待によってずっと奪われてきたが、それらを獲得する日だって来るだろう。肌の黒さは好き勝手に人間を虐待していい理由にならないことにフランス人はもう気づいていた。ならば脚の数や体毛の濃さや尻尾の有無なども全て、有感的動物を虐待していい理由として不十分と分かる日だって来るだろう。判然たる規準が感覚の有無以外にあるというのか。理性あるいは言語の能力だろうか。しかし成長した馬や犬などは、生後一日とか一週間とか一か月の乳児よりもはるかに理性的であり話も理解できる。逆にもしもこうした馬や犬に理性や言語の能力がないなら、利用する価値などないだろう。問うべきは「動物は理性的か」でも「動物は話ができるか」でもなく「動物は苦を感じるか」なのだ。

　人間虐待はなぜ間違いなのか。それは人間が苦しむからである。人間と同じく動物も虐待されると苦しむ。苦しんでいるのが人間か動物かはまったく無関係なのだ。ベンサムやミルにとってこの推論は決定的だった。

――人間も動物も同様に「道徳的配慮」を受ける資格がある。

このような見解は、動物に道徳的地位をまったく認めなかった伝統的見解とは逆の意味で極端に見えるだろう。

動物と人間は本当に平等なのだろうか。ある意味ではベンサムもミルもそう考えていた。しかし「動物と人間が常に同じように扱われるべき」とは思っていなかった。人間と動物には事実として相違点があるので、多くの点で異なる扱いをすることも正当化される。例えば知性的能力があるがゆえに人間は、動物には不可能な多くのことで快を享受しうる。数学・映画・文学・戦略ゲームなどである。

また高度な能力があるゆえに人間は、動物には経験不可能な不満や失望を感じることもできる。だから人間の幸福促進の義務には、これらの人間向きの特別な快楽を促進する義務も含まれるし、人間ならば苦しむ特別な害は何であれ防止する義務も含まれる。しかし同時に人間には、動物の苦を考慮する道徳的義務もある。人間が経験する類似の苦と同じく、動物の苦も重要なのだ。

イギリスの心理学者リチャード・D・ライダーは一九七〇年、「動物の利益は人間の利益よりも劣る」という思想を表すために「種差別」という言葉を作り出した。[20] 人種差別が他人種への差別であるように種差別とは「他の種」への差別であると功利主義者たちは信じている。ライダーは以下のような実験がどうして正当化できるのか疑問に思った。

（1）メリーランド州で一九九六年に科学者たちは敗血性ショックの研究にビーグル犬を使った。犬の喉にいくつかの穴を開け、大腸菌を感染させた凝血塊を胃に挿入した。大半の犬が三週間以内に死んだ。

（2）台湾で一九九七年に科学者たちは脊髄損傷の研究のためラットの脊髄の上に分銅を落下させた。分銅を落とす高さが高くなればなるほど、脊髄損傷がひどくなることが分かった。

（3）一九九〇年代以来アルコール依存症の研究のために、チンパンジー・サル・イヌ・ネコ・齧歯《げっし》動物が使用されてきた。アルコール中毒させたこれらの動物に嘔吐・震え・不安・発作などの症状が出るのを科学者たちは観察した。動物にアルコール離脱症状が出ると、科学者たちは尻尾を引っ張り上げたり電気ショックを与えたり脳に化学薬品を注射したりして、痙攣《けいれん》を引き起こした。

功利主義者の議論はとても簡単だ。「幸福ないしは不幸がどのくらい生じるか」によって行為を判断すべきというだけである。前掲の実験で動物は明らかにひどく苦しんでいる。差し引きしたら、苦を正当化できるほどの幸福が残るというのだろうか。動物か人間に降りかかるいっそう大きな不幸が防げるというのだろうか。答えが「否」なら、こうした実験は道徳的に認められない。

この種の議論は「全動物実験が不道徳」ということを意味してはいない。各実験を是是非非で判断することを提案しているだけだ。しかし功利主義の原則からすると、多大な苦痛を生じる実験では相当の正当化が求められることを示している。だから動物の扱いにおいて「何でもあり」というわけにはいかないのだ。

けれども大半の人にとって動物実験批判は非常に簡単なことである。自分自身が実験をやっているわけではないから、独善的になったり優越感を感じがちなのだ。しかしながら誰も皆、肉を食べる時には虐待に加担しているのである。畜産にまつわる事実を知った時の方が、動物実験の事実を知った時より心が揺さぶられるだろう。

大半の人は漠然と、屠殺《とさつ》場は不快な所だが、食用に飼育された動物は屠殺されること以外では人道的扱いを受けていると思っている。実は家畜は屠殺場に連れて行かれる前に劣悪な環境で飼われている。例えば食肉用子牛は一日二十四時間、体の向きを変えることも、ゆったりと寝転がることも、体に付いた寄生生物を取り除くために首をひねることもできないほど狭い檻の中で過ごす。生産業者が子牛を狭い檻の中に入れるのはコスト削減と肉を柔らかくするためである。子牛は明らかに母牛を恋しがっている。人間の赤ん坊のようにしゃぶるものを欲しがる。それで仕切りの木の板を空しく舐《な》めようとする。また淡い色の美味しそうな肉にするため、子牛には鉄分と食物繊維を抜いた飼料を与えられる。子牛は鉄分への渇望がとても強いので、普通はしないのに、体の向きを変えられるなら自分の尿を舐めようとする。食物繊維を抜かれた子牛は反芻《はんすう》ができない。子牛に寝藁《ねわら》を与えないのは、食物繊維を摂取しようとして藁を食べるからである。以上のようなわけで、屠殺場は実は家畜にとって、快適な牛舎での生活を断ち切る不快な最後の場所ではない。

食肉用子牛は一例にすぎない。鶏・七面鳥・豚・成牛なども皆、屠殺される前に劣悪な環境で飼われている。これらの問題に関する功利主義者たちの議論は単純だ。食肉生産の仕組みにより家畜には多大なる苦が生じているのに、それを埋め合わせるほどの利益がない。それゆえにこの仕組みは放棄すべきである。われわれは菜食主義者になるか、屠殺前の家畜をもっと人道的に扱うかいずれしかないのだ。

これまでの議論における最も革命的な点は、「動物も大切」という思想にすぎない。われわれは通常、人間のみが道徳的配慮に値すると決めてかかっている。功利主義者はこの思い込みに異議を申し立て、快と苦を感じうるあらゆる動物に配慮することを主張する。人間は多くの点で特別である。適切な道徳はこの事実を認めねばならない。ところが苦を感じる能力のある動物は人間のみではない。適切な道徳はこの事実も承認しなくてはならないのである。

第八章　功利主義をめぐる論争

その教えは「最大幸福の原理」を受け入れ、幸福を促進する行為は正しく、不幸を生じる行為は間違いと考える。

ジョン・スチュアート・ミル
『功利主義論』（一八六一）

人間が幸福を求めているのではない。イギリス人が幸福を求めているにすぎない。

フリードリッヒ・ニーチェ
『偶像の黄昏』（一八八九）

第一節　古典的功利主義

古典的功利主義は以下の三命題に要約されうる。

（a）行為の道徳性はその結果にのみ左右され、他は一切無関係。

（b）行為の結果が問題となるのは、個人の幸福の大小に関わる限りにおいてである。

（c）結果の評価においては各個人の幸福が平等に配慮される。

以上が意味しているのは、「等しい量の幸福は常に等しいと計算される」ということだ。

例えば金持ちだとか、権力があるとか、ハンサムだとか、女ではなく男であるということだけから、ある誰かの福利が他の誰かの福利より重要ということは出てこない。道徳的に見れば、皆に等しい価値がある。古典的功利主義によると、行為が正しいのは、不幸を差し引いた後の幸福の総合収支が最大化される場合である。

古典的功利主義は十九世紀イングランドの三人の大哲学者により提唱され擁護された。ジェレミー・ベンサム、ジョン・スチュアート・ミル、ヘンリー・シジウィック（一八三八―一九〇〇）である。功利主義が現代思想に強い影響を与えたのは、部分的には彼らのおかげであった。だがほとんどの道徳哲学者はこの説を拒否している。

以下の論述では、この説を失墜させることになった異論のいくつかを論じる。それらの議論を検討することによって倫理説が孕《はら》む最深の諸問題についてもじっくり考えよう。

第二節　幸福だけが重要か

(i)「どんなことが善か」という問いと(ii)「どんな行為が正しいか」という問いは別だ。功利主義は第一の問いを手掛かりにして第二の問いに答える。

――「正しい行為」とは「最大の善」を生み出す行為である。

ところで「善」とは何だろうか。功利主義者は「幸福だ」と答える。ミルはこう述べていた[1]。「功利主義の教えによれば、目的として望ましいのは幸福以外にはない。他のものは全て幸福という目的の手段として望ましいにすぎない」と。

では「幸福」とは何だろうか。古典的功利主義者によれば、「幸福とは快」である。功利主義者は「快」を広義に解釈し、「気持ちいい」と感じる全ての「心的状態」を含める。達成感、美味しさ、サスペンス映画のヤマ場でのドキドキ感などは全て快の実例である。

「快は究極の善で苦は究極の悪」というテーゼは古代以来「快楽主義《ヘドニズム》」として知られている。物事の善悪はわれわれの「感じ方」次第という思想の支持者は哲学の世界に常にいた。ところが少し考えてみると、この思想には欠陥があることが分かるだろう。

(1) あなたが友達と思っている人が、あなたの陰口をたたいていた。でも誰も教えてくれないので、あなたは知らなかった。これはあなたの不幸なのではなかろうか。快楽主義者なら「不幸ではない」と言わねばならないだろう。なぜならあなたは何の苦も感じていないのだから。ところがあなたは「悪いことだ」と思う。あなたは不当な扱いを受けているのだ。たとえ自分で気づかず、何の不幸も感じていなくても。

(2) 前途洋々たる若手ピアニストが交通事故で手を怪我してもう演奏ができなくなってしまった。なぜ彼女にとってこれは悪いのか。快楽主義者の答えは「それが悪い理由は、彼女には苦痛が生じ、喜びの元がなくなったから」であろう。しかしピアノ演奏と同じくらいの別の楽しみが彼女に見つかったと仮定しよう。例えばアイス・ホッケーのテレビ観戦が昔のピアノ演奏と同じくらい楽しくなったとしよう。

この場合なぜ彼女の事故は今でも悲劇なのか。あるいはなぜ悪いことなのか。快楽主義者は次のようにしか言えない。「事故さえなかったら活躍できたのにと思うたびに、彼女は挫折や動揺を感じる。これこそ彼女の不幸に他ならない」と。

ところがこの説明は事態を「さかさま」に捉えている。彼女が挫折や動揺を感じることによって、中立の状態から、事故による怪我という悪しき状態になったわけではない。これとは反対に、事故による怪我という悪しき状態が、彼女を不幸にしたのである。大ピアニストになれる可能性がかつての彼女にはあったが、今はもうない。彼女を元気づけてホッケー観戦をさせても、悲劇を帳消しにできない。

これらの例は同一の考えに依拠している。実はわれわれは快とは別のことに価値を認めているのである。例えば「芸術的創造力」とか「友情」である。これらのものによってわれわれは幸福になるのだ。しかし逆に、芸術的創造力や友情に価値を認める理由が幸福感しかないというわけではない。たとえ幸福がちっとも失われないとしても、芸術的創造力や友情の喪失そのものがまさに悪しき出来事だと思われるからである。

こうした理由により、現代のほとんどの功利主義者は快楽主義の古典的想定を拒否している。「どのような尺度で測ろうとも最高の結果をもたらす行為が正しい行為だ」と言うのみで、「何が善か」という問いを無視する者もいる。

イギリスの哲学者G・E・ムーア（一八七三―一九五八）などの他の功利主義者は、それ自体として価値あるものの小リストを作った[2]。ムーアの提案によると、明白な「本性的善」は次の三つである。

（a）快
（b）友情
（c）美の享受

そして「正しい」行為とは、これらのものの供給量を世界の中で増やす行為なのだ。

さらに別の功利主義者は、人間の「選好充足」を最大化するように行為すべきと言う。ここでこれらの善の理論の長所短所について論じる気はない。ただ次のことは注意しておきたい。快楽主義は大部分が退けられたにも関わらず、現代の功利主義者は功利主義を唱え続けるのをさして困難とも思っていないということである。

第三節　結果だけが重要か

功利主義者は「行為の正しさ」を決めるとき「行為の結

果」を見るべきと信じている。この思想が功利主義の中核である。正しい行為の決定に当たって重要なのが結果以外のものなら、功利主義そのものが誤りになる。以下の三つの議論はまさにこの点を突いている。

正義

一九六五年、アメリカ公民権運動のさなかの人種問題を惹起しかねない風潮の中、H・J・マクロスキーは次の事例を考えるよう促した[3]。

功利主義者が人種闘争の起こっている地域を訪れたと仮定しよう。彼の滞在中に黒人が白人女性を強姦したことを契機として、人種暴動が起きたとしよう……。さらにこの功利主義者は犯罪現場にいて、彼の証言さえあれば、任意の黒人に有罪判決が下されると仮定しよう。もしこの功利主義者が「すぐ犯人が逮捕されたら暴動とリンチは止むだろう」と思ったら、彼は功利主義者として「無実の人間を罰することになっても自分には偽証する義務がある」と確実に結論しなければならないのだ。

こうした嘘の告発は、無実の人間が有罪宣告されるという悪しき結果をもたらす。しかしそれを大きく凌駕する善き結果ももたらすのである。つまり暴動とリンチが収まり、それで多くの人命が助かることになるわけだ。だから最善の結果が偽証によりもたらされるのである。それゆえに功利主義によれば、嘘をつくべきということになる。しかし議論はこう続く。

——無実の人間に有罪宣告するのは間違いであろう。それゆえに功利主義は誤りのはずである。

功利主義を批判する人たちによると、以上の議論はこの理論の最も深刻な欠陥の一つを具体的に示している。つまり功利主義は「正義」という理想と衝突するのである。個別状況を参照しつつ、人間を公正に扱うことこそ正義の要求なのだ。マクロスキーの例では功利主義は人間の不当な扱いを要求している。そのため功利主義は正しいはずがないのだ。

権利

合衆国上訴裁判所の例を以下に示そう。カリフォルニア州でのヨークとストーリーの事件（一九六二）である。

一九五八年十月、原告アンジェリン・ヨークは暴行被害の告訴手続をするためチノ警察署を訪れた。同署の警官だった被告ロン・ストーリーは職権を利用して、原告に写真撮影の必要があると告げた。ストーリーは原告を署内の一室に連れて行ってドアを閉め、服を脱ぐよう指示した。彼女はそれに従った。それからストーリーは原告にいろいろ卑猥《ひわい》な姿勢を取るよう指示し、それらを撮影した。これらの写真には合法的目的はなかった。

原告は服を脱ぐのに異議を唱えた。彼女は「打撲の傷痕などどの写真にも写ってないいんですから、全裸や卑猥な姿勢の写真を撮る必要性なんてないでしょう……」とストーリーに言った。

その月の終わりにストーリーは原告に「写真は現像できなかったので廃棄しました」と伝えた。だが実はストーリーは写真を焼き増しして、チノ署内の職員に配っていたのである。

ヨークはストーリー巡査を相手どって訴訟を起こし、勝訴した。彼女の法的権利は明らかに侵害されていた。だがストーリーの行為の道徳性はどうなのか。「行為の結果、不幸を差し引いた幸福の残高が望ましいものになるなら、その行為は擁護可能」と功利主義は主張する。つまりヨークが被った不幸の量とストーリー巡査たちが写真を見て感じた快の量が比較されるということだ。不幸よりも多くの幸福が生じたという可能性はあるかと言えば確かにある。仮にそうならば、功利主義者はストーリーの行為は道徳的に受け入れられると言うだろう。

だがこれは道理に反するように思われる。一体どうしてストーリーと連れの快が大事なんていうことがあろうか。彼らにはヨークをこんな風に扱う権利などない。彼らがヨークを弄んで楽しんだことなどほとんど重要でないと思われるのだ。

これと似た事件を考えてみよう。いま仮に「覗き男」が女性の寝室を窓越しに覗き見し、こっそりと彼女の裸体写真を撮ったとしよう。この男は捕まらなかったし、写真を誰にも見せなかったとしよう。こういうケースで男の行為の結果は、男自身の幸福の増加以外にはないと思われる。女性本人を含めて、他の誰にも不幸はまったく生じていない。とするなら、功利主義者は一体どうして覗き男の行為が正しいことを否定できようか。この場合も功利主義は受け入れ難いように見える。

ここでの鍵は「善き結果が期待できるという理由だけで踏みにじることのできない『権利』がある」という思想と功利主義は相いれないということだ。先の例においては女性の「プライバシー権」が侵害されている。

他の権利が問題となる類似の事件を思いつくこともできる。「自由に礼拝する権利」「意見を表現する権利」「生きる権利」である。功利主義では仮に権利蹂躙《じゅうりん》から十分な利益がもたらされるのなら、「個人の権利」などというものは蹂躙されて構わないのだ。このため功利主義は「多数派の専制」につながると糾弾されてきた。

> ——一人の人間の人権侵害から大多数の人間が快を得られるのなら、人権侵害すべきということになる。多数の人間の快が一人の人間の苦を上回るわけだから。

しかしながらわれわれは個人の権利が道徳的に見てこんなに小さいなどとは思っていない。

> ——「個人の権利」という概念は功利主義的概念ではない。正反対である。個人の権利とは、「善いことがありそう」かどうかに関係なく、個人の扱い方に制約を課す考え方である。

過去からの理由

いま仮にあなたが何か約束をしていたとしよう。そう、今日の午後、喫茶店で友達と会う約束をしたとしよう。しかし出かける時刻になったら、あなたは行きたくなくなった。あなたは仕事を仕上げなくてはならないから、家にいたい。携帯でメールを送ろうかと考えたが、彼女が携帯を持っているかあなたは分からない。どうすべきだろうか。

自分の仕事を仕上げる功利性が、約束をすっぽかされた友人が経験する立腹をわずかに凌いでいるとあなたは判断するとしよう。ここであなたは功利主義の規準を適用して、「約束順守よりも家にいる方が善」という結論を下すかもしれない。

しかしこれが正しいと思えない。自分が約束したという事実は、そんな簡単に逃げられない責務をあなたに課す。もちろん例えばルームメイトを急いで病院に連れて行かねばならないとかの一大事ならば、破約も正当化されよう。しかし得られる幸福がごく小さいなら、約束の責務を超えられない。責務には道徳的な意義があるはずだ。かくしてここでもまた功利主義は誤りに見えるのである。

この手の批判が可能なのは、功利主義が行為の結果しか考慮しないからである。ところが普通は過去の事実が重要なこともあると考えられている。友人との約束は過去のことである。功利主義に欠陥があるのは、こういう過去からの理由を排除しているからだと思われる。

この点が分かれば、過去からの理由に関する別の事例も思いつく。ある人が罪を犯したという事実は、その人を処罰する理由になる。先週ある人があなたに親切にしてくれたという事実は、来週その人にお返しをする理由になる。昨日あなたがある人を傷つけたという事実は、今日その人に謝る理由になる。

これらは全て責務の決定に関わる過去の事実である。しかし功利主義では過去は無関係だ。このゆえに功利主義には欠陥があるのである。

第四節　配慮は万人に平等であるべきか

功利主義の三つ目の要件は、各人の幸福を等しく大切に扱わねばならないということだ。ミルの言葉を借りれば、「利害関係がなく慈悲深い傍観者のように厳格に公平」でなければないないということだ[4]。これは抽象的な言い方だから、もっともらしく聞こえる。

しかしこの意味するところは問題含みなのだ。「平等な配慮」という要件は、求めるものが大きすぎるというのが一つ目の問題だ。この要件は個人的関係を破壊することまで求めるというのが、二つ目の問題だ。

「要求が過大」という批判

いま仮にあなたは映画を観に行く途中だとしよう。あなたが払おうとしたお金を見て「そんなお金があったら、飢えた人たちに食料を与えたり、第三世界の子供たちの予防接種に使えるではありませんか」と言った人がいたとしよう。確かにこれらの人々は、あなたがブラッド・ピットやアンジェリーナ・ジョリーを見に行く必要がある以上に、食料や薬を必要としている。そこであなたは自分の娯楽を控え、そのお金を慈善事業に寄付することになる。

しかしこれでお終いではない。同じ理由であなたは新しい服・車・スマートフォン・プレイステーションが買えなくなってしまう。たぶんあなたは安アパートへ引っ越すべきだろう。すると結局どちらが大事なのだろう。あなたの贅沢か、それとも子供たちが食べ物をもらえることか。

功利主義の規準を墨守するなら、あなたは財産を放棄し、救済対象の困窮者と同じくらいまで貧乏にならないといけないだろう。あるいは援助継続のための仕事を続けられる水準を維持できる程度まで生活を切り詰めるという手もある。これら全部ができるなら称賛されるだろうけれども、こういう人は「自分の義務を果たしているだけ」とは考えられない。こういう人はむしろ聖人君子と言った方がいい。気前よさが義務の呼び声を超越している人なのだ。哲学者はこの種の行為を「超義務的」行為と呼ぶ。ところが功利主義からすると、このような道徳的カテゴリーは理解不能にも思われる。

功利主義は各自の財産のほとんどを放棄するよう求めることだけが問題なのではない。功利主義に従うと、自分の生活を営むことすらできなくなるのだ。自分の生活を意義深いものにする目標とか計画が誰にもある。ところが「一般の福利」を最大限にまで高めるよう求める倫理は、各自の生きる努力さえ捨てることを強いるだろう。

　いま仮にあなたは金儲けをしようとはせず、まあまあの暮らしをしているウェブデザイナーだとしてみよう。二人の可愛い子供もいる。週末にはアマチュア劇団で活動している。さらに歴史本を読むのが好きだ……。これらのどこかが間違いとどうして言えるのだろうか。

　だが功利主義の規準から判断すると、あなたは不道徳な生活を送っていることになる。なんとなれば自分の時間をもっと別のことに使ったら、ずっと多くの善行ができるはずだからである。

「個人的関係を壊す」という批判

　万人を平等に扱おうと思う人などいないのが現状だ。万人を平等に扱ったりしたら、友達や家族との特別な絆まで断ち切らざるをえなくなるためだ。友達や家族に関することになると誰も皆、深い意味で不公平だ。友達や家族には情や愛がある。彼らを助けるためならどんな苦労も惜しまない。自分にとって彼らは人類という大集団のメンバーにすぎないのではない。彼らは特別なのだ。けれどもこれらはどれも公平性とは一致しない。公平にするのなら、親密さ・愛・好意・友情が成り立たなくなる。

　この点で功利主義は現実と乖離《かいり》するように思われる。赤の他人も自分の配偶者も同じように気遣うとは一体どういうことなのだろう。こんな考えは不条理だ。正常な人間の感情と深く食い違うというに止まらない。特別な責任や義務を離れて、愛情ある関係など存立しえない。

　またわが子への愛情が赤の他人への愛情に劣るとはどういうことなのだろう。ジョン・コッティンガムはこう述べている。[5]「火事場に居合わせた――全体の福利に将来貢献しそうな――よその子を助けるために、わが子を焼死させる親は英雄などではない。当然ながら彼は道徳的軽蔑の対象であり道徳的病人である」と。

第五節　功利主義の擁護

　総合してみると、これらの異論は決定的と思われる。功利主義は「正義」にも「個人の権利」にも関心がないようだ。「過去からの理由」も説明できない。功利主義に従って生きるなら困窮することになろう。家族を愛し友達に情をかけるのを止めねばならない。

　このためほとんどの哲学者は功利主義を放棄した。それでも信奉している哲学者はいる。彼らは三つの異なる方法で功利主義を擁護する。

第一の擁護論　結果が違う

功利主義批判の大半は次のような手順を取っている。

（1）　ある状況が説明される。

（2）　その状況下で特定の（恥ずべき！）行いをすれば、最高の結果がもたらされると言われる。

（3）　「そのような行為を奨励するため功利主義には欠陥がある」と言われる。

だがこれらの批判が功奏するのは、説明された行為が実際に最高の結果をもたらす場合のみである。しかし本当に最高の結果がもたらされるのか。第一の擁護論によれば違う。

例えばマクロスキーの議論を考察しよう。功利主義に従えば、人種暴動を止めるために濡れ衣を着せるべきということだった。だがこんな偽証が現実世界で本当に善き結果をもたらすのだろうか。たぶん違う。

嘘はばれる。ばれたら状況は以前より悪化する。たとえ嘘が成功しても、真犯人は野放しなのだから、重犯を行い、結果としてより大きな暴動が起こるだろう。さらにありがちなことだが、犯人が後日捕まれば、嘘が大問題となる。そして刑事司法制度への世間の信頼は失墜するだろう。

以上からの教訓はこうだ。偽証の行為からは最高の結果がもたらされるように思えても、経験上逆のことが起こるということだ。功利性は濡れ衣を着せることでは実現されないのである。

このことは他の功利主義批判にも当てはまる。嘘・人権侵害・約束破棄・親密な関係の切断……。これらは全て悪しき結果をもたらす。善き結果になるのは哲学者の空想の中だけである。現実の世界では覗き男もストーリー巡査も捕まる。被害者を出した上で。現実の世界で嘘をつけば、本人は悪評を被り、他人の迷惑にもなる。約束違反や忘恩で友は去る。

以上が第一の擁護論だが、残念ながらこれはあまり有効ではない。偽証のような類の行為はほとんどが悪しき結果になるというのは真である反面、その類の全ての行為が悪しき結果になるとは言えないのだ。少なくとも時々は、道徳的常識に反する行為から善き結果が生ずる。したがって現実の生活では功利主義と常識が衝突するケースもいくらかはありうることになる。

さらにたとえ反功利主義者の諸議論が架空の例に基づかざるをえないとしても、それらは説得力を持ち続けるだろう。功利主義のような「理論」は、単なる仮想の状況を含め、全ての状況に当てはまると考えられている。だから架空の事例で功利主義が是認しえないことを示すのは、功利主義批判の妥当な方法なのだ。であるから第一の擁護論は弱い。

第二の擁護論　行為功利主義と規則功利主義

理論の改変は二段階からなる。

（1）当該理論のどの特徴に手直しが必要かを特定する。

（2）その特徴だけは改変するが、残りはそのままにしておく。

それでは古典的功利主義のどの特徴が問題含みなのか。「個人のそれぞれの行為が功利主義の規準によって判断される」という点が問題含みの想定である。すなわち「特定の嘘が間違いかどうか」は「その嘘の結果」にかかっているという想定だ。「特定の約束を順守すべきかどうか」は「その約束の順守の結果」にかかっているということだ。既述の例はどれも同様である。考慮の対象が「特定行為の結果」ならば、おぞましい行為が最善の結果をもたらす状況をいつも考え出すことができる。

それゆえに新型の功利主義は理論を変様させ、功利性原理により判断されるのは「個々の行為」ではないとした。功利主義の観点から第一に問わねばならないのは「どんな規則群が最善なのか」なのだ。換言すれば、幸福最大化のために従うべき「規則」はどのようなものかということだ。すると規則を固守しているか否かという観点から個々の行為は評価されることになる。

この新型功利主義は「規則功利主義」と呼ばれる。旧型の功利主義は今では一般に「行為功利主義」と呼ばれて区別されている。

規則功利主義は反功利主義の議論への簡単な返答である。前出のマクロスキーの例において行為功利主義者は特定行為の結果が善という理由で無実の人に罪を負わせようとする。ところが規則功利主義者はそんな風に推論しないだろう。規則功利主義者が最初に問うのは「どのような行為規則が最大幸福を促進しそうか」ということだ。一つの正当な規則は「偽証で無実の人に罪を負わせるべからず」である。この規則は単純で覚えやすい。またこの規則を順守すればほとんどいつも幸福が増大になる。規則功利主義はこれに訴えて、マクロスキーの例でも偽証して濡れ衣を着せるべきでないと結論する。

人権侵害禁止・破約禁止・嘘禁止・友人への裏切り禁止などの規則も同様の推論により定めることができる。こうした規則を受け入れるべきなのは、それに従えば通例、一般の幸福が促進されるからである。だから「行為の功利性」を判断することはもうなくなる。「規則の順守」を判断するのである。

こうなれば規則功利主義は道徳的常識に背いていると非難できなくなる。「行為の正当化」から「規則の正当化」へと力点を移すことで、功利主義はわれわれの「直観的判断」と合致するようになる。

しかしながら規則功利主義の深刻な問題は、「理想的規則にも例外はあるか」である。

――規則は何としても守らなければならないのか。「禁止された行為」が全体として善を大いに増やす場合はどうなのか。

規則功利主義者はこの問いに対して以下の三つの答えのうちのどれかを用意する。

（a）まず規則功利主義者が「そうした場合は規則違反だ」と言うなら、行為を「ケースバイケース」で行為を評価しているように見える。これでは「規則」功利主義ではなく、「行為」功利主義になってしまう。だから煎じ詰めると、規則功利主義はこの手の反論全てに対して脆弱なのだ。

（b）次に規則功利主義者は、規則違反が決して幸福を促進しないように規則の制定をするだろう。例えば「偽証で濡れ衣を着せることなかれ」という規則の代わりに、「偽証で濡れ衣を着せて大いなる善が実現されることがない限り、偽証するべからず」という規則を定めるだろう。

だが全ての規則をこのように改変するなら、規則功利主義は実態として行為功利主義と瓜二つになろう。最大幸福を生む「規則に従え」などと言っていても、最大幸福を生む「行為を選べ」と述べているのと何ら変わらない。しかしこうなると、功利主義は例の功利主義批判への回答を示すことができなくなる。行為功利主義と同じく、規則功利主義も「濡れ衣を着せよ」「約束を破れ」「他家をこっそり覗け」などと言うことだろう。

（c）最後に規則功利主義者は自分の立場を堅持して、「幸福促進のためであれ、規則違反は決してすべきでない」と言う可能性もある。J・J・C・スマート（一九二〇―二〇一二）は「こういう人は不合理な『規則崇拝』に苦しんでいる」と述べている[6]。

これをどう解釈しようが、このタイプの規則功利主義はもはや功利主義とは言い難い。功利主義が配慮するのは幸福と結果のみなのだ。それなのにこの規則違反絶対禁止を説く規則功利主義は、「幸福と結果に加えて、規則順守にも配慮せよ」と言う。したがってこのタイプの規則功利主義は実は、功利主義とそれ以外のものとの「混合」なのだ。

あるたとえ話を借用すると、このタイプの規則功利主義は「ゴム製のアヒル」のようなものだ[7]。ゴム製のアヒルはアヒルの一種ではない。それと同じくこのタイプの規則功利主義はもはや功利主義の一種ではない。だからそれを持ち出して、功利主義を擁護することはできないのである。

第三の擁護論　常識が間違い

功利主義者の中には、自説への異議申し立てに対してまるきり別の回答をする者もいる。「功利主義は常識と対立する」と言われると、彼らは答える。「だから何なのですか」と。自らの功利主義擁護を振り返りながら、J・J・C・スマートはこう書いている。

確かに功利主義からは「世間の道徳意識」と両立しないことが帰結する。だがわたしはその見方を「世間の道徳意識なるがゆえにいっそう悪く」受け取る傾向があった。つまり個別事例についてわれわれが懐く感情とどの程度一致しているかに照らし合わせて、一般的倫理原則を検証するという世間のやり方を拒否する傾向がわたしにはあったわけだ。

この系統の功利主義は鼻っ柱が強く面の皮も厚い。それは功利主義批判に対して三様の返答を提示しうる。

第一の返答　功利主義が全価値の基礎

功利主義への批判者は「功利主義では最重要の価値が理解不可能」と言う。最重要の価値とは、「真実を語る」「約束順守」「プライバシー尊重」「わが子への愛」とかである。

例えば嘘を例として考察しよう。功利主義への批判者はこう言う。

――嘘がいけない主たる理由は「悪しき結果」とは何の関係もない。理由は嘘が「不正直」だからだ。それは信頼の裏切りなのだ。これと利害の功利計算とは何の関係もない。「正直」は功利主義者が認めるあらゆる価値を超えた価値を有する。約束順守・プライバシー尊重・わが子への愛情も同様である。

しかしスマートのような哲学者によれば、これらの価値は逐一考察されるべきであり、その重要性の理由についても検討すべきである。

――ついた嘘はばれることが多い。裏切られた人は傷ついて激怒する。約束を破られた人は頭に来るし、友達をやめる。プライバシー侵害を受けた人は恥をかいて、穴があったら入りたいと思う。親が他人のことより自分のことを心配していないと感じた子は、親に愛されていないと思う。こういう子は成長したら自分自身も、愛情のない親になる……。これらはどれも幸福を減じるのである。

「正直であるべき、信頼されるべき、尊敬の念を持つべき、わが子を愛すべき」という思想と不整合であるという事実はさておき、これらが善である「理由」を功利主義はこのように説明できるわけなのである。

さらに言うなら、功利主義的説明を抜きにすると、以上の義務は不可解となるだろう。

――「嘘が招く害とはかかわりなく、嘘はそれ自体として間違いだ」と言うことより奇妙なことなどなかろう。権利がもたらす「利益」を尊重しない「プライバシー権」などなかろう。

このように考えてゆくなら、功利主義は常識と非両立どころではない。むしろ逆に「功利主義は常識的価値を正当化」するのである。

第二の返答　例外への直感的反応は不確か

不正義の中にも「公益」になるものもあるとはいえ、そういうケースは例外なのである。嘘・破約・プライバシー侵害はたいてい「幸福ではなく不幸」に行き着くのだ。こういう見解が功利主義が示す別の回答の基礎になっている。

マクロスキーの挙げる偽証の誘惑に駆られた人の例を再考しよう。直感的にすぐ「偽証して無実の人に罪を負わせるのは間違い」と思うのはなぜだろう。「生きてきた中で嘘が悲惨や不幸や苦境につかながりがちなのをよく見てきたから」と言われることであろう。まさしくこのためわれわれは直感的にあらゆる嘘を咎《とが》めるのだ。

しかしながら有益な嘘を咎めるとき、われわれの直感力はうまく機能していないのだ。「嘘は咎めよ」とは経験の教えるところだが、その理由はあくまで「嘘が幸福を減じる」からである。しかし目下考察しているのは、「幸福を増す嘘を咎める」ケースである。マクロスキーの例のような珍しいケースに直面したら、不確かな直感よりも功利性原理の方をおそらく信頼すべきなのだろう。

第三の返答　全結果に焦点を合わせるべき

「卑劣な」行為が幸福を最大化するようなケースを考えるときは、「悪い結果」が前面に押し出されることが多い。「善い結果」の方はあまり目立たない。ここでこの行為のあらゆる結果に焦点を合わせるなら、功利主義はいっそう真実味のあるものに見えてくるだろう。

マクロスキーの例をまた考察しよう。無実の人間に有罪宣告するのは不正だから間違いだとマクロスキーは言う。

――しかしこの人以外の無実の人間はどうなるのであろうか。暴動とリンチが続けば彼らも傷つく。暴徒に殴られる憂き目に遭う人々が耐え忍ぶ苦痛はどうなるのか。偽証しなかったがために死ぬ人たちはどうなるのか。子供たちは親を失い、親は子を失う。もちろんわれわれは決してこういう状況に直面したくはない。だが「一人の人間の有罪判決」と「何人もの無実の人たち

の死」との二者択一で、前者を選択するのはそれほど
不合理なのか。

さらに「功利主義の要求は多大すぎる」という異議申し立てについて再考しよう。私財を投げ打って飢えた子供を養い自分の生活は二の次にすることを求めるわけだから、功利主義の要求は多大すぎるということだ。

——だが飢えた子供たちの方に焦点を合わせた場合にも、
功利主義の要求はひどく不合理に思えるであろうか。
「もっと援助すべき」と言わないで、「功利主義の要求
は過大」と言うのは利己的すぎはしないか。

以上の切り口が比較的功を奏するケースもあれば、そうでないケースもある。覗き男の例を考察しよう。

——面の皮の厚い功利主義者は、無防備な女性をこっそり
覗くことの快を考慮するよう迫る。「覗きが露見しな
いなら、一体どんな害があるというのか。この男の行
為はなぜ非難されるべきなのか」と。

功利主義の議論がどうであろうと、ほとんどの人は彼の行為を非難するだろう。スマートが指摘するように、功利主義は常識と完全に一致するというわけにはいかないのだ。功利主義と常識との調停が必要かどうかはまさしく「未決問題」と言う他はないのである。

第六節　まとめ

スマートが言う「世間の道徳意識」に諮《はか》ってみると、功利性以外の多くの考慮事項も道徳的に重要と思われる。しかしスマートが「常識は信用できない」と警鐘を鳴らしたことは正しかった。功利主義の最大の洞察はやはりこれなのだろう。これに思い至れば道徳的常識の欠陥が露呈される。

多くの白人はかつて事実、白人と黒人の間には重要な相違があるから、何はともあれ白人の利益の方が大事だと感じていた。当時の「常識」を信用していたら、妥当な道徳説はこの「事実」を組み込むべきと力説していたかもしれない。だが今日ではまともな人は誰もそんな発言はしない。

しかし他に一体どれだけ多くの不合理な偏見がまだ道徳的常識の一部に残っているか分かる人などいるのだろうか。人種間関係についての古典的研究『アメリカのジレンマ』の末尾で、ノーベル賞受賞者のグンナー・ミュルダール（一八九八—一九八七）は次のように注意喚起している。[8]

同じ種類の誤りがまだ他にも数えきれないほどあるにち
がいない。生きている人の中でこうした誤りを見抜くこ
とができる人はいまだにいない。われわれを覆う西洋文

化の霧に阻まれているためだ。精神と身体と宇宙――これらによって人間は存在し始めた――に関する諸仮説は様々な文化の影響によって作り出されたものだ。問題を設定するときにも文化が影響している。事実を探求する際にも文化が影響する。事実の解釈にも文化が影響している。事実の解釈と結論へのわれわれの対応にも文化が影響している。

いま二十一世紀において裕福な人々は快適な生活を享受している一方、第三世界の子供たちは容易に防げる病気で死んでいる。未来世代の人々は例えばこうした事実を嫌な思いで振り返ることになるのではなかろうか。仮にそうなったとき、未来世代の人々は気づくかもしれない。功利主義の哲学者たちはとっくにこれを非難していた点で当時の最先端を走っていたということに。

第九章　絶対的道徳規則はあるか

善事が生ずるとしても悪事を働くなかれ。

聖パウロ

『ローマ人への手紙』（紀元後五〇頃）

第一節　トルーマン大統領とアンスコム嬢

ハリー・S・トルーマン（一八八四―一九七二）は広島と長崎への原爆投下を決定した人物としていつも思い出される。フランクリン・D・ルーズベルト（一八八二―一九四五）の死去を承《う》けて一九四五年に大統領に就任した際、トルーマンは原爆に無知だった。そのためルーズベルトの顧問による補佐が必要だった。連合国は甚大な犠牲を払いながらも太平洋戦争に勝つだろうと言われていた。日本上陸計画は既に策定されていた。しかしそれはフランスにおけるノルマンディー上陸作戦よりはるかに血なまぐさい戦闘になると見込まれていた。一つか二つの日本の都市に原爆を投下すれば上陸が不要になり、戦争がより早期に終結することもありえたわけだ。

当初トルーマンはこの新兵器の使用に気乗りしなかった。問題は一発の原爆で一都市が全滅することだった。軍事目標のみならず病院・学校・民家なども全滅する。女・子供・老人・他の非戦闘員などが軍人とともに皆殺しされる。既に連合国軍はいくつかの都市を爆撃した経験があった。しかしトルーマンは新兵器の使用による非戦闘員の殺戮《さつりく》が深刻な問題となると感づいていた。さらに民間施設への攻撃を合衆国が非難していたことが報じられていた。アメリカ参戦前の一九三九年、ルーズベルト大統領は既に仏・独・伊・ポーランド・英の各国政府に、都市爆撃を辛辣《しんらつ》に糾弾する信書を送っていた。彼はそれらを「非人間的蛮行」と呼んでいた。[1]

> 民間人への容赦ない爆撃で……何千人もの無防備の男・女・子供が死傷しました。全文明人の心が病み、人類の良心が強い衝撃を受けています。世界が直面している悲

劇的大火のただ中でこんな非人間的蛮行に訴えたりしたら、戦争への加担も責任も皆無の無辜《むこ》の民の命が何十万も失われるでしょう。

原爆投下を許可したとき、トルーマンはこれと同様の考えを表明した。彼は日記に書いている。[2]「わたしは軍事長官のスティムソン氏に、婦女子ではなく、あくまで軍事施設と陸海兵を目標にして使うよう命じた……。目標は軍事関係に限る」と。

これをどういうつもりで書いたのかは分からない。トルーマンは原爆投下で一都市が全滅すると知っていたのだから。けれども非戦闘員の殺戮について悩んでいたことも明らかなのだ。

またトルーマンがこの決定に自信があったのも明らかである。大戦中の英国首相だったウィンストン・チャーチルは原爆投下直前、トルーマンに面会している。チャーチルは後年こう記している。[3]「原爆を投下すべきか否かの決断は……まったく問題にさえなりませんでした。会議出席者から質疑はなく、おのずから全員一致しました」と。トルーマンは最終指令に署名したあと「赤ん坊のように眠った」と述べている。

二〇〇一年に死去したエリザベス・アンスコム（一九一九―二〇〇一）は第二次世界大戦勃発時、オックスフォード大学の二十歳の学生だった。彼女は当時「いずれ参戦国は不正な手段による戦闘が不可避となるので、英国は参戦すべきでない」と主張する共著論文を執筆していた。[4]五十九歳で結婚し七人の子持ちだったにも関わらず終生「ミス・アンスコム」と呼ばれていた彼女は後に、二十世紀最高の哲学者の一人、そして恐らく史上最高の女流哲学者になるのであった。

またミス・アンスコムはカトリック教徒だった。宗教は彼女の人生の中心だった。彼女の倫理説は伝統的なカトリックの教えを反映していた。一九六八年にローマ法王パウロ六世が教会の避妊禁止を承認した後、彼女は人工的な産児制限の不道徳性の理由を説明する小論文を執筆した。彼女は後年、英国の妊娠中絶医院前での抗議行動のかどで逮捕された。また彼女は戦争での倫理的行為についての教会の教えも是認していた。このため彼女はトルーマンと対立したのだった。

一九五六年、ハリー・トルーマンとエリザベス・アンスコムは偶然会っている。戦時中のアメリカからの支援に感謝して、オックスフォード大学はトルーマンへの名誉学位授与を計画していた。この提案をした人たちは何の問題ないだろうと思い込んでいた。しかしアンスコムと大学教職員二人が反対した。彼ら三人は結局負けるのだが、通常なら安易に承認される案件を投票に付すことを強要した。そして学位授与式の間、アンスコムはホールの外で跪《ひざまず》き、お祈りをしていたのだった。

アンスコムは別の小論文も執筆した。今度は「広島と長崎への原爆投下を命じたのはトルーマンだったゆえに、彼は人殺しである」と説く論文であった。もちろんトルーマンは「原爆投下で終戦時期が早まることで人命が救済されたのだから正当である」との考えであった。だがアンスコムにとってこれは不十分だった。アンスコムは「目的のための手段として無実の人間を殺すのは常に殺人である」と書いている。

「原爆によって奪われた人命より救われた人命の方が多い」という議論に対して、彼女はこう返答した。「さあ、一人の赤ん坊を釜茹《かまゆ》でにするのと大惨事が千人の人間に降りかかるのでは、どちらを選びますか。千人で少ないと言うのなら、百万人ではどうでしょうか」と。

アンスコムの例は適切だった。広島での原爆の爆風は空飛ぶ鳥を焼き焦がし、赤ん坊を釜茹でにした[5]。人々は河川や貯水池や溜め池の中で死んだ。熱から逃れようとしたが無駄だったのだ。

アンスコムの論点は「どんなことがあろうとも絶対してはいけないことがある」ということだ。「一人の赤ん坊を釜茹でにすることで大いなる善が実現できる」ということは重要ではない。これは純然たる間違いなのだ。

アンスコムはこうした規則がたくさんあると思っていた。彼女は言う。

「どんな状況にあろうと故意に無実の人間を殺してはいけない。偶像崇拝をしてはいけない。偽りの信仰告白をしてはいけない。肛門性交《アナルセックス》や姦通をしてはいけない。濡れ衣で罰してはいけない。裏切ってはいけない」と。さらに言う。

これらは「篤《あつ》い友情の契りにかこつけて重大事象について信用させておいた後で、その友人を敵方に売り渡すようなものです」と。

アンスコムの夫であったピーター・ギーチ（一九一六―二〇一三）もこれに賛同した。アンスコムとギーチは「道徳規則は絶対的」という哲学説の二十世紀における急先鋒であった。

第二節　定言命法

「道徳規則に例外は皆無」という思想は擁護困難だ。逆に規則違反すべき場合もある理由を説明するのは容易である。規則順守がとんでもない結果をもたらすケースを指摘すればいいだけの話だから。しかしそういうケースでの規則順守を擁護するなんてことはどうやったらできるものか。道徳規則とは「神の不可侵の命令」とする手もあろう。だがそれ以外にどういう対案があるのだろう。

二十世紀以前に「道徳規則は絶対的」と信じ込んでいた一人の大哲学者がいた。イマヌエル・カント（一七二四―一八〇四）は「嘘はどんな状況でも間違い」と主張した。カントは宗教を持ち出さなかった。代わりに嘘は「理性そのもの」によって禁じられると考えた。この結論に至る筋道を見るためにカント倫理学を概観しよう。

カントの意見では、「べき」という語は道徳的意味でなくても使用されることがよくある。

（1）もし仮にチェスでもっと強くなりたいなら、あなたはマグヌス・カールセンの棋譜を研究すべきである。

（2）もし仮に大学に行きたいなら、ＳＡＴ（大学進学適性試験）を受けるべきである。

われわれの行為の多くはこうした「べき」に支配されている。それは以下のような形をとる。

（a）われわれがある願望を持つ（チェスでもっと強くなること。大学に行くこと）。

（b）われわれがある行いをすれば、願望が実現できそうだと認識する（カールセンの棋譜を研究すること。ＳＡＴを受けること）。

（c）かくしてわれわれはそれを実行する。

カントはこれらを「仮言命法」と呼んだ。なぜならこれらの命法は「もし仮に願望があるなら何をすべきか」を示すものだから。チェスの腕前を磨くという願望のない人には、カールセンの棋譜を研究すべき理由はない。大学進学の願望のない人には、ＳＡＴ受験の理由はない。

「べき」の拘束力は願望に依拠しているので、願望を放棄すれば拘束力もなくなる。だから例えば「大学に進学したくない」と思い込めば、ＳＡＴ受験を免れる。

これと対照的に、道徳的義務は願望に依拠していない。道徳的義務は「もし仮に～したいなら……すべきである」という形にはならない。道徳的要求は「定言的」（断言的）である。その形式は「……すべきである」となる。それだけなのだ。

道徳規則は例えば「もし仮に他人を気遣いたいなら、もしくは善人でありたいなら、他人を助けるべきである」というようにはならない。そうではなく道徳規則は「あなたが何を望もうとも、とにかく他人を助けるべきである」となる。このようなわけで、「わたしにはそんな気はありません」などと言って、道徳的要求から逃げることはできないのだ。

仮言的「べき」は理解しやすい。それは「目標実現のために必要なものは何か」を教えてくれるだけなのだ。かたや定言的「べき」は謎めいている。目標とは無関係に一定の仕方で行為する義務があるのはどうしてなのだろうか。カントには答えがあった。

——われわれには「願望」があるがゆえに仮言的「べき」が成り立つように、われわれには「理性」があるがゆえに定言的「べき」が成り立つ。

カントが言うには、定言的「べき」はあらゆる理性的人格が受け入れなければならない原則である「定言命法」に由来している。『人倫の形而上学の基礎づけ』（一七八五）でカントは定言命法をこう表している。[6]

「普遍的法則になるべき」とあなたが意志できるような格率にのみ従って行動しなさい。

「行為が道徳的に容認されるかものかどうか」の試金石が、他ならぬこの原則である。何かを実行する場合にはまず「自分はどんな規則に従っていることになるのか」を問うてみないといけない。このような規則が行為の「格率《マキシム》」である。

それから問わなくてはいけないのが、「格率が普遍的法則になってほしいと自ら意志しうるかどうか」である。言い換えるなら「自分で決めた規則を万人が常時、順守することを許容できるか」ということだ。そう思えるなら、あなたの格率は健全で、行為は許容できる。そう思えないなら、あなたの行為は禁止なのである。

カントはこの具体例をいくつか挙げている。

——「金に困っている男がいて、返済の約束をしない限り、誰も金を貸してくれないが、彼には返す約束などできない」という状況を想定してみよう。彼はお金が欲しいからといって嘘の約束をすべきであろうか。

——仮に嘘の約束をすべきだとする。その場合の彼の格率は「お金が必要なときはいつでも、返済できないと分かっているのにできると約束しなさい」となる。さてこの男はこんな規則が普遍的法則になることを意志しうるだろうか。

——意志しえないのは言わずもがなである。というのはそんな規則は自滅的だから。そんな規則が普遍的慣行になっても、「返済します」という約束を信じる者など皆無だろう。するとこういう約束に基づいて借金できる人も皆無なのだ。

カントは別の例として人助けを挙げている。

——「『知ったこっちゃない。皆に自活してもらおう』と自らに言い聞かせて、困窮した他人の救済を拒む人がいたとしたら……」と想定してみよう。これまた「普遍的法則になってほしい」と意志できない規則である。自分の人生で他人の助けが必要になる時もあるし、そういう時に断られるのを自分は望まないからだ。

第三節　カントの虚言論

以上見てきたようにカントによれば、行為は普遍的法則によって導かれるべきなのだ。普遍的法則とは、どんな状況にも適用される道徳規則のことだ。カントは一切例外のない普遍的規則がたくさんあると思っていた。

その中で嘘禁止の規則に焦点を合わせよう。[7] カントは特にこれに強いこだわりがあった。どんな状況でも嘘は「人間の尊厳を壊す」と彼は言う。

カントは例外のない絶対的規則としての嘘禁止の擁護論を二つ示している。

（1）カントの主たる議論は定言命法に基づいている。

——嘘を許容する普遍的法則など誰も望まない。そんな法則は自滅的だから。嘘が広まれば、他人を信用しなくなる。そうなると嘘は有効でなくなる。ある意味、嘘は不可能になるのだ。なぜなら誰も他人の発言を気に留めなくなるからだ。このゆえに嘘は許されない。

かくして「どんな状況でも嘘は禁止」と推論できるわけである。

だがこの議論には欠陥がある。例を用いるともっと分かりやすくなる。「人命救済」のために嘘が必要と想定してみよう。こういうとき嘘をつくべきだろうか。カントは以下のように推論している。

（a）「普遍的になってもいい」と意志できる規則に一致した行いだけを為すべきである。

（b）嘘をつく場合には「嘘をついてもいい」という規則に従っている。

（c）この規則は普遍的にはなりえない。というのは自滅的であるから。嘘が普遍的になるなら、皆お互いを信用しなくなる。そうすると嘘そのものが不可能になる。

（d）ゆえに嘘はつくべきでない。

アンスコムはカントの結論には同意していたが、カントの推論の誤りをつとに指摘していた。問題は（b）にある。嘘をつく場合に「嘘をついてもいい」という規則に従っていると一体なぜ言えるのだろうか。この場合の格率はたぶんこうだろう。

——誰かの人命を救える場合にわたしは嘘をつくことを意志する。

こちらの規則は自滅的ではない。つまり普遍的法則になりうるわけだ。こう考えれば、カント説そのものの内部でも

「嘘をついていい」ことになるであろう。そうすると「嘘は常に間違い」というカントの信念は、彼自身の道徳説に沿わなくなるように思われるのである。

（2）絶対的規則に対するカントのこだわりは多くの同時代人の目に奇異に映った。ある批評家は次のような例を用いてカントに挑戦した。

——殺し屋から逃げている人がいて、「自宅に戻って隠れようと思っています」とあなたに言うとしよう。そのあと殺し屋がやって来て、「男はどこだ」とあなたに訊く。「本当のことを言ったら、殺し屋に手を貸すことになる」とあなたは思う。また殺し屋がこのまま進んで行けば、やがて男の家に着いてしまう。だからあなたが何も言わないとしても、とにかく男は殺されることになる。あなたはどうすべきか。

これを「殺し屋の問い」と呼ぼう。こういう状況ではほとんどの人が「嘘をつくべき」と思う。正直と人命救助、結局どちらが大切なのか。

カントは古風な魅力を持つ題名の論文「人間愛からの嘘」でこれに答えている。これが嘘禁止の第二の議論となる。カントは言う。

——ひょっとして逃げている男は実際にはもう自宅を出ているから、本当のことを言った方が、殺し屋をあらぬ方向へ行かせることができるだろう。かたや嘘をついた場合、殺し屋がうろうろしているうちに、自宅近辺で男を見つけるかもしれない。こうなれば男は殺され、あなたは責任を負うことになる。また嘘をつく者は皆、たとえいかに予測困難だとしても、こうした結果を請け合い、処罰されねばならない。

厳格な校長先生のような口調でカントは結論を述べる。

——それゆえ誠実は……何を語るにせよ神聖かつ絶対的な理性の命令である。嘘が好都合だからといってこの命令が制限されてはならない。

この議論を一般的形式で述べることもできよう。

——正直の結果が悪く嘘の結果が善いこともあるわけだから、嘘禁止に例外を設けたくなる。しかし結果がどうなるか正確には分からない。結果が善いとは分からないのだ。予想外に嘘の結果が悪いこともあろう。それゆえに最善の策はとにかく嘘を避けることである。嘘は悪いと分かり切っているから。結果については成り行きに任せよう。結果が悪かろうと、責任を負わされることはない。なぜならおのれの義務を果たしたのだから。

これと類似の議論は広島と長崎に原爆投下するトルーマンの決断にも適用できるだろう。

――戦争の早期終結を望んで原爆を投下した。けれどもトルーマンにしても早期終結になると分かっていたわけではない。可能性としては、日本が本気を出してきて、日本上陸がやはり必要だったということは確かにある。だから結局トルーマンは「いい結果になる」という単なる望みに、何十万もの人命を賭けたことになるのである。

この議論の問題は自明である。あまりに自明すぎて、カントほどの卓越した哲学者がそれに気づかなかったのは驚きという他はない。

（ａ）まずこの議論はわれわれの知りうることに関して不合理なまでに悲観的な見方をしている。結果がどうなるか自信を持って言えることもままあるのだ。こういう場合、不確実ということで躊躇するには及ばない。

（ｂ）さらに哲学的に見てもっと大事な点がある。「嘘からのどんな悪い結果にも道徳的責任があるが、かたや正直からのどんな悪い結果にも責任はない」とカントは思い込んでいたようなのだ。

真実を言った結果、殺し屋が男を見つけて殺してしまったとしよう。カントはこういう場合に「罪はない」と思い込んでいたようだ。しかし簡単に「責任なし」と言えるものだろうか。殺し屋の向かう先を誘導できたのはあなたに他ならないのだから。こう考えると、この議論はあまり説得力がなくなる。

かくして（1）と（2）より、カントは「嘘は常に間違い」と証明するのに失敗している。「殺し屋の問い」は困難な問題を突きつけている。カントの信念において嘘は「人間の尊厳を壊す」ものだが、常識では無害な嘘もあるのだ。現にそれには「ホワイト・ライ」という名前もある。人命救済に役立つときでも、ホワイト・ライは容認しえないのだろうか。あるいは必要ないのだろうか。これは「絶対的規則はある」という信念にまつわる以下のような大問題を示唆している。

――規則順守で悲惨なことになっても、規則違反をするべきでないのか。

第四節　規則同士の衝突

――「どんな場合でもXは絶対に間違いで、またどんな場合でもYは絶対に間違い」と仮定しよう。「XをするかYをするか」の間で選択しなければならなくなったときどうするべきなのだろう。このような衝突は、道徳規則は絶対的たりえないことを示していると思われる。

この異論に対応する方法は何かあるのだろうか。一つの対応策は、そういう衝突の発生そのものを認めないことだ。神の摂理に訴えながら、この対応策をとったのがピーター・ギーチだった[8]。彼は言う。

> ――なるほど複数の絶対的規則のうちの一つに違反せざるをえない架空の例を示すことは可能である。しかしそういう状況の発生そのものを神は許さない。

ギーチはこう述べている。

> もし神が理性的なら不可能事は命じない。もし神の摂理が全出来事を支配しているなら、罪のない人が複数の禁止行為の間で選択しなくてはならない状況など起きないよう神が取り計らっている。もちろんそうした選択をしなければならない状況を……矛盾なく記述することはできる。しかし神の摂理なら、そんなことが実際に起きないようにできるだろう。無信仰者がよく言うこととは異なり、神の存在を信じれば、期待されることに違いが生じるのである。

一体そうした状況は現実に起きているのであろうか。深刻な道徳規則の衝突が実際あるのは疑いえないのだ。

> ――第二次世界大戦中、オランダ人漁師たちはユダヤ人難民を船に乗せてイギリスへ密入国させていた。だが時にナチスの哨戒艇に停船させられることもあった。ナチスの艇長はオランダ人船長を呼び出して、行き先や乗船者などについて尋問するのだった。漁師たちは嘘をついて、通過を許されていた。漁師たちには二つの選択肢があった。すなわち「嘘をつく」かそれとも「乗員乗客皆殺し」か、いずれかである。第三の選択肢などなかった。例えば黙秘を貫いたり、ナチスから逃げ切ることは不可能だった。

この例を見ると、ギーチは幼稚な感じがする。ひどいジレンマが現実世界で起こっているからだ。

仮にこうしたジレンマが起こるのなら、それは「絶対的道徳規則」の存在を反証してはいないだろうか。例えば仮に「嘘は間違い」と「無実の人々の殺害に加担するのは間違い」という二規則が両方とも絶対的だとしてみよう。オランダ人漁師はどちらかを行わねばならなかった。それゆえに両方を絶対的に禁ずる道徳説は支離滅裂なのだ。

この種の議論は印象深いが、限界もある。これは絶対的道徳規則の「対」に対してしかできない議論なのである。衝突を作り出すには二つの規則が必要だからだ。この議論では

「たった一つの絶対的規則しかない」と信ずるのを阻止することはできない。

　ある意味では皆そうした規則の存在を信じている。「正しいことを為せ」は皆が信じている道徳原則であり、これに例外は皆無だ。われわれは常に正しいことを為すべきなのである。

　しかしながらこの規則はあまりに形式的すぎて瑣末である。この絶対的規則を信じられるのは、実際には何も意味していないからなのだ。それはカントやギーチやアンスコムが擁護していた類の絶対的道徳規則ではない。

第五節　カントの洞察

　現代の哲学者でカントの定言命法を擁護する者は少ない。それでもその原則をすぐ手放すのは間違いかもしれない。アラスデア・マッキンタイア（一九二九―）は言う。[9]「カントという名はおろか哲学の話など一度も聞いたことのない多くの人にとって、道徳とは大体カントが述べていることなのである」と。道徳とは「義務感から順守しなければならない規則体系」のことなのだ。たとえ絶対的道徳規則を信じないとしても、何らかの受容可能な思考が定言命法の基礎にあるのだろうか。筆者はあると考える。

　定言命法は理性的行為者を――理性的であるというだけの理由で――拘束するとカントは考えていたことを想起しよう。換言すれば、この原則を拒絶する者は単に不道徳という点で罪深いのみならず、不合理という点でも罪深い。これは強迫的思想だ。しかし一体これの厳密な意味は何なのだろう。いかなる意味において定言命法を拒絶するのは不合理なのだろうか。

「道徳的判断は正当な理由による裏付けが不可欠」ということに注意しよう。何かを為すべき（為さぬべき）ならば、そこには理由がなくてはならない。例えば森林放火をしてはならない理由は「財産が破壊され人間が殺戮される」からである。

　カント思想の意外な展開は以下の点を指摘したことにある。

――もし仮にあるケースで何らかの要件を「理由」として認めるならば、別のケースでもそれを「理由」として認めなければならない。

「財産が破壊され人間が殺戮される」ケースが森林放火以外にもあるなら、そのケースでも「財産が破壊され人間が殺戮される」ことを理由として認めなくてはならない。「理由を認めるときもあるが、いつもというわけではない」と言っても無駄である。もしくは「他の人はそれらの理由を尊重するが、自分は嫌だ」と言っても無駄なのだ。

「道徳的理由」が妥当なら、それは万人を常時拘束するものである。これは一貫性の要件なのだ。いかなる理性的人間もこれを拒否できないと考えた点でカントは正しかった。

この洞察にはいくつかの大切な含蓄がある。道徳の視点からは「自分は特別」と見なせないことをこれは含意している。「他人には禁じられている行いを自分がしても許される」というのは一貫性を欠いている。あるいは「他人の利益より自分の利益の方が大事」というのも一貫性を欠いている。

誰かが言っていたが、「自分が他人のビールを飲むのはいいが、他人が自分のビールを飲むのはいけない」というのは駄目なのだ。べつにカントがこれを理解した最初の人というわけではないが、それを道徳の包括的体系の礎石したのはカントだった。

けれどもカントはもう一歩先に進み、「一貫性は例外が皆無の規則を要求する」とまで言ってしまった。どうしてカントの洞察がこのような発言にまでつながったのか理解はできる。しかしこの「もう一歩」は不要だった。この「もう一歩」がカントの理論に問題を引き起こすのだ。

カントの体系内部でさえ規則は絶対的である必要がない。

カントの基本思想が要求するのはただ次のことだ。

――規則違反をするのなら他人の側もすすんで意志するような理由でしなければならない。

「殺し屋の問い」にこれを当てはめて言おう。嘘禁止の規則に自分が違反してよいのは、他人が同じ状況で嘘をつくのをすすんで意志しうる場合のみということである。ほとんどの人はこれにすぐ同意するだろう。

トルーマン大統領も言ったかもしれない。「もし他の誰かが自分と同じ立場にいて原爆を投下しても正当だったろう」と。それだからたとえトルーマンが間違っていたとしても、カントの議論でその間違いが証明されたわけではない。

「トルーマンにはもっといい選択肢があったのだから、原爆投下は間違っていた」と言う人もいるかもしれない。たぶんトルーマンは、人口過疎地域への原爆投下で日本人に原爆の威力を見せ付けるべきだったのだ。その後の折衝もうまくいった可能性もある。あるいは日本側の降伏などなくとも、その時点で連合国側が勝利宣言をするだけで十分だった可能性もある……。しかしこんなことをぐだぐだ論《あげつら》うことと、トルーマンが絶対的規則を犯したということ、これら二つは次元が違うことなのである。

第十章　カントと人格の尊重

人間を称えぬ者などいようか。

ジョヴァンニ・ピーコ・デッラ・ミランドラ
『人間の尊厳について』（一四八六）

第一節　カントの中心思想

イマヌエル・カントによれば、人間は神の創造において特別な位置を占めていた。もちろんこう考えていたのは彼だけではない。人間は古代以来、自らを他の被造物とは本質的に異なると見ていた。単に異なっているのではない。より優れているのだ。伝統的に人間は自らを卓越した存在と考えていたのが実状である。

カントもそう考えていたのは確実だ。彼の見解によれば、人間は「本性的価値すなわち尊厳」を有する。そのゆえに人間は「いかなる価格をも超越した」価値がある。

カントによれば、動物は人間の目的に仕える限りで価値があるにすぎない。『倫理学講義』（一七七九）の中でカントは述べている。「だが人間には動物に対する直接的義務など皆無だ。動物は……目的に対する手段にすぎない。その目的とは人間である」と。

そのゆえに人間は動物を好きなように利用してよい。人間には動物虐待を自制する「直接的義務」さえこれっぽっちもない。カントは動物虐待を非難しているが、その理由は「動物が傷つくから」ではない。むしろ人間の方を心配してのことだった。「動物虐待をする者は人間も残酷に扱うようになる」と彼は言う[1]。

カントが人間には「いかなる価格をも超越した」価値があると述べるのは単なる修辞《レトリック》ではなかった。カントの意図は、人間は「置き換え不可能」ということだ。子供が死んだら悲劇だ。同じ家に別の子が生まれても、悲劇は残り続ける。

一方「単なる物件」は置き換え可能だ。プリンターが故障して別のものを買っても、これに何の問題もない。カントの信念によれば、人間には単なる物件にはない「尊厳」がある。人間に関する以下の二つの事実がこのような判断の根拠になる。

（1）まず人間には願望があるので、願望を充足させる物件は人間にとっての価値がある。これと対蹠《たいせき》的に、単なる物件は人間の目的に役立つ限りでのみ価値があるにすぎない。だからもしトランプのポーカーで強くなりたい人がいたなら、ポーカーのハウツー本はその人にとって価値があるだろう。しかしその目的がなくなれば、ポーカーの本は無価値になる。あるいはどこかに出かけたい人がいたら、その人にとって自動車に価値がある。しかしその願望がなくなれば、自動車は無価値になる。

カントの思想では、単なる動物は原始的すぎるから願望や目標を持てない。だから動物は単なる物件なのだ。例えばミルクを欲しがる子猫にとってミルクは価値があるわけではないとカントは考えていた。

しかし動物たちが「精神生活」を営んでいることについては、カント自身より現代人の方がずっとよく知っている。動物には願望も目標もあると現代では考えられている。だからカント的な基礎づけをするのなら、おそらく「動物は単なる物件ではない」という主張の方に対してであろう。

（2）とはいえ第二の理由は動物には適用できないだろう。カントが言うには、人間には「本性的価値すなわち尊厳」がある。なぜなら人間は理性的行為者だからである。すなわち人間は自分で決断し、自分の目標を設定し、理性により自分の行為を導く能力を有する自由な行為者だからである。

カントの考えでは、道徳的善の唯一の存在可能性は、理性的被造物が善意志から行動することにしかない。すなわち自分の為すべきことを理解し、義務感から行動することである。人間は地上における唯一の理性的行為者である。かたや動物には自由意志がなく、「理性によって自分の行為を導く」ことができない。なぜなら動物の理性的能力はあまりに限られているから。人間がいなくなれば、世界の道徳的次元は消え失せる。この第二の事実はカントにとってとりわけ重要であった。

かくしてカントの信念において、人間はただ単に価値あるものの一つではない。人間は価値づけを行う唯一の存在なのだ。道徳的価値を有するのは人間の良心的行為のみなのだ。人間は物件の領域をはるかに超越している。

これらの思想はカントの道徳体系の中心にある。人間の全義務は定言命法と呼ばれるたった一つの究極原則から導出しうるとカントは信じていた。この原則には前記のものとは別の定式がある。カントが以下のように表現している個所もある。[2]

自らの人格でも他の人格でも、人間性を常に目的として扱うように行動しなさい。決して手段にすぎぬものと見なして行動してはなりません。

人間には大いなる価値がある。だから道徳は人間を「常に目的として扱うように行動しなさい。決して手段にすぎぬものと見なして行動してはなりません」と要求する。これの含意は何なのだろうか。一体なぜ皆これを信じるべきなのだろうか。

人間を「目的として」扱うことは、俗な言い方をすれば「人間を優遇する」ことである。人々の福利の推進、人権尊重、危害からの保護、一般的には「他人の目的の助長を目指した精一杯の努力」である。

しかしまたカントの思想にはいっそう深い含意がある。人間を目的として扱うことは人間を尊重することを要求する。だとすればわれわれは他人を巧みに操って、自分の目標実現のために「利用」してはならないということになる。自分の目標がどれほど善きものであろうとも。カントはこれの例を挙げている。

――いま仮にあなたはお金が必要だから借金したいと思っているとしよう。しかし返済など不可能だ。切羽詰まったあなたは金欲しさのあまり友人に返済の空約束をしようかと考える……。

あなたにこんなことができるだろうか。あなたにお金が必要なのはおそらく善き目的のためなのだろう。現状としてそれは「嘘をつくのが正しい」と自分で納得できるほどの善なのかもしれない。にもかかわらず、あなたは友人に嘘を言うべきではない。もし言ったりしたら、友人を巧みに操り、「単なる手段として」利用していることになるからだ。

かたや友人を「目的として」扱うとはどんなことなのか。

――あなたは真実を告げると仮定しよう。お金が必要な理由を友人に言う。返済もできないと言う。すると友人は金を貸すかどうか自分で決断できる。友人は自分自身の価値や願望と照らし合わせ、自分で推論し、自由に選択できる。あなたが告白した目的のためにお金を貸すと決心したら、友人はあなたの目的を自分の目的にすることを選んだことになるわけだ。このようにすれば、あなたは友人を自分の目標実現のための単なる手段として利用してはいないことになる。あなたの目指すところは友人の目指すところでもあるのだから。

以上のようなわけだから、カントにとって人間を目的として扱うことは、「自分と同じく行為の目的を含む（含みうる）存在として」他人を扱うということである。

あなたが友人に真実を告げて、友人が金を貸してくれるとき、あなたは金を得る手段として友人を「利用」しているかと言えば、しているのは確かだ。しかしカントは別に人間を手段として扱うことを頭ごなしに退けているわけではない。彼が反対しているのはあくまで人間を手段としてのみ扱うことなのである。

別の例を挙げよう。

――あなたの家の風呂場の排水管が詰まったとしよう。詰まりを直すために配管工を呼んでもいいのだろうか。

これは配管工を手段として「利用」していることにならないだろうか。

カントはこれも問題なしと言うだろう。何といっても配管工は状況を把握しているからだ。あなたが配管工を欺き操っているわけではないからだ。配管工は修理代をもらって排水の詰まりを直すことを自由に選択できるからだ。確かにあなたは配管工を手段として扱っているとはいっても、同時に尊厳をもって「目的そのもの」として扱っているからだ。

人間を目的として扱い、その理性能力を尊重することには他の含みもある。意に反することを成人に強要せず、自己決定をさせるべきということだ。それだから過保護な法律には慎重を期すべきである。例えばシートベルト着用を義務づける法律だとかバイク乗車時のヘルメット着用を義務づける法律などだ。

また人間尊重は自己尊重も含むことを忘れてはならない。自分のことを気遣い、自分の才能を伸ばし、無為な生活を克服するべきなのだ。

カントの道徳体系の把握は容易でない。もっと深く理解するため、カント思想の刑事罰への応用を見てみよう。本章の残りはこれに充てよう。

第二節　刑罰理論における応報と功利性

ジェレミー・ベンサムは言う。「全ての処罰は害だ。全ての処罰それ自体が悪だ」[3]と。ベンサムは的を射ていた。社会は罰金や投獄により人々を懲らしめている。殺すことだってままある。処罰は本性上、常に危害を含む。人間を傷つけることがどうして正しいというのだろう。

伝統的回答によると、刑罰は犯罪者の悪事への「仕返し」として正当化される。罪を犯した者はひどい仕打ちを受けるのがふさわしい。これが正義ということである。他人を害した者は自らも害されるというのが正義の要求なのだ。古来のことわざでは「目には目を、歯には歯を」と言われている。応報主義の教えによると、これが刑罰の主たる正当化である。

ベンサムの思想では、応報主義はまったくもって下手な発想である。なぜなら見返りとしての幸福の増加がないのに、苦の付加を奨励しているから。応報主義は世界における悲惨の量を減らすどころか増やすことになるわけだ。

カントは応報主義者であった[4]。だから彼は隠し立てせずにその帰結も受け入れていた。『実践理性批判』（一七八八）で彼はこう書いている。

> 平和を愛する民衆を苦しめ悩ませるのを大喜びしていた者がやっとのことで鞭《むち》打ちの刑に処せられたときも、確かに気分は悪い。しかし刑罰から得るものが何もなくとも、皆それを容認し善そのものと見なす。

このように刑罰は世界における悲惨の量を増やすことになろう。だがそれでよいのである。というのは刑罰を受けるにふさわしい人が、増加分の苦を引き受けるだけだから。

かたや功利主義は別のアプローチをとる。功利主義によると、とにかく世界における幸福の量が増えそうなことを為すのがわれわれの義務である。刑罰は一見したところ「悪」と思われる。なぜなら刑に処せられた人間は不幸になるから。

だからこそ功利主義者のベンサムはこう述べる。「処罰が許容されるのは、より大きな害悪を阻止できそうな場合のみである」と。言い換えれば、刑罰が正当化されるのは、悪を上回る善がもたらされる場合のみである。功利主義の伝統では実際、「刑罰からは悪を上回る善が生ずる」と考えられていた。法律違反者を処罰することにはいくつかの利益がある。

（1）まず犯罪者処罰は被害者と家族を癒し満足させるものである。略奪・強姦・強盗などの犯人が野放しになるべきではないとの強い感情が人々にはある。また自分を襲った犯人がまだ街角をうろついているのは、被害者にとって恐怖なのだ。

哲学者たちはたいていこのような刑罰の正当化を無視するが、これは司法制度の中で大きな役割を担っている。裁判官・弁護士・陪審員は往々にして被害者の願いを知りたいと思うものだ。「警察が逮捕するか」とか「地区検察局は事件を起訴するか」が被害者の希望次第ということはよくあるのが現状だ。

（2）次に犯罪者を収監し処刑すれば、彼らを街頭から一掃できる。犯人の逃亡が減れば犯罪も減る。こうして監獄は社会を守り、不幸を減じているのだ。もちろんこうした正当化は、自由刑でない刑罰には当てはまらない。例えば犯罪者が執行猶予判決を言い渡され保護観察下にあり、社会奉仕活動をしている場合などである。

（3）さらに刑罰は犯罪者予備軍の犯罪を抑止することで犯罪を減らす。犯罪の誘惑に駆られた者が刑罰を恐れるあまり実行を思い止まる可能性もある。処罰されるという脅しが常に有効とは限らないのも自明だ。刑罰の有無に関わらず法を犯すことはありうる。しかし刑罰という脅しがあれば、違法行為は減るだろう。警察が窃盗犯の逮捕を止めたら、どうなるか考えてみればよろしい。きっと窃盗が急増するだろう。こういうわけで犯罪抑止は不幸を減ずるのである。

（4）最後に言えば、よくできた刑罰の仕組みは違法者の社会復帰に役立つ。犯罪者はしばしば精神や情緒の問題を抱えているものだ。多くは無学で文盲で、ちゃんと仕事ができない。ならばこれらの問題の原因自体を是正することで犯罪に対処するべきではないだろうか。危険人物を投獄するのはまあいいだろう。しかし監獄に閉じ込める暇があったら、なぜ心理療法や教育や職業訓練を施すことで問題に対処しないのだろうか。犯罪者が他日、生産活動に携わる市民として社会復帰した方が、本人にも社会にも有益だろう。

かつてアメリカでは功利主義の刑罰観が主流だった。「全米刑務所協会」は一九五四年に「全米矯正協会」という名前に変更された。[5]「刑務所」は「矯正施設」と名称変更することが奨励された。刑務所の任務とは被収容者の「処罰」ではなく、あくまで「矯正」となった。監獄改革は一九五〇年代と一九六〇年代に一般的になった。刑務所では被収容者に薬物治療プログラム、職業能力開発、集団カウンセリングを提供した。これらは被収容者を善良なる市民に変質させることを意図してのことである。

しかしながらこれは昔の話である。一九七〇年代「麻薬撲滅キャンペーン」が新たに宣言され、薬物事犯者の実刑判決がどんどん長期刑化していった。米国司法のこうした変遷は本質的に功利主義よりも応報主義に向かっている。結果として囚人が常時量産されることになった。合衆国の施設は今日およそ二百三十万人もの囚人を収容している。[6]これは群を抜いた世界最高の投獄率だ。ほとんどは連邦刑務所ではなく州刑務所に収容されている。おかげで施設を運用せねばならない州政府は火の車である。結果、社会復帰プログラムの大半は規模縮小か廃止に追い込まれた。かくして一九六〇年代には被収容者の社会復帰を目指すのが一般的だった施設は、囚人を閉じ込めておくだけの場所になった。施設はどこも超満員になり赤字に苦しんでいる。今日の現状は被収容者たちには心地よいものではないが、「応報主義の勝利」を示唆するものである。

第三節　カントの応報主義

功利主義の刑罰理論には多くの異議申し立てがある。批評家の中には、監獄改革はあまり成功していないと言う者もいる。合衆国の中ではカリフォルニア州が最も大胆な改革計画を進めたが、何より釈放後の再犯が案じられた[7]。とはいえ異議のほとんどは、少なくともカントにまで遡る理論的考察に基づいている。

カントは「とぐろを巻いた功利主義」を嫌悪していた。なぜなら「功利主義は人間の尊厳と両立しないから」とカントは言う。

（1）まず功利主義は目的のための手段として人間をどう利用するか計算する。投獄の目的が「社会の安全」なら、犯罪者を他人の利益のために利用しているにすぎなくなる。これはカントの「人間は決して他人の目的の手段としてのみ扱われてはならない」という信念に背くものだ。

（2）さらに社会復帰というのも実は、人間を望ましい型に嵌《は》めようとすることでしかない。だからそれは「自分はどういう人間になるか」を自己決定する権利の侵害である。「仕返し」というかたちで悪行に対応する権利をわれわれは有している。だが犯罪者の人格を巧みに操って、その統一性を侵す権利などない。

こういうわけで、カントは功利主義的正当化をまったく用いようとしなかった。その代わり二つの原則により刑罰は管理されるべきと信じていた。

（a）犯罪者が処罰される理由は、本人がまさに罪を犯したという事実のみにあり、他にはない。

（b）犯罪の重大さに「比例」した刑罰が科されるべきである。軽い罪には軽い罰で十分、重い罪には重い罰が必要なのだ。

> だが公共的正義が原則や規準として採用すべき刑罰の在り方や尺度とはいかなるものか。それは「公平の原則」に他ならない。正義の天秤の針がどちらか一方だけに傾きすぎることを防ぐのが「公平の原則」なのだ……。このゆえに「他人を中傷すると自分を中傷することになる。他人の物を盗むと自分の物を盗むことになる。他人を殴ると自分を殴ることになる。他人を殺すと自分を殺すことになる」などと言われるのだろう。これこそ……公正な刑罰の質と量を明確に規定できる……唯一の原則なのだ。

（b）の原則を信奉していたカントは死刑も容認することになる。殺人に釣り合う罰は死刑しかないからである。有名なくだりでカントはこう言う。

たとえ市民社会の解散が全員一致で決定されても――ある島の住民が世界中に分散することを決定したような場合でも――獄中に最後に残された殺人犯は解散決行の前に処刑されるべきだ。殺人には死刑がふさわしいことを皆が理解し、流血の罪が人々に残らないようにするために死刑執行すべきである。もしもこの殺人犯を死刑に処さないなら、皆が殺人の共犯者になってしまうだろうから……。

カント主義者は理論上、死刑を支持しなくてはならないが、実践上は反対するかもしれない。実践上憂慮されるのは、無実の人が誤って殺される可能性だ。合衆国では約百三十人の死刑囚が無罪を証明され釈放されている。この百三十人は皆、死刑執行されずに済んだ。とはいえこのように土壇場《どたんば》で死刑を免れた者が非常に多いということに止まらない。無実なのに死刑執行されてしまった者が何人も存在するのはほぼ確実なのである。それで司法制度改革推進者たちは問題含みの特殊ケースを指摘するわけだ。

かくしてカント主義者は死刑政策の支持や不支持の決定において、殺人犯を娑婆《しゃば》で生かしておく不正義と、たまにある冤罪の不正義のバランスをとらなければならないのである。

カントの原則が示しているのは刑罰の一般理論である。不法行為者は罰せられなければならないし、罰は罪に見合ったものでなくてはならない。この理論は「報復するなかれ」と説くキリスト教思想に真っ向から対立する。「山上の垂訓」でイエス・キリストははっきり言っている。[8]

「『目には目を、歯には歯を』という言葉はご存じでしょうが、あなた方に言っておくべきことがあります。悪人には決して手向かってはなりません。もしあなたが右頬をぶたれたら、左頬も差し出しなさい」と。カントにとっては悪へのこんな対応の仕方は無分別であるばかりか不当なのだ。

カントの応報主義にはどのような論拠があるのだろう。既述のごとくカントは刑罰を正義に関わる問題と見なしていた。犯罪が処罰されないのは正義に悖《もと》るとカントは述べている。確かにこういう論拠もありうる。カントが功利主義的刑罰理論を拒絶した理由を先に論じたが、そのことからもよく分かる。

しかし別の論拠もありうる。それは人間を「目的自体」として扱うカントの思想に基づいている。

具体的にはどういうことなのか。犯罪者を「処罰する」ことが「人格として尊重」したり「目的として扱う」ことだというのは一見おかしいように思われる。犯罪者尊重の一つの方法が投獄であるとは一体いかなることなのか。もっと逆説的な表現をすれば、尊厳をもって犯罪者を処遇する一つの方法が死刑執行であるというのは一体いかなることなのか。

カントにとって人間を「目的として」扱うとは、自らの行為に責任を持つ理性的存在として扱うことである。それなので今度は「責任ある存在であるとはどういうことか」と問うことができよう。

まずは「責任ある存在でない」とはどういうことか考えてみよう。理性を欠くただの動物は自らの行動に責任がない。精神病患者や自己制御のできない人間も同様だ。こういう存在に「責任を問う」のは無意味であろう。彼らは自らの行動の善い結果にも悪い結果にも責任などないのだから、われわれが彼らに感謝も怨恨も感じなくても当たり前なのだ。

もっと言えば、彼らは自らの行動の「理由」を認識できないのと同じく、われわれが彼らを「責任を問えない存在」として扱う「理由」も認識できない。だからわれわれとしては「巧みに操る」という仕方以外で彼らに接する術がない。例えば犬が人間の食卓で餌を食ったら叱るが、これは単なる「調教」なのだ。

かたや理性的存在は、何が最善か自なりに考えたうえで行動を自由に決定できる。理性的存在は自分の行動に責任を負っている。だから自分の行為を説明できる。そのゆえわれわれは彼らが親切にしてくれたら喜ぶし意地悪にされたら憤る。「調教」や「巧みな操作」ではなく「お礼」や「刑罰」こそが、「感謝」や「怨恨」の自然な表現となるのだ。

このようなわけで、理性的人間を処罰するということは、自らの行動の責任を負う者として彼らを扱うことに他ならない。これは単なる動物の扱い方とは大違いなのだ。理性的人間への対応は「心病む人」や「自己制御不能の人」への対応とも異なる。あくまで「自らの悪行を自由に選択した者」として対応するのである。

さらに言えば、責任ある行為者として接するとは、「こちら側が向こうにどう接するか」を――少なくとも部分的には――向こうに決めさせることだと言っても過言ではない。向こうが親切にしてくれたら、こちらも向こうに気前よくしようとするものだ。相手が意地悪をしてきたら、相手への接し方を決める時にそれも考慮する。「そうすべきでない」などということがあるはずはない。「過去に相手側が選択した行為」を度外視して、「皆に同じように接するべき」などということになろうはずはないのだ。

この最後の論点にはカント独特の展開がある。カントの見解では、「厚遇されたら厚遇し返し、邪険な待遇には邪険で返す」というかたちで他人に対応するのには深い理由がある。自らの価値観に諮《はか》って行為を選択するとき、われわれは「これこそ為されるべきことなのです」と公言しているようなものなのだ。カントの術語を使えば、「わたしの行為は『普遍的法則』にできます」と仄めかしていることになる。そのゆえにある理性的存在が他人を一定の仕方で扱うよう決めるとき、この理性的存在は「人間はこういう仕方で扱われるべきです」と宣言していることになるわけである。

だからもし仮にこちら側が「お返し」として同様の仕方で向こうを扱うなら、「向こう側が決めた人間の扱い方」を向こう側に適用しているだけなのだ。自分に対して相手側が意地悪をしてきて、自分の方も相手に対して意地悪するならば、自分の側としては「相手側が独自に決めたこと」を順守しているにすぎないのである。

「ある理性的存在が他人からどう扱われるか」を本人に判断させることによって、完全に明白な意味においてその理性的存在を「尊重」しているのである。犯罪者を評したカントの言葉を借りて言うと、「おのれの悪行がおのれに罰を引き寄せた」というわけなのだ。

ただしこの最後の点は実は疑わしい。自分自身の行動原則ではなく、犯罪者の行動原則を採用すべきというのはどうしてなのだろう。われわれは「犯罪者よりは善良であろう」と努めるべきではなかろうか。それに悪人だって善良な行いをすることがままあるのを肝に銘じておくのがよかろう。それだからもし仮に悪人に手厚く接したとしても、「過去の多くの機会で悪人が下してきた判断」にわれわれも従っているというわけではないだろう。

差し詰めカントへの評価は「犯罪行動をどう理解するか」次第なのだ。(i)もし仮に犯罪者は劣悪な環境の犠牲者であり、自らの生き方を根本的に制御しえない人間だと思うなら、功利主義モデルの方がもっともらしい。一方(ii)もし仮に犯罪者は悪事を自由に選択した理性的行為者だと考えるなら、カントの応報主義の側に分があるだろう。

すると刑罰を巡るこの大論争の決着は、「人間に自由意志はあるか否か」「外的要因が人間の行動に強く影響しているため自由は幻想にすぎないのか」という問題にかかっていることになる。しかしながら自由意志を巡る論争はかくだんに込み入っていて、倫理以外の問題とも絡まりあっている。だからここで議論する余裕はない。

こういう弁証法的な状況は哲学では頻繁にあることだ。一つの事象を深く追究してゆけば、往々にしてそれが別の事象に依拠していると分かることがある。ただどちらも難問であることに変わりはない……。

第十一章　フェミニズムとケアの倫理

女性の価値観が男性の価値観としばしば異なるのは自明だ。当然であろう。しかし支配的なのは男性の価値観なのだ。

ヴァージニア・ウルフ
『自分自身の部屋』(一九二九)

第一節　男女間での倫理観の相違

男女間では考え方が違うという想定は伝統的に、女性侮辱と女性軽視のために用いられてきた。アリストテレスによれば、女性は男性ほど理性的ではないから、男性が女性を支配するのは当然である。イマヌエル・カントはこれに同意し、女性は「市民としての人格」を欠いているので、公共生活で発言権を持つべきでないと言う。ジャン・ジャック・ルソーは「男女は長所が異なるだけ」と力説して、女性のご機嫌取りをした。ただしもちろん男性の長所はリーダーシップを発揮することであり、女性の長所は家事に勤《いそ》しむことであった。

こうした背景を考慮すれば、一九六〇年代と一九七〇年代の女性解放運動で「男女間には心理的違いがある」という見方が拒絶されたのは驚くに当たらない。男は理性的で女は感情的という見方は単なる固定観念として斬り捨てられた。自然は両性の間にいかなる精神的区別も道徳的区別も設けていないとされた。だから相違があるように見えても、「女は女らしく行動しなさい」という社会的抑圧による条件付けにすぎないとされたのである。

しかし近年、大半のフェミニズム思想家は「男女では考え方が違う」と信じている。しかしまた「女性が劣っているわけはない」とも信じている。それどころか女性の思考法は男性優位の分野で見逃されてきた洞察をもたらすのだ。だから女性特有の取り組み方に注目すれば、閉塞状況を打開できる。倫理はその有力候補と言われている。

コールバーグによる道徳発達の諸段階

教育心理学者のローレンス・コールバーグ（一九二七―一九八七）によって考案された次の難問を考えてみよう。[1]

――ハインツの妻は死にそうだった。唯一の頼みの綱はある薬剤師が発見した薬だったが、それは法外な値段だった。原価が二〇〇ドルのところ、この薬剤師は二〇〇〇ドルで売っていた。だがハインツは一〇〇〇ドルしか捻出できなかった。その金を薬剤師に持って行ったが、「半分では駄目です」と断られた。「残りはいずれ払います」と約束しても、薬剤師は売ってくれなかった。途方にくれたハインツは薬を盗もうと思った。

さてこれは間違いだろうか。

「ハインツのジレンマ」と名付けられたこの問題は、子供の道徳の発達を研究するためにコールバーグが用いたものだった。コールバーグは色々な年齢の子供たちに面接し、様々なジレンマについて質問することで、子供たちの思考法を解明しようとした。コールバーグは子供たちの反応の分析から道徳の発達には六段階あると結論した。子供たちはこれらの段階を経て「正しさ」の観念を形成する。その六段階とは以下のものである。

〈第一段階〉　権威への服従と処罰の回避。

〈第二段階〉　公正なやりとりを通じた、自分および他人の願望の充足。

〈第三段階〉　人間関係の構築と、自分の社会的役割に見合った義務の遂行。

〈第四段階〉　法の順守と集団の福利の維持。

〈第五段階〉　基本的権利と社会の価値の擁護。

〈第六段階〉　抽象的で普遍的な道徳原則の固守。

もしもこの通りなら、われわれの人生は、処罰を回避するという自己中心的な願望から始まり、一群の抽象的道徳原則に従うに至って終わるというプロセスになる。だがコールバーグは第五段階まで到達する成人はごくわずかと思っていた。

「ハインツのジレンマ」はジェイクという十一歳の少年に提示された。[2]彼はハインツが薬を盗むべきなのは自明と考えた。ジェイクは次のように説明した。

「一つ思うのは、命はお金よりも尊いし、薬屋は一〇〇〇ドルしか受け取れなくても生きていけるけど、ハインツが薬を盗まなかったら奥さんは死ぬということなんだ。」

（なぜ命はお金より尊いの。）

「薬屋は癌のお金持ちから後で一〇〇〇ドルもらえるけれど、ハインツは奥さんを取り戻せないからだよ。」

（なぜ取り戻せないの。）

「人間はみんな別々だから、奥さんを取り戻すことはできないんだ。」

しかし同じく十一歳のエイミーはこの問題に対して別の考えを持っていた。「ハインツは薬を盗むべきか」についてエイミーは、ジェイクと比べて、困って逃げ腰のように見える。

「ええと、わたしはそう思わないの。盗む以外のやり方があると思うの。借金するとかローンを組むとか。けれど絶対に盗むべきではないわ。でも奥さんが死んではだめだけど……。もし薬を盗めば奥さんは助かるかもしれないわ。けれどそんなことしたらハインツは牢屋行きよ。すると奥さんはもっと悪くなるかもしれないわ。もし捕まったら何度も薬を盗むなんて無理になるわ。これはよくないでしょう。だから二人でよく話し合って、お金を作る別のやり方を見つけるべきだわ。」

さらに質問が続けられたが、エイミーは意見を変えようとしなかった。彼女は問いの意味するところを受け入れなかった。代わりにこの問題をハインツと薬屋との不一致に置き換えて、もっと話し合うことで解決されねばならないとした。

コールバーグの段階で言えば、ジェイクはエイミーより進んでいるように思われる。エイミーの回答は第三段階で考えている人の典型である。第三段階では個人的関係が最優先だ。だからハインツと薬屋で問題解決しなければならなくなる。

対するジェイクは「人命は金より価値がある」という非個人的原則に訴えている。彼は第四段階以上で考えているようだ。

ギリガンの反論

コールバーグは一九五〇年代に道徳発達の研究を始めた。当時の心理学者はたいてい思考プロセスではなく行動の研究をしていた。それで心理学研究者のイメージは、白衣を身に纏《まと》い、迷路を走るラットを観察する人たちなのだった。コールバーグによる人間重視の認知研究はずっと魅力的であった。

しかしコールバーグの中心思想には欠陥があった。異なる年齢での人間の思考を研究するのは正しい。すなわち子供が五歳・十歳・十五歳と成長するにつれて考え方も変化するなら、確かにこれを知る価値はある。かたや最良の思考様式を見つけるのも価値がある。

しかしこれら二つの試みは別なのだ。前者は子供の思考の実状を観察することだ。後者は思考様式を「善い」「悪い」と評価することだ。二つの研究には別種の根拠が求められる。二つの結果が合致すると事前に想定する理由はない。年配者の考えとは逆に、年を重ねても知恵は出てこないかもしれないのだ。

コールバーグ説はフェミニストの視点からも批判された。一九八二年キャロル・ギリガンは『もう一つの声——男女の価値観のちがいと女性のアイデンティティ』という本を書いた。その中で彼女はジェイクとエイミーについてのコールバーグの説明に異論を唱えた。彼女が言うには、二人の子供の考え方は異なるのは確かとしても、エイミーの方が劣っているわけではないのだ。

「ハインツのジレンマ」を聞かされたとき、エイミーは当の状況の個人的側面に反応した。これは女性に典型的に見られる反応である。一方ジェイクは男性的な考え方をしていて、「論理的演繹によって解決可能な人命と財産の板挟み」しか見ていない。ジェイクの反応が「より高度な段階」と評価できるのは、コールバーグのように「原則重視の倫理」が「親密さと気遣い《ケア》の倫理」より優れていると想定した場合のみなのだ。しかし一体なぜそんな想定が可能なのか。たいていの道徳哲学者が「原則重視の倫理」の方を好んできたことは認めざるをえない。だがそれはほとんどの道徳哲学者が男性だったからにすぎない。

「男性的思考様式」は「非個人的原則」を拠り所にするが、特別な意味合いを持つ個々の情況をまるきり捨象してしまう。ギリガンが言うには、女性は情況の細部を切り捨てるに忍びない。エイミーはこう心配している。「もし薬を盗めば奥さんは助かるかもしれないわ。けれどそんなことしたらハインツは牢屋行きよ。すると奥さんはもっと悪くなるかもしれないわ。もし捕まったら何度も薬を盗むなんて無理になるわ」と。一方のジェイクは情況を「人命はお金よりも尊い」ということに還元し、細部の意味合いを完全に無視する。

ギリガンの指摘によると、女性の道徳の基本方向は「気遣い《ケア》」である。女性は他人の要求に対する感受性が鋭敏だから、「他人の声に注意して、自分の判断のなかに他人の視座を取り込む」のだ。

このゆえにエイミーは薬剤師の視点をあっさりと拒絶できないわけである。むしろ薬剤師と話し合い、調整を図っているのだ。ギリガンは言う。「判断の揺れや戸惑いに明瞭に表れている女性の道徳的弱さは、女性の道徳的強さと不可分である。女性の道徳的強さは人間関係と責任への配慮を優先するところにある」と。

別のフェミニストたちはこうした思想を吸収し、独特の倫理観に仕立て上げた。ヴァージニア・ヘルド（一九二九―）はこの中心思想を次のように要約している。[3]「気遣い《ケア》・感情移入・他人への共感・互いの感情への感受性などはどれも、理性の抽象的規則や合理的計算よりずっと現実に即した道徳の指針となるであろう。あるいは少なくとも、妥当な道徳に不可欠の構成要素となるであろう」と。

この思想について論ずる前に、それが実に「女性的」であることをちょっと見ておこう。一体全体、男女間では倫理についての考え方に差はあるのか。あるとしたら理由は何なのか。

男女の考え方の差

ギリガンの著書の出版以来、心理学者たちは「社会的性《ジェンダー》」「感情」「道徳」に関する何百もの研究を行ってきた。これらの研究は男女間のいくつかの差を明らかにした。感情移入を測定するテストでは女性の方が男性より高得点をとる傾向がある。[4]また脳を断層撮影《スキャン》すると、自分を苛めた人間が処罰されるのを見て喜ぶ傾向は女性の方が弱いことが分かった。[5]おそらく女性は自分を虐げた人間にも感情移入するからなのだろう。

最後に言えば、女性の方が個人間の関係に親密な気遣いをするようである。かたや男性は薄い人間関係の広いネットワークに配慮をする。心理学者のロイ・バウマイスターは言う。[6]「女性は狭い範囲の親密な人間関係が得意で、男性はより大きな集団と付き合うのが得意なのだ」と。

男女では倫理の考え方についてたぶん差がある。だがその差はあまり大きくない。男性に理解不能の判断を女性が下すというわけでもあるまい。逆もまた然りだ。わざわざ指摘してあげないといけないときもあるが、男性だって人間関係の気遣いの価値を認識している。「ハインツのジレンマ」についても、夫と薬剤師がともに頭を捻って解決すべきということに男性だって同意するだろう。また逆に女性の側としても、人命はお金より価値があることに反対するのは難しいだろう。

個人レベルで見ると、男性の中にも気遣いが得意な人もいれば、かたや女性の中にも抽象的原則を重視する人もいる。二つの性がまるで別の道徳的世界に住んでいるなんてことでないのは明白だろう。百八十の研究の再調査を行った学術論文によると、女性の「気遣い重視《ケア》」は男性をわずかに上回る程度にすぎず、男性の「正義重視《ジャスティス》」も女性をわずかに上回る程度にすぎなかったということだ。[7]しかしこの骨抜きにされた結論は、「平均してなぜ女性は男性より気遣い重視なのか」という問いを惹起する。

これについて社会的な説明をしたいと思う。女性の「気遣い重視《ケア》」はたぶん社会的役割に由来するのだろう。伝統的に女性は家事や子育てを任されていた。これを期待する気持ちが性差別と言われるとしても、女性がこうした役割をしばしば果たしてきたという事実は何ら変わらない。家族の世話をしてきたことで「気遣い《ケア》の倫理」が育まれた経緯を理解するのは容易だろう。すると「気遣い《ケア》の視点」は少女が受ける心理的な条件付けの一部と言えそうだ。

さらに遺伝的説明もしたい。男女の性差の中には幼児期から目立つものもある。[8] 一歳の女児は自動車よりも顔の映像の方を長く見つめる。かたや一歳の男児は自動車の方を好む。生後一日の女児（男児でない！）は、親しみのある顔の方を同サイズの機械よりも長く見つめる。これらが示唆しているのは、生まれつき女性は男性より社会性があるということである。

チャールズ・ダーウィンの進化論はある洞察を示している。ダーウィンの「生存競争」とは、自分の遺伝子を可能な限り多く次世代に残す競争と考えられよう。これに役立つ特徴は未来世代で保存され、その邪魔をする特徴は消える傾向にある。一九七〇年代に進化心理学という新分野（当時の呼称は「社会生物学」）の研究者は、これらの考え方を人間本性の研究に応用し始めた。この考えは「多数の祖先の生存と生殖を可能ならしめた感情や行動傾向を現代の人間は受け継いでいる」というものだ。

この観点から言えば、男女間の重要な差は、男性は何千人もの子供の父親になれるのに対して、女性は閉経まで九か月半に一度出産するのが関の山ということである。男女が異なる生殖戦略を進化させてきたのはこのゆえなのだ。

男性の最適戦略はなるべく多くの女性に妊娠させることだ。だから男性はわが子の養育よりも、新しいパートナーを見つけることにエネルギーを注ぐ。かたや女性の最適戦略は産んだ子に重点投資をし、ずっと寄り添ってくれる男性とのみセックスすることだ。これで男性の性欲が女性より強い理由が説明できるだろう。またこれで人間関係一般への態度に男女差がある理由も説明できる。とりわけ女性が「気遣い《ケア》の価値」は言うまでもなく、核家族の価値に魅かれる理由も説明できよう。

この手の説明に誤解は付きものである。ポイントは人々が自分の遺伝子の増殖を意図的に計算しているということではない。そんなことをしている人などいない。人間の願望は進化の産物だろう。しかしだからといって、進化が人間の思考プロセスの詳細管理をしているというわけではない。また自分の遺伝子の増殖を意図的に計算すべきということがポイントなのでもない。倫理的観点から言えば、そんなことはすべきでない。要点は観察結果を説明することだけなのだ。

第二節　道徳的判断にとっての意味

「ケアの倫理」は現代のフェミニストの哲学にきわめて近い。アネット・ベイアー（一九二九―二〇一二）は述べている。「ケアは新しいキャッチフレーズである」と。[9]しかし別にフェミニストになるには「ケアの倫理」を信奉しないといけないわけではない。多くのフェミニストは――男も女も――現存する女性への不正義を理解し是正しようとしている人たちにすぎない。

フェミニストは例えば、アメリカで女性の給与は男性より少ない理由を理解したいと思っている。働く女性で年収七万五〇〇〇ドル以上稼げるのは一般に、十一人に一人にすぎない。[10]男性の場合だとこれが五人に一人の確率になる。あるいは大学のクラスを見回してみよう。卒業一年後の平均年収は、女性が男性より七五〇〇ドル以上少ない。これらの事実に関心があるからといって、必ずしも「ケアの倫理」を信奉しているとにはならない。とはいっても「ケアの倫理」は功利主義や社会契約説などの代替案になるものだから、それにスポットを当ててみよう。

倫理説の理解の一方法として、「その説を実行したらどうなるか」を見てみることがある。「ケアの倫理」と男性的倫理とでは、具体的にどういう差が出てくるのか。以下で三つの例を取り上げよう。

家族と友人

伝統的な義務論は、家族との暮らしや友人との付き合いの説明に不向きなので評判が悪い。伝統的義務論は「何を為すべきか」を道徳の基礎と見なす。だがアネット・ベイアーが言うように、「愛情深い親であること」を義務にすると、たちどころに問題に出くわす。愛情深い親は「義務」でなく「愛」に動機づけられる。もしも親が義務感だけからわが子を気遣うとしたら、子はそれに感づいて「愛されていない」と思うだろう。

さらに義務論に浸透している「平等」と「公平」の概念は「愛」や「友情」という価値と鋭く対立する。ジョン・スチュアート・ミルによると、道徳的行為者は「利害関係がなく慈悲深い傍観者のように厳格に公平」でなければならない。けれどもこれは親や友達の立場ではない。家族や友達は巨大な人類集団の平凡なメンバーとは見なされない。親や友達は特別なのだ。

一方「ケアの倫理」はこういう関係を説明するのにうってつけだ。「ケアの倫理」では「義務」「責務」を基本的なものと考えない。それは万人の利益の公平なる促進も求めない。

むしろ特別な人間との関係ネットワークこそ道徳的生活だと考えることから始める。「ケアの倫理」での「善き生」とは特別な人間に気遣うこと、つまり特別な人間の要求に注意し、その信頼を維持することと見なされる。

こういった考え方をすると、「許される行為」の判断も変わってくる。赤の他人の要求など無視して、自分の時間や財産を自分の友達や家族に捧げてもいいのではなかろうか。かたや公平性の観点からすると、赤の他人の要求も無視すべきではない。万人の利益を同じように促進すべきなのだ。

しかしこんな見方を受け入れる人なんかほとんどいない。「ケアの倫理」は家族や友達を優先する自然な気持ちを是認する。だから「原則重視の倫理」より腑に落ちるようなのだ。もちろん「ケアの倫理」が友達や家族との道徳的関係の本性をうまく説明できるらしいことにべつだん驚きはない。なんといったってこれらの人間関係が「ケアの倫理」の発想の源なのだから。

HIVの子供たち

世界中には十五歳未満のＨＩＶ——エイズを発症させるウイルス——感染者が約二百万人もいる。[11] 治療を受けているのは三分の一にすぎない。国連児童基金《ユニセフ》のような組織はこの数字を改善しようと努力している。でも資金が足りない。こうした努力に力添えすることで人命を救えるだろう。

功利主義などの伝統的な「原則重視の倫理」はここから「われわれにはユニセフを支える相当の義務がある」と結論づける。この推論は分かりやすい。

——ほとんどの人は贅沢品にお金をかけている。贅沢品は子供たちをエイズから守ることほど大切ではない。このゆえに自分のお金の一部はユニセフに寄付すべきということになる。

もちろんこの議論は細かい所を言い出せば込み入ってくるだろう。だが基本の思想は十分に明確だ。

「ケアの倫理」も同様の結論に達すると思われるかもしれない。「やはりわれわれは恵まれない子供たちに気遣うべきではないのだろうか」ということだ。しかしそれはこの理論の説くところではない。「ケアの倫理」は小規模の個人的関係に焦点を合わせている。もしもこうした人間関係がないならば「ケア」もありえない。

ネル・ノディングズ（一九二九— ）の説明によれば、「ケアの関係」が存在しうるのは、「ケアされる者」と「ケアする者」が交流できる場合のみである。[12] 少なくとも「ケアされる者」が、個人的な一対一の出会いの中でケアを受け取り、それに感謝することができなくてはならない。そうでなければ何の義務も生じえない。彼女は言う。「相手側に応答の可能性がないならば、われわれには『ケアする者』として行動する義務は生じない」と。だからこそノディングズは「遠隔地の困窮者」に援助する義務はないと結論するのだ。

多くのフェミニストはノディングズの見解を極端すぎるとしている。倫理の全部を個人的関係に還元するのは、それを全部無視するのと同じく、間違っているように思われる。倫理的生活は(i)「ケアする人間関係」と(ii)「人間一般に対する慈善的関心」の両方を含んでいるとするのがもっといいだろう。ユニセフを支援する義務は、後者の「慈善の義務」から生ずるものだろう。このように両面からアプローチをすれば、「ケアの倫理」は伝統的理論の代替案ではなく、その「補完」として解釈できよう。

アネット・ベイアーが次のように書いたときこのことが念頭にあったようである。最終的に「女性理論家は『愛の倫理』と——男性理論家の前提であった——『義務の倫理』を結合する必要に迫られるだろう」と。

動物

人間には動物に対する義務があるのか。たとえばわれわれは肉食を控えるべきなのだろうか。「原則重視の倫理」に基づく議論では、食肉用家畜の飼育法は動物に苦をもたらすから、われわれは別の方法で栄養摂取すべきと主張される。一九七〇年代に現代の「動物の権利運動」が始まって以来、この種の議論に納得した多くの人たちが菜食主義者《ベジタリアン》になった。

ノディングズの指摘によると、これは「ケアの倫理の基本思想を検証する」良問である。この「基本思想」とは何だろうか。

(1)「ケアの倫理」は原則ではなく「直観」と「感情」に訴える。ここからは「菜食主義者になるべき」というのとは異なる結論が出てくる。なぜならば大半の人たちは「肉食は間違い」「家畜の苦しみは重大」と感じていないからである。動物に対するわれわれの感情的反応と人間に対するわれわれの感情的反応は異なるということにノディングズは気付いているのだ。

(2)「ケアの倫理の基本思想」の二つ目は個人的関係の優先である。人間関係は既述のように、常に「ケアする者」と「ケアされる者」との交流を含む。人間とペットとの間にならこの種の関係を築けるとノディングズは信じている。

特定の動物と親しくなると、人間には動物の意思表示行動の特徴が分かるようになる。たとえば猫は伝えたいことがある人の方へ頭を向け体を伸ばす……。朝わたしが台所に入ると、猫が調理台のお気に入りの場所で挨拶《あいさつ》する。するとわたしは猫の欲しい物が分かるのだ。いつもこの場所で「ニャーニャー」鳴くのは、「ミルクがほしい」ことを伝えようと、わたしに「話しかけている」のである。

ひとたび親密な関係が形成されると「ケアの態度」が呼び起こされるはずだ。けれども小屋にぎゅうぎゅう詰めにされた牛なんかとは親密な関係を築けない。だからノディングズの結論は「われわれには肉食を控える義務はない」ということになる。

これをどう評価すべきだろうか。「ケアの倫理の基本思想を検証する」ためにこの問題を用いるならば、結果は合格なのか不合格なのか。印象深い反論がある。

（1）直観や感情は信頼できる指針ではない。かつて直観は「奴隷制は認められる」「女の男への従属は神の計画だ」と告げていたからだ。

（2）動物がまるで「人格を持っている」かのように反応するというのは、人間側の自己満足にすぎず、動物自身の要求とは無関係だろう。また同じく遠隔地の子供がＨＩＶ陽性で苦しむかどうかは、感染予防の尽力者への「個人的な感謝の念」とは無関係なのだ。

もちろんこれらの反論には、「男性的推論」に典型的な「原則重視」の姿勢が見られる。だからもし「ケアの倫理」が道徳の全部だったら、これらの反論は無視されていたはずだ。

一方もし仮に「ケア」が道徳の一部にすぎないならば、「原則重視」の議論もかなりの説得力を保っている。すると家畜だって道徳的関心の対象に入ってくるだろう。それは「ケアする関係」が家畜との間に形成されるからではない。われわれが苦や残酷を忌むがゆえなのである。

第三節　倫理説にとっての意味

男性の経験が男性の作った倫理説にどう影響しているか理解するのは容易《たやす》い。男性には公の生活を支配してきた歴史がある。公の生活での人間関係はたいてい非個人的で契約に従う。政治やビジネスでの人間関係は、利益が衝突する場合、険悪になりがちだ。そこで交渉の必要が出てくる。取り引きして契約を交わすのだ。

さらに公の生活でのわれわれの決定事項は、自分たちの知らない多くの人たちに影響を及ぼすことになろう。だからどんな決定が全体として最善の結果を生むか計算しようとするわけだ。となると男性型の理論は何を強調するのであろうか。それは「非個人的義務」「契約」「競合する利益の調整」「損益計算」などである。

するとフェミニストが「道徳哲学は男性的偏見に満ちている」と糾弾するのも無理からぬことだろう。そこでは私的生活の関心事は封殺され、キャロル・ギリガンの「もう一つの声」も等閑視されている。女性の関心事に合わせた道徳説はとくだん違った装いということになろう。友達や家族からなる小規模の世界では、取り引きや計算はあまり大きな役割を果たさない。そこでは「愛情」や「ケア」の方が支配的となる。この点が納得できれば、道徳に後者の出番も不可欠ということは否定できないだろう。

しかし私的生活を伝統的理論に組み込むのは簡単でない。既述のごとく、「愛情深い親であること」は「いかに行動すべきか」の計算ではない。同じことは忠実な友人や信頼しうる同僚についても言えよう。「愛情深く忠実で信頼しうる」とは「人物のタイプ」を表している。公平に「自らの義務を遂行する」のとはまるで違う。

「人物の特定タイプであること」と「おのれの義務を遂行すること」の不一致は、二種の倫理説の対立の核でもある。

（1）「徳倫理」によれば、道徳とは「性格《キャラクター》の特徴」を有することだ。「親切」「気前」「勇敢」「正当」「慎重」などである。

（2）かたや「義務論」は公平な義務を強調する。それが描く道徳的行為者とは、理性の声に耳を傾け、為すべき正義を計算し実行する主体だ。

徳倫理の主要議論の一つに、公的生活と私的生活の価値を調停するのに最適なのは徳倫理だというのがある。これら二つの領域では異なる「徳」が求められる。公的生活では「正義」と「慈善」が、私的生活では「愛情」と「ケア」が求められる。

それゆえに「ケアの倫理」は「徳倫理」の一部と見るのがいいのだろう。多くのフェミニストの哲学者はこのような立場をとっている。徳倫理はフェミニズムに限られはしないが、それと緊密に結びついているため、アネット・ベイアーは徳倫理の推進者に「名誉女性」との称号まで付与した。「ケアの倫理」の評価は究極的には、より広汎な徳理論が実現できるのかということにかかっているのである。

第十二章
徳倫理

豚の卓越性は肥満で、人間の卓越性は徳だ。

ベンジャミン・フランクリン
『貧しいリチャードの暦』（一七三六）

第一節　徳倫理と正しい行為の倫理

何を考えるにせよ、どんな問いから始めるかが大事である。アリストテレスの『ニコマコス倫理学』（紀元前三二五頃）の中心問題は「性格」である。彼はまず「人間の善とは何か」と問う。[1] 彼は「徳と一致した魂の活動」と答える。それから彼は「勇敢」「自制」「気前」「誠実」といった徳を論ずる。大半の古代思想家は「善き人物を形成する性格にはどんな特徴があるか」と問うことで倫理に迫った。結果として様々な「徳」が議論の中心になった。

しかし時が経つにつれ、この考え方は顧みられなくなっていった。キリスト教の到来と共に新しい思想が出現したのだ。ユダヤ教徒もキリスト教徒も神を立法者と見なしていた。だから「神の法」への服従こそが、彼らの正しい生き方の鍵だった。

ギリシア人にとっては、「有徳なる生き方」とは「理性の生活」と不可分だった。だが聖アウグスティヌス——四世紀の偉大なキリスト教思想家——は理性を疑い、道徳的善は神の意思への服従だと信じていた。かくして中世の哲学者たちの徳の論議は「神の法」の脈絡で行われるようになった。「神学的徳」——「信仰」「希望」「慈善」「服従」——が脚光を浴びることになったのだ。

ルネサンス（一四〇〇—一六五〇）以降、道徳哲学は再び世俗化したが、哲学者たちはギリシア的思考法には戻らなかった。「神の法」は「道徳法」と呼ばれるものに置き替えられた。「道徳法」は神ではなく人間理性に由来するが、それは「どんな行為が正しいか」を指定する規則体系だった。道徳的人間の義務はこれらの規則に従うことだと言われた。こうして近代の道徳哲学者たちは、古代人とは根本的に異質の問いかけをすることで研究に取り組んだ。「善き人物の性格にはどんな特徴があるか」と問わないで、「為すべき正しい行いは何か」と問うた。これは別の道につながった。近代の道徳哲学者たちは「徳の理論」ではなく、「正しさと義務の理論」を発達させるに至ったのだ。

（1）倫理的利己主義　自己利益を最も促進することを為すべき。
（2）社会契約説　理性的で利己的な人たちが相互利益のために合意する規則の順守こそ正しい行為。
（3）功利主義　最大幸福を促進することをすべき。
（4）カント説　普遍的法則として容認可能な規則の順守こそが義務。つまりどんな状況でも万人が従うことを意志できるような規則の順守。

これらは十七世紀以来、道徳哲学を支配してきた理論である。

徳倫理への回帰

だが近年、多くの哲学者が過激思想を提唱した。彼らによると、道徳哲学は破産したので、アリストテレスの思想に回帰すべきというのである。

この思想が提案されたのは、エリザベス・アンスコムの論文「近代道徳哲学」においてであった。アンスコムによれば近代の哲学は見当違いをしている。なぜならそれは「立法者不在の法」というつじつまの合わない概念に依拠しているから。彼女が言うには、「責務」「義務」「正しさ」という概念は、この自己矛盾した概念と不可分である。であるから「義務」「責務」「正しさ」について考えるのを止め、アリストテレスの思考法に回帰すべきなのだ。諸々の徳こそが表舞台に復帰すべきなのだ。

アンスコム論文に続いて、徳に関するおびただしい数の書籍と論文が出版され、あっという間に徳倫理は主要な哲学説の仲間入りをした。以下においてまず徳倫理とは何かを述べる。次に他の近代思想より徳倫理が好まれる理由を検討する。最後にわれわれは徳倫理に回帰すべきか考察する。

第二節　様々な徳

徳理論はいくつかの要素から構成されねばならない。

（1）徳とは何かの説明。
（2）徳のリスト。
（3）徳の具体的事例。

（4）徳が善である理由。
（5）徳は誰にとっても同一か。人ごとに、文化ごとに違うか。

徳とは何か

アリストテレスによれば、徳とは「習慣的行動に現れた性格の特徴」である。「習慣的」というのが大切だ。例えば「正直」という徳は、時たましか真実を言わない人や自分の利益になるときしか真実を言わない人にはない。正直な人物は当然ながら誠実だ。こういう人の行動は「確固として不変の性格から発している」のだ。

ただこれだけでは徳は悪徳から区別できない。というのは悪徳も「習慣的行動に現れた性格の特徴」だから。よって定義には価値評価が含まれないといけない。すると徳の定義は「徳は善で悪徳は悪」となる。

かくして徳とは「習慣的行動に現れた称賛すべき性格の特徴」となる。もちろんこう言っただけでは、どういう性格の特徴が善で、どういう性格の特徴が悪かは分からない。善なる性格の特徴の具体事例については後述する。

差し当たりは、有徳なる性格とは通常われわれが憧れる性質であり、悪徳とは通常われわれが嫌う性質であると言っておけばよい。エドムンド・ピンコフス（一九一九―一九九一）はこう述べている。[2]「ある種類の人物は好かれるが、他の種類の人物は嫌われる。徳と悪徳のリストに掲載される諸性質は好き嫌いの理由にもなっている」と。

ところでわれわれは様々な目的で人を探す。このことが「どんな性格が重要か」に影響する。自動車修理工を探しているなら、腕がよくて正直で良心的な人がいい。教師を探しているなら、博識ではきはき話し、忍耐強い人がいい。だから自動車修理工の徳と教師の徳は異なるわけである。

しかしわれわれはもっと一般的に「人を人として」評価することもある。かくして「善き人物」という概念もあることになる。「道徳的徳」とは「人物そのものの徳」のことである。こうして「道徳的徳」を次のように定義できよう。

――「道徳的徳」とはどんな人物がそれを所有しても善であるような性格の特徴である。ただし習慣的行動に現れたものに限る。

徳のリスト

それでは徳にはどんなものがあるのか。人間の性格のどんな特徴が伸長されるべきなのか。手短な答えはない。断片的ではあるが以下に一覧表を示しておく。

慈善	公正	慎重
丁寧	友好	分別
同情	気前	見識
良心	正直	自制
協調	正義	自立
勇敢	忠実	機転
信頼	節度	思慮
勤勉	忍耐	寛容

もちろんこの表は拡張可能である。

徳の具体例

「良心的であるべき」「同情すべき」「寛容であるべき」と一般的に言うことと、これらの性格の特徴がどういうものか具体的に示すこととは別である。各徳には特色がある。独自の問題もある。四つの例を調べよう。

（1）勇敢

アリストテレスによると、徳は両極端の中間である。つまり徳とは「二つの悪徳——過剰の悪徳と欠如の悪徳——の中間」なのだ。「勇敢」は「臆病」と「蛮勇」という両極端の中間である。あらゆる危険から逃げるのは「臆病」だ。だがあまりに危険を冒しすぎるのは「蛮勇」なのだ。

兵士は「勇敢」たることが必要なのは自明だ。だからそれは「武徳」と言われることもある。しかし兵士だけが「勇敢」を求められるわけではない。誰も皆「勇敢」である必要がある。敵兵やハイイログマなどが目の前に迫ってきたときだけ「勇敢」であればいいというものではない。

愉快ではない状況に臨む勇敢さが求められるときもある。例えば謝罪をするのには勇敢さが要る。本当はやりたくない善事を怯《ひる》まず引き受けるのにも勇敢さが要る。悲嘆に暮れている友達に面と向かって事情を訊くのも勇敢さがいる。

ありふれた事例だけ見ていると、勇敢の本性に何の問題もないように思われる。ところが稀に問題含みの事例も起こる。二〇〇一年九月十一日、十九人のハイジャック犯が約三千人を殺害した事件があった。犯人たちは悪しき目的のためではあっても即死を厭わなかったのは明らかだ。彼らは勇敢だったのか。

アメリカの政治解説者のビル・マーは「勇敢だった」とそれとなく言った。その結果、彼のテレビ番組『政治不正（ポリティカリー・インコレクト）』が打ち切りになった。マーは正しかったのか。

哲学者のピーター・ギーチならそうは考えないだろう。[3] 彼は言う。「無価値な目的での勇敢は徳ではない。ましてや悪しき目的での勇敢はもっと徳から遠い。わたしは徳を欠いた即死の覚悟を決して『勇敢』などと呼びたくない」と。

ギーチの言いたいことはよく分かる。テロリストを「勇敢」と呼ぶのは、テロ攻撃の称賛と思われる。これはまずい。一方「勇敢でない」と言うのも的を射ていないように思える。とどのつまりどうなのかと言えば、危機に直面した時の当人の行動を見てみればいいのである。このジレンマを解消するために必要なのは「性格には二種類ある」のを理解することだろう。つまり(i)「称賛すべき性格」(危機に臨んでの堅忍不抜)と(ii)「嫌悪すべき性格」(無辜の民の躊躇なき殺害)の二つだ。

マーがそれとなく言ったように、テロリストは勇敢だった。勇敢は確かに善である。しかしテロリストの勇敢は悪しき目的のために発揮された。だからテロリストの行為は概して「極悪」なのだ。

(2) 気前

「気前のよさ」とはお金や物などをすすんで出すことだ。例えば自分の時間・お金・知識などを出し惜しみしないのが気前よさだ。アリストテレスによると、勇敢と同じく気前よさも両極端の中間である。つまり「吝嗇《りんしょく》」と「浪費」の中間なのだ。吝嗇家は出し惜しみしすぎる。浪費家は出しすぎる。気前のよい人物は適正な量だけ出す。しかし適正な量とはどのくらいか。

別の古代の師、ナザレのイエスは「あなたがたが持っている物すべてを貧者に分け与えなさい」と言った。[4] イエスは「飢えている人たちがいるのに、財産を所有するのは間違いである」と考えた。イエスの話を聞いた者は「要求が厳しすぎる」と思い、概して教えに逆らった。過去二千年の間、人間本性はさほど変わっていない。今日でもイエスの教えに従う者など、イエスを礼賛する人たちの中でさえほとんどいない。

この問題については近代の功利主義者たちがイエスの道徳的子孫になる。彼らは「どんな場合でも全体として最善の結果になる行いなら何でもするのが義務」と考えていた。これは「他人を助けた善より自分の被る害悪の方が大きくなる寸前まで自分のお金を出し続けるべき」ことを意味する。換言すれば、自分自身が他人から恵んでもらわないといけない立場に転落するまで、他人にお金を恵み続けなくてはならないということだ。でもこんなことをしたら貧者に転落すること請け合いだ。

なぜ人々はこういう思想に反感を持つのか。理由として残るのは自己利益であろう。自分から貧者になりたい人など誰もいない。これはお金だけの問題ではない。時間とか労力も含まれる。われわれの生活はお金・時間・努力などを相当量注ぎ込まなくてはならない計画や人間関係から成り立っている。気前よさの理想は要求が厳しすぎるため、文字通り実行したら当たり前の生活さえ送れなくなってしまう。聖人君子になるしかないだろう。

であるから気前よさの合理的解釈はこうなろう。

> ――われわれは普通の生活を送れる範囲内でなるべく気前よくあるべきである。

ただこういう解釈をしても、都合の悪い問題が残る。「普通の生活」が非常な浪費を意味する人もいるからだ。格別の贅沢に慣れ切った金持ちについて考えよう。きっとこういう人たちは飢えた人たちを養うためヨットをこころよく売らない限り、気前がいいとは言えない。気前よさという徳はあまりに豪勢な生活の中にはありえないと言えよう。だから気前よさの合理的解釈が成り立つには、「普通の生活」という概念が甚だしい浪費を伴うものであっては困るわけである。

（3）正直

正直な人とは何より嘘をつかない人である。だがそれで十分だろうか。嘘だけが人を惑わすわけではない。ギーチは聖アタナシオスの逸話を取り上げている。

> ――聖アタナシオスが「川舟を漕いでいると、反対方向から迫害者が舟で追って来て、『裏切り者のアタナシオスはどこだ』と訊いた。聖アタナシオスは『そんなに遠くには行ってないよ』と陽気に答え、何食わぬ顔ですれ違って行った」。

ギーチは「露骨な嘘」を認めていないが、アタナシオスの「巧妙な手口」は容認している。ギーチによると、嘘は常に禁止である。

> ――正直の徳の持ち主は嘘をつこうなどと決して思わない。嘘をつけない正直者は、別の対策を講じなくてはならない。アタナシオスは危機一髪のところ、うまい手を思いついた。彼は追っ手にさえ嘘をつかなかった。巧妙な手口で欺いてやっただけなのだ。しかし「欺き」は不正直そのものではなかろうか。人を惑わす行為のうちに不正直なものと正直なものがあるだなんて、どうして言えるのだろうか。

この問いに答えるために、正直が徳である理由について考えよう。なぜ「正直は善」なのだろうか。

（a）一つにはマクロな理由がある。つまり「文明社会は正直によって成り立っている」という理由だ。共同体の中で一緒に暮らす能力はコミュニケーション能力に左右される。互いに話し合い、互いが書いたものを読み、情報や意見を交換し、自分の願望を表現し、約束を交わし、発問し応答し……などである。これらのやりとりなくして、社会生活は不可能であろう。これらを可能にするため人々は正直でなくてはならないのだ。

（b）かたやミクロな理由もある。他人の言うことを真に受けたら、無防備になる。他人の発言に従って自分の行動を調整するなら、他人の思うままになってしまう。他人が誠実である限り、何の問題もない。しかし他人が嘘つきなら、偽りを信じ込まされることになる。偽りの信念に基づいて行動すると、馬鹿を見る羽目になる。信用した他人に裏切られるのだ。不正直は他人を巧みに操ることだ。反対に正直は他人を尊重することである。

以上が「正直は徳」ということを説明しているなら、「嘘」も「他人を欺く真実」も「不正直」ということになる。差し詰めどちらも同じ理由で反対される。どちらも目的が同じだからある。嘘も他人を欺く真実も、相手に偽りの信念を植え込むからだ。

ギーチの例で言えば、アタナシオスは「自分はアタナシオスでない」と迫害者に信じ込ませた。もしもアタナシオスが単なる欺く真実でなく、あからさまな嘘を追っ手に告げていたとしても、実質的に結果は同じだったろう。どちらも偽りの信念を植え付けることを狙ったものに変わりはないのだから、どちらも円滑な社会活動を分断し、信頼に背いていることになる。

自分を騙した人を咎めたとき、「騙《だま》したのではなく、ただ欺く真実を述べただけ」と切り返されたら、得心はしないだろう。どっちにしろ向こうはこちらの信頼に付け込み、偽りの信念を植え付けて、巧みに操ったことに変わりはない。正直な人物なら、嘘を言わないだけでなく、真実を告げて欺くこともしないだろう。だがこう問える。

——正直な人は決して嘘をつかないというのは本当なのだろうか。徳とは絶対的規則を墨守することなのだろうか。

以下の二つを区別しよう。

（a）正直な人物は決して嘘も言わないし欺く真実も言わない。

（b）正直な人物は、やむにやまれぬ稀な理由のあるとき以外、決して嘘も言わないし欺く真実も言わない。

ギーチは抗議するかもしれないが、嘘の問題について（b）の方を選ぶ正当なる理由がある。

（i）第一に、価値あるものは正直だけではないことを想起しよう。特殊な状況では他の価値が優先されることもある。例えば「自己保存」の価値だ。

いま仮にアタナシオスが「裏切り者がどこかなんて知りません」と嘘をついた結果、探し続けた追っ手は骨折り損のくたびれ儲《もう》けになったとしよう。その場合も聖アタナシオスはもう一日は生き延びただろう。それでもやはりほとんど皆が「アタナシオスを正直な人」と見なし続けるだろう。「彼はたった一回の嘘をつくことより自分の生命を尊ぶ選択をした」だけなのだろう。

（ii）第二に「正直が善である理由」を考えてみよう。するとアタナシオスが追っ手に嘘をついても全然間違いでないと分かるだろう。この特定の嘘については明らかに、円滑な社会活動の邪魔などしていないのだ。とは言ってみても、これは少なくとも追っ手の信頼に背いていると言えないのだろうか。

これへの答えは「嘘が信頼の棄損だとしても、『嘘は不道徳だ』と非難しうるためには、そもそも騙す対象の方がこちら側の信頼にふさわしい人物である必要がある」というものである。目下の事例だと、追っ手はアタナシオスの信頼にふさわしい人物ではない。なぜなら彼らはアタナシオスを不当に迫害していたのだから。以上のようなわけで、正直な人でも嘘をつき真実を告げて欺くことが完全に正当化されるケースもあるのである。

（4）家族と友人への忠実

友情は善き人生に不可欠だ。アリストテレスが述べたように、「他の全ての善を持っていても友人なしの人生を選ぶ者などいない」のである。

> 友人なしでどうして成功を維持できるだろうか。成功が大きいほど危険も大きくなる。貧しいときもどんなに不遇なときも、唯一の頼みの綱は友人だと人々は信じている。友人は若者が過ちを犯さないよう助けてくれるし、年配者の衰えた行動力を労《いた》わり支援してくれる。

もちろん友情の利益は物質的支援をはるか凌駕する。友人をなくすと放心状態になるだろう。成功を分かち合う友人がいないのは何とも空しい。われわれの自負心の大半は、友人が与えてくれる自信に左右される。こちらの好意に対して友人がお返しをしてくれたら、人間としての自分の価値が実感できる。

「友人たる」ことには然るべき性格が必要となる。先のリストに「忠実」があった。友人は当てにできる。物事がうまくいかない時でも、客観的には見捨てた方がいいときでさえ、友人には寄り添い続ける。友人同士はお互い許し合う。気に障《さわ》ることも大目に見る。辛辣《しんらつ》なことを言うのを我慢する。もちろん限度はあるが。時には一人の友人だけが自分について冷徹な真実を教えてくれることもある。しかし友人からの批判なら受け入れられる。なぜなら友人は自分を見限っていないことを自分は知っているから。

いくら友人に対する忠実が大事だからといっても、見知らぬ人も含めて他人に対する義務が不要というわけではない。他人への義務は友人への義務とは異なる徳だ。世間一般に対する慈善は徳の一種だが、荷が重すぎるだろう。だが慈善とはなにも、見知らぬ人にも友人にも同じ配慮をせよということではない。

そうした徳として、別に正義という徳がある。それは万人を公平に扱うことを求める。しかし正義の要求も友人がかかわるところでは弱くなる。なぜなら友人への忠実とは、少なくとも部分的には「不公平」な扱いを要求するものだから。

友人よりも家族の方がもっと親密だ。それだから家族には友人より強く忠実の気持ちを感じるものだし、「えこひいき」もする。プラトンの『エウテュプロン』においてソクラテスは、エウテュプロンが——殺人の廉《かど》で訴えられた——実父に不利な証言をするために裁判所に来たことを知る。[5] ソクラテスは仰天して「実父に不利な証言をすべきなのか」訝《いぶか》る。エウテュプロンは何の不正もないと思っている。彼にとって殺人はあくまで殺人なのだ。

エウテュプロンにも一理ある。だが赤の他人とまったく同じ態度を実父にもとれる人がいたら、それはもうたまげるだろう。裁判での証言において、親密な家族が関わるケースは例外と考えられる。この点はアメリカの法律でも認められている。合衆国では夫や妻に不利な証言を法廷で強いることはできないとされている。

徳が大切な理由

徳とは善なる性格の特徴だと先に述べたが、次に問題になるのは「なぜ徳は善なのか」である。人間は勇敢に立ち向かい、気前よく振る舞い、他人に正直に接し、忠実であるべきなのはどうしてなのだろう。答えは徳ごとに違ってくる。

（1）勇敢が善なのは、危険に対処する必要があるからである。

（2）気前のよさが望ましいのは、助けが必要な人たちは常にいるからである。

（3）正直が必要なのは、それがないと人間関係でいろいろ困ったことになるからである。

（4）忠実は友情に欠かせない。他人に見捨てられたときでも、友人なら力添えをしてくれる。

以上の要約から、各徳は異なる理由で価値があると分かる。だがアリストテレスはもっと一般的な答えを用意していた。彼によれば、徳が大切なのは「徳のある人生の方が常により善い」からである。肝心なことは有徳な人たちの方が常により裕福ということではなく、より成功するということだ。

アリストテレスの意図を汲み取るために、人間本性に関する基本的事実について考察しよう。

(a) きわめて一般的なレベルで言えば、人間は他人との付き合いを必要とする社会的動物である。だからわれわれは家族・友人・市民と一緒に共同体の中で生きる。こういう環境において他人とうまく付き合うためには、忠実・公正・正直などの性格が必要となる。

(b) より個人的なレベルで言えば、人々は特定の職に就き特定の利益を追求している。この営みには勤勉とか良心などの別種の徳が必要になろう。

(c) 時には危険や誘惑に直面しなくてはならないのが普通の人生だ。だから勇敢や自制が必要になる。

かくして各徳が共有する同一種の価値が見えてくる。すなわち「人生で成功」するという価値だ。これらの諸徳はどれもそのために求められる性質なのである。

徳は万人に共通か

「全ての人間に同じような特徴が望ましいのか」について最後に問うことにする。全ての善人は似たり寄ったりだから、「元になる一人の善人がいる」などと言うべきだろうか。フリードリヒ・ニーチェ(一八四四―一九〇〇)はそんな人などいないと考えた。大げさな語り口で彼は述べている。[6]

「あれこれの人間のようになるべし」と言うのは何と幼稚なことだろう。現実を見ると、目も眩《くら》むほどの夥しい類型、溢れんばかりに豊富な形式の戯れと変様がある。哀れな怠け者の某道徳家はこう論評している。「いやちがう。人間は別の存在であるべきだ」と。ひどい偏屈者にして偽善者である彼は「人間はいかにあるべきか」も知っている。彼は壁に自分の名前を書いて叫ぶ。「この人《エッケ》を見《ホモ》よ!」と。

明らかにこれにも一理ある。人生を中世文学に捧げた学者と職業軍人はまるで違う種類の人間だ。人前では決して脚を露出しなかったビクトリア朝の女性と、ヌード・ビーチで日光浴をする女性とでは生き方がまるで違う。だがどちらも称賛に値するのではなかろうか。

ならば明らかに徳は人ごとに違っているのだろうか。人々は違った種類の生活を送り、違った種類の人格を持ち、違った社会的役割を担っているのだから、各人の成功に役立つ性格もそれぞれ違っているだろう。

さらに進んで、徳は社会ごとに違っていると言いたくなる。何といっても生活様式というものは、その地域で優勢な価値観や制度に左右される。学者としての生き方は、大学等の制度があって知的探求ができるところでのみ成り立つ。同じことはスポーツ選手・芸者・社会福祉士《ソーシャルワーカー》・武士などにも当てはまる。各々の役割をうまく遂行するには、それぞれ違った性格が必要となる。だから徳もそれぞれ違ってくるのだ。

これに対しては「一定の徳が全時代に万人によって必要とされる」と切り返されることだろう。実はこれこそアリストテレスの見解に他ならない。たぶん彼は正しかった。アリストテレスは「人々はそれぞれ違っていても、共通の点もずいぶん多い」と思っていた。彼は言う。「遠い異国に旅行すれば、承認と連帯の感情が全ての人を結びつけているのに気づくだろう」と。最も僻遠《へきえん》の地でさえ人間の基本的な問題や要求は同じである。かくして次のように言えよう。

(1) いつも危険を免れる人など（学者でさえ）いないから、全ての人に勇敢さが必要となる。偶発的危険に対処するために、勇敢さが皆に求められる。

(2) どの社会にも他人より困窮している人たちがいるから、気前のよさはいつも褒《ほ》められる。

(3) どんな社会も信頼に値する意思疎通なしには成り立たないから、いつも正直が徳となる。

(4) 友人は皆に必要だし、自分自身が友人にならない限り友人などできないのが理屈だから、忠実さが皆に必要となる。

主要な徳は人間が共有する条件に由来する。社会慣習によって決まるのではない。

第三節　徳倫理の長所

徳倫理には二つの長所があるとよく言われる。

(1) 道徳的動機

徳倫理は道徳的動機について自然で魅力的な説明を与えてくれるから、説得力がある。次の例を考えてみよう。

――あなたは長患いで入院中だ。退屈で落ち着かない。だからスミスが見舞いに来てくれるのは嬉しい。彼とのおしゃべりは楽しい。彼の見舞いで元気が出る。しばらくしてあなたは彼に感謝の念を伝えた。「君は本当にいい友達だ。わざわざ会いに来てくれてありがとう」と。ところが彼は言った。「僕は単に義務を果たしているだけだよ」と。あなたは最初のうち「彼は謙虚なだけだろう」とあなたは思っていた。だが話しているうちに彼の本心がそうだと分かった。彼は来たくて来ているのでもなければ、あなたに好意を持っているから来ているのでもなかった。「正しいことをすべき」との思いから来ていただけだった。彼は「見舞いは義務」と思っていたのだ。彼の知人にはあなたより困っている人がいなかったのだろう。

この例はアメリカの哲学者マイケル・ストッカー（一九四〇—）が提案したものだ。[7] ストッカーの指摘は「スミスの動機を知ったらあなたはがっかりだろう」ということだ。こうなるとスミスの見舞いは冷淡で計算づくに思えてくる。あなたは彼を友人と思っていたのに、もはや彼は友人なんかではないと分かった。ストッカーはスミスの行為についてこう述べる。「きっとここには何かが足りない。道徳的な価値が足りない」と。

もちろんスミスの「行為」には何の間違いもない。問題は彼の行為の「理由」なのだ。友情や愛や尊敬には価値があると思われる。われわれは人間関係が「相互尊重」に基づいていることを望む。「抽象的義務感」からの行動や「正しいことをしたい」という願望からの行動は、これとは異なる。だけれどもわれわれはこういう動機だけから行動する人々の中で住みたくなんかないし、自らがそんな人間になりたくもないだろう。

だからこの議論によると、「正しい行動」だけに焦点を合わせる倫理説では道徳生活の完璧な説明などできないのである。それだから「友情」「愛」「忠実」といった個人の性格を強調する理論が要るわけだ。それがまさに徳倫理なのだ。

（2）公平という「理想」への疑問

近代道徳哲学を支配するテーマは「公平性」だ。つまり「万人は道徳的に平等」であり、「万人の利益を等しく重要なものとして扱うべき」という思想だ。功利主義がその典型である。ジョン・スチュアート・ミルは書いている。[8]「道徳的行為者は利害関係がなく慈悲深い傍観者のように厳格に公平でなければならない」と。本書（『現実をみつめる道徳哲学』）も公平性を道徳の基本要件としている。本書第一章では公平性を道徳の最小概念に含めた。

けれども公平性が真に気高い理想なのかは疑いの余地がある。家族や友人との関係について考えてみよう。家族や友人の利益が絡むところで公平であるべきなのだろうか。母親はわが子を愛し、よその子にはしない気遣い《ケア》をわが子にする。母親はわが子を徹底的に「えこひいき」するのだ。このどこがまずいのだろうか。これぞ母親の理想像ではなかろうか。

またわれわれは友人には情をもって付き合う。他人にはしないことも友のためなら喜んでする。このどこがいけないのか。情の深い人間関係は善き生に不可欠なのだ。しかし公平性を力説するどんな理論も、なかなかこれを説明できない。

これに対して徳を重んじる道徳説ならこれら全てを楽に説明できる。徳には不公平なものもあればそうでないものもある。忠実という徳は愛する人や友達に「肩入れ」することだ。かたや慈善の徳は万人に対する平等な配慮だ。すると公平性という一般的条件ではなく、様々な徳の間の相互連関を理解することが求められるわけである。

第四節　徳と行為

前述のように、「正しい行為」を強調する理論は「性格」を等閑視しているため不完全に見える。徳倫理は性格を中心テーマにすることで不十分な所を埋め合わせる。だが引き替えに、徳倫理は他の面で不完全になってしまう可能性が出てくる。道徳の問題とはしばしば「何をすべきか」の問題である。徳の理論は「性格の評価」ではなく「行為の評価」もできるのだろうか。

これへの答えは徳倫理の主旨に左右される。

（1）一方には「正しい行為説」の長所を徳倫理の洞察と結びつける方法がある。例えばあくまで功利主義やカント主義を基本にして、それを「道徳的性格説」によって補完し改良することができよう。この手は見込みがありそうだ。もしそうならば、功利主義やカント主義を参照するだけで「正しい行為」の評価ができる。

（2）他方で徳倫理は他の倫理説の代替理論と思っている著述家もいる。こうした人たちの考えでは、徳倫理は自己完結した道徳説である。これを「急進的徳倫理」と名づけよう。この理論は「正しい行為」についてどう言うのだろうか。二つ選択肢がある。

（a）「正しい行為」という概念を完全無視する。

（b）「有徳な性格」という概念から「正しい行為」の説明を引き出す。

極端な感じもするが、（a）のアプローチをとる哲学者もいる。彼らは「道徳的に正しい行為」という概念そのものをなくすべきと主張する。アンスコムの考えでは、こういう概念を捨てるなら「大きな改善」になろう。[9] 彼女は言う。

――未だに行為は「より善い」「より悪い」と評価されているが、本来別の言葉で評価されるべきである。「道徳的に間違った行為」と言わず、徳関連の用語を使って「不寛容な行為」「不正な行為」「臆病な行為」と呼ぶのがよかろう。

彼女の見解では、これらの術語であらゆる行為の評価ができる。

しかるに急進的徳倫理の支持者は「道徳的正しさ」を拒絶するには及ばないのである。これを保持しつつ、徳の枠内でそれに新しい解釈を施せばいいだけの話だ。その場合でも「行為に賛成の理由」「行為に反対の理由」に基づいて行為を評価できることに変わりはなかろう。ただしここでの理由は常に「徳関連の理由」にならざるをえない。かくしてこうなろう。

――行為を支持する理由は「正直だから」「気前がいいから」「公正だから」等となろう。かたや行為に不支持の理由は「不正直だから」「吝嗇《けち》だから」「不公正だから」等となろう。このアプローチでの「正しい行為」とは軒並み「有徳な人物がしそうな行為」ということになろう。

第五節　不完全性の問題

急進的徳倫理への主要反論は「不完全だ」という意見である。それは三つの点で不完全に見える。

（1）まず急進的徳倫理は必要なことを全て説明し切れない。典型的徳の一つ「信頼される性格」について考えよう。なぜ「信頼される人物」になるべきなのか。「信頼されることは徳であるから」という単純な意見を超えた答えが必要なのは明らかだろう。何といってもそれが「徳である理由」およびそれが「善である理由」を知りたいわけだから。以下のような説明ができる。

（a）信頼されることは「自分の得」になる。

（b）信頼されることは「一般の福利」を促進する。

（c）信頼は「共存共助」せねばならない人たちに必要。

なんだか（a）は倫理的利己主義のようで、（b）はどうも功利主義で、（c）は社会契約説の焼き直しっぽい。しかしこれらのどこにも「徳による説明」など出てこない。かくて個々の徳が善である「理由」の説明は、どうやら急進的徳倫理という狭い領域の彼方にありそうなのだ。

（2）もし急進的徳倫理が「なぜ徳なのか」という理由を

説明できないとすると、「難しい場面で当の徳がうまく機能するかどうか」も分からないことになる。慈善や親切の徳について考えよう。

――いま仮にわたしはあなたがぶったまげるような知らせを聞いたとしよう。あなたの昔の知り合いが自動車事故で亡くなったという知らせだったとしよう。わたしがあなたに話さないなら、あなたはずっと知らないままだ。またあなたはそういうことは聞かされたくないたちの人だとしよう。これら全部を承知で、わたしはこの知らせをあなたに告げるべきだろうか。どうするのが親切な行いなのだろう。

これは難問だ。なぜなら「教えてくれる方をあなたは望む」ということと、「教えない方があなたの気分は善い」ということが衝突するから。「親切」な人物というのは、あなたの望みと善のうちどちらをより気にするものなのか。

親切とは相手の「最善の利益」に気を配ることである。しかし急進的徳倫理ではこの「最善の利益」が何なのかちっとも分からないのだ。だから徳倫理の第二の不完全性は、諸徳を完全に解明することができない点にある。とりわけ「各々の徳がどのような場面で機能するか」を厳密に規定することが不可能なのだ。

（3）急進的徳倫理が不完全な最後の理由は、道徳的衝突のケースに対処できないことである。

――筆者（スチュアート・レイチェルズ）が散髪に行ってマレットにしてもらった場面を想定しよう。これは一九九二年以降は見かけなくなったヘアスタイル（襟足だけが長く他はショート）だ。わたしは「この髪型どう思う」とあなたに訊く。でもあなたは困ってしまう。あなたとしては本当のことを言うか、「結構似合うよ」と言ってお茶を濁すかいずれかだ。

「正直」と「親切」は両方とも徳だ。二つの選択肢には賛成と反対の理由があるが、二者択一になっている。(i)「親切を告げて不親切になる」か(ii)「嘘をついて親切になる」か、あちらを立てればこちらが立たずというわけだが、どうすべきなのか。

こういう情況で「有徳に行動すべきです」などと言われても、どうしたらいいか決められない。どっちの徳に従うべきか途方に暮れるばかりなのだ。明らかに急進的徳倫理を超えた手だてが求められる。

どうやら急進的徳倫理単独では、「親切にしなさい」「正直に言いなさい」「忍耐強くしなさい」「気前よく振る舞いなさい」等々という陳腐な「お説教」にすぎないようだ。お説教は曖昧だ。それらに衝突があったら、ただのお説教を超えた指針が欲しくなる。かくして急進的徳倫理はもっと包括的な理論に支えられねばならないだろう。

第六節　まとめ

徳倫理は自己完結した理論ではなく、包括的な倫理説の一部と見なすのが一番いいようだ。包括的理論は、実際の行為決定で考慮される全要件の説明——およびその根拠となる原則——を含んでいるだろう。すると残る問題は、この理論が「正しい行為」の説明と——それに対応する——「有徳な性格」の説明を適切に関連づけることができるかということになる。

こう考える以外にはないと筆者は考えている。例えば仮に「正しい行為」の功利主義的原則を受け入れ、「最大幸福をもたらしそうなことは何でも行うべき」と思ったとしよう。道徳的観点からすれば、万人が幸福で満ち足りた生を享受できる社会が望ましい。このうえで「どんな行動、どんな社会政策、どんな性格がそのような結果をもたらす見込みが最も高いか」という問いが出てくる。となれば徳の本性に関する問いは、功利主義などの大枠の中で探求されうるものであろう。

第十三章　満足のゆく道徳説はどんなものか

もはや全てが言い尽くされているのだから、倫理学に進歩などありえないと考える人もいる……。わたしは逆だと思う……。他の科学と比べて非宗教的な倫理学は最も幼く最も遅れている。

デレク・パーフィット
『理性と人格』(一九八四)

第一節　傲慢なき道徳

道徳哲学には豊かで魅力的な歴史がある。学者たちが様々な視点からこのテーマに取り組み、思慮深い読者を頷《うなず》かせたり、嫌悪させたりする諸理論を生み出してきた。全ての古典的理論には真実味のある要素が含まれている。それらは紛れもない天才哲学者たちによって考え出されたのだから、なにも驚くに値しない。だがこれらの理論同士は食い違っており、ほとんどは辛辣な異論に晒される。だから何を信じたらいいのか迷う。最終分析においては何が真理となるのだろうか。

もちろん様々な哲学者たちが様々な方法でこの問題に答えようとしている。「最終分析」ができるほどの知識はないと言って、解答を拒否する哲学者もいる。この点に関して道徳哲学が他のテーマよりひどいわけではない。われわれはほとんどの事象について「最終的真理」など知らないからだ。だがわれわれには多くの知識があることも確かである。だから満足のいく道徳説がどんなものか語るのも、そんなに性急なことではなかろう。

謙虚な人間観

まず満足のいく理論は、事物の全枠組みにおける人間の地位について現実的な見方をするだろう。約百三十七億年前にビッグ・バンが起こり、約四十五億年前に地球が形作られた。[1] 地球上の生命は主に自然選択の原理によって徐々に進化した。六千五百万年前の恐竜絶滅で哺乳類が進化する余地が生まれた。この進化の系統の一つが数十万年前の人類誕生につながった。地質学的に見た人類誕生はほんの「昨日」のことなのだ。

しかし人類の先祖が現れるや否や、自分たちこそ全被造物の頂点と思い始めた。人類の利益のために全宇宙が作られたとまで考える者も出てきた。こうして人類が正しさと間違いについての理論を発達させるようになると、自分たちの利益の保護こそ究極的にして客観的な価値と考えるようになった。他の生物は人類が利用するという計画の下に作られたと推論した。

だが現在われわれはより多くの知識を得ている。今や人類が何百万もある種の中の一つとして、想像を絶するほど広大な宇宙の小さな塵《ちり》の上で存在しているのは、他ならぬ進化の偶然によるのである。

こういった世界観の細部は毎年新発見があるたびに更新されているものの、輪郭はまったく不変である。「人類は最も賢くて言葉を操れる唯一の動物」という説のように、未だに残っている古来の説もあることはある。しかしこの事実でさえ、人類が万物の頂点に位置するという世界観全体を正当化するものではない。

理性から倫理が生まれた経緯

人類は理性的存在として進化してきた。理性的なるがゆえに、行動には理由がある。これらの理由の分析や考察もできる。よって仮にある行動の理由が「願望や要求などの充足に有益だから――要するに自らの利益を促進するから――」ということであれば、まさにこの事実こそが当の行動をとる理由となる。

「べき」という概念の起源は、この事実の内にあるだろう。もしも人間に理由を考察する能力がないのなら、「べき」という概念は無意味だろう。その場合、人間は動物と同じように、本能・習慣・一時的欲望から行動することになってしまう。しかし理由が吟味できるようになれば、新しい地平が開かれる。このとき人間は慎重に考えた上で行動方針を決められるようになる。行動がどういう結果をもたらすか検討した上で行動できるようになるということだ。「べき」とはこのような新しい状況を指す言葉である。つまり最も強い理由があることを為すべきということなのだ。

「理由に基づいた行動」が「道徳」に他ならないと分かれば、別の大切な要件も浮かび上がる。「為すべきこと」の推論には、「一貫性」があったりなかったりする。「一貫性がない」とは、類似した複数の状況で同一の「理由」が認められることもあれば認められないこともあるということだ。

例えば二つの人種は似たり寄ったりなのに、自分の人種の利益を他の人種の利益より優遇するのも「一貫性がない」ケースだ。人種差別は「理由」というものに逆らっているから、「道徳」にも逆らっていることになる。同様のことはナショナリズムや性差別や階級差別のように、人間を「道徳的に優遇される集団」と「道徳的に冷遇される集団」に分断する教えにも当てはまる。ここから分かるのは「公平性」が「理由」の条件になっていることである。とにかく万人の利益を平等に促進すべきなのである。

仮に心理的利己主義が真なら——自分のことだけ考えていればいいのなら——「理由」が要求するところは過大となろう。しかし心理的利己主義は真ではない。それは人間本性や状態について誤った見方をしている。人類は社会的動物として進化してきた。集団生活を営み、互いに仲間を欲し、相互に協力を求め、お互い幸せに気遣うことができる。すると次の三つの事項はうまい具合に適合することになる。

(a) 理由の要求、すなわち公平性。

(b) 社会生活の要件、すなわち公正に適用されれば万人の利益になる規則の順守。

(c) 少なくともある程度は他人に気遣う本性的傾向。

これら三つが一緒になって——単に「可能」というに止まらず「自然」でもある——道徳ができあがるのだ。

第二節　人間のふさわしさ

「万人の利益を同じく促進すべき」という思想は、頑固者に反論するのなら訴えるところ大である。しかし人間に異なる扱いをすることに正当な理由がある場合もある。他の人たちより手厚く扱われるにふさわしい場合もあれば、ぞんざいに扱われるにふさわしい場合もあるのだ。人間は自由に行為選択ができる理性的行為者である。他人を手厚く扱うことを選んだ人たちは、自分が手厚く扱われるにふさわしい。かたや他人をぞんざいに扱うことを選んだ人たちは、自分もぞんざいに扱われるのがふさわしい。

これは厳しすぎる気もするが、具体例を考察すると納得できよう。

——例えばスミスさんはいつも気前がいい。彼女はできるときはいつもあなたを助けてきた。今度は彼女の方が困って、あなたに助けを求めてきたとする。このときあなたには彼女を助ける理由がある。「万人に援助すべし」という義務もあるが、スミスに対する義務はこの一般的義務を超えている。彼女は人類という大集団の一人のメンバーにすぎないのではない。彼女は過去の行為を通して、あなたから敬意と感謝を勝ち取ってきたはずだから。

——次に逆の例を考える。隣人のジョーンズさんはこれまで全然助けてくれなかった。例えばある日あなたの車のエンジンがかからなかった。それなのにジョーンズはあなたを職場まで車で送ってくれなかった。単に面倒くさかっただけだった。だけども後日、今度はジョーンズの車の方が故障してしまった。そこで彼はあなたの車に乗せてくれと頼んできた。だがこのときジョーンズは頼みを断られるのにふさわしい。過去の行為を知りながらここで彼を助けるなら、あなたは彼にふさわしい扱いを上回る扱いをしていることになる。

他人をどのように扱ってきたかに応じて人間を扱うことは、単なる「友へのお返し」とか「敵への怨恨」ではない。過去の行為に基づいて一定の対応を受けるにふさわしい「責任ある行為者」として人間を扱うことなのだ。スミスとジョーンズには重要な相違がある。一方は感謝されるのにふさわしく、他方は恨まれるのにふさわしい。これを考慮しないなら、一体どうなるのだろうか。

一つ言えることは、もしそれを考慮しないなら他人から厚遇を勝ち取ることが不可能になるということだ。これは重要である。われわれは共同体内で生きているので、各自の生き方は自らの行為のみならず他人の行為にも左右される。自分が成功するには、他人が自分を優遇してくれることも必要になる。「ふさわしさ」というものが認められている社会では、他人からの優遇を勝ち取る術がある。さらにこれを通じて自分の命運を決定することもできるのである。

「ふさわしさ」というものがないなら、どうすればいいのか。他人からの厚遇を得るには無理強い・巡り合わせ・お恵みなどしかない社会を考えてみたら、とても困ったことになるのはすぐ分かる。しかし「ふさわしさ」を認める慣行があれば事情は変わってくる。それは(i)「自分が他人をどう扱うかのインセンティブ（誘因）」になるのみならず、(ii)「自分が他人からどう扱われるかを自分でコントロールする術」にもなる。

「ふさわしさ」とは「あなたは他人に親切をしたらその見返りとして、他人から親切に扱われる資格が得られます。その資格は自分で勝ち取るものなのです」というようなものだ。とどのつまり「ふさわしさ」の承認とは他人の尊重に関わることなのである。

第三節　種々の動機

「万人の利益を同じく促進する」という思想が道徳生活全体を表すのにどうも失敗しているらしい点は他にもある。（「どうも～らしい」と言うのは、この失敗が本当のものなのか後で問いたいからだ。）他人に対する「公平な関心」に動機づけられなくてはならない場合もあることはある。しかし道徳的称賛に値する動機はそれ以外にもあるのだ。

（1）母親はわが子を愛しその世話をする。だが母親は自分が支援できるからという理由だけで、「わが子の利益を促進」しようと思うのではない。わが子に対する態度はよその子に対する態度とはまるきり違う。

（2）人々は友人には忠実である。ここでも人間への一般的関心の一部としてのみ、友人の利益に関心を持つのではない。自分にとって友人というものは赤の他人よりも大切なのだ。

道徳生活から愛や忠実などを消去しようとするのは哲学馬鹿だけであろう。こうした動機が消されて「何が最善か」の計算だけになったら、皆もっと困ることになる。何といったって愛も友情もない世界に住みたい人などいるものだろうか。

もちろん「善なる動機」は他にもあろう。

（3）作曲家は何よりも自分の交響曲を完成させることに関心がある。他の仕事で「より大きな善」が実現できそうでも、それを追求する。

（4）エネルギーを別方面に注げば「より大きな善」が達成できそうでも、教師はやはり授業の準備に多大な労力を傾ける。

これらは普通「道徳的動機」とは見なされないが、それでもこれらを人生から消したいなどと思うべきでない。「仕事に誇りを持つ」こと、「価値あるものを創造しようと願う」こと、他のたくさんの貴い目標は「個人の幸福」と「一般の福利」の両方に貢献する。となればこれらを消し去ることも、愛や友情を消し去ることもどちらも望むべきでなかろう。

第四節　多元戦略的功利主義

(i)先に「万人の利益を同じく促進するよう行為すべき」という原則の正当化に努めてきた（本章第一節）。ただし(ii)道徳的義務全てがそれに尽きるわけではないと注意もした。なぜなら個々人の「ふさわしさ」に応じて、人間の扱い方に差を設けるべき場合もままあるからだ（本章第二節）。(iii)さらにまた利益の公平な促進とは無関係に思える重要な道徳的動機のいくつかについても論じた（本章第三節）。

しかしこれらの異なる関心は相互に連関しているだろう。個々人の「ふさわしさ」に即して人間を扱うことは一見、万人の利益を同じく促進することとは大違いに思われる。

けれども「ふさわしさ」が大切な理由を問うてみるなら、「ふさわしさ」の承認が社会の枠組みに含まれていないと皆が大損を食らう羽目になることが分かる。また愛・友情・芸術創造・仕事への矜持《きょうじ》などが大切な理由を問うてみるなら、それらがない人生は大変貧しいことが分かるのだ。これが示唆しているのは、単一の評価規準があるらしいという可能性である。

こう考えるなら恐らく単一の道徳的規準とは「人間の福利」になるのであろう。重要なのは可能な限り人々が幸福であることだ。「人間の福利」という規準は、行為・政策・社会慣習・法律・規則・動機・性格などを含む多様な事象の評価に使える。

しかるに「人々を最大限幸福にするという観点だけから常にものを考えるべき」ということにはならない。つまりわが子に愛情を注ぎ、友との交わりを楽しみ、仕事に誇りを持ち、約束を守るなどのことだけでも、日常生活はいっそう豊かになるわけなのだ。実は「万人の利益を同じく貴ぶ」倫理によってもこれが裏付けられるだろう。

これは古い思想である。功利主義の大理論家ヘンリー・シジウィックは同一主旨のことを指摘している。[2]

> 「普遍的幸福が究極の規準」という教えは、「行為が正しくあるための唯一の動機、あるいは行為が常に最善である唯一の動機は普遍的慈善である」ということと解されてはならない。……純粋に普遍的な「博愛」以外の諸動機から行為した方が往々にして「一般の幸福」がうまく実現できることが経験上わかるのなら、功利主義の原則においても慈善や博愛以外の動機を優先する方が合理的なのは自明だ。

このくだりは「動機功利主義」の論拠として引用されてきた。この見解によると「一般の福利」を最もよく促進する「諸動機」から行為すべきことになる。

だがこの種の見方のうちで一番真実味のあるのは、動機だけに注目する思想ではない。また他説のように、「行為」や「規則」だけに注目する思想でもない。

一番見込みがあるのは「多元戦略的功利主義」と呼ばれるものだ。究極の目標を「一般の福利の最大化」とするので、これも功利主義に入るのは確かだ。しかし目標追求のために多様な戦略を用いることを許容するのである。

直接「一般の福利」を目指すことが時たまあったって構わない。例えば皆の生活水準を上昇させたいという動機で上院議員が法案に賛成したっていい。あるいは自分に可能な最高の善を行おうという動機で国際赤十字に個人献金したっていい。

しかしまたこうした「一般の福利」がいつも念頭になくたって別に構わない（その必要もない）のである。わが子の世話をしたり、仕事に勤《いそし》しんだり、法律を順守したり、約束を果たしたりなどで手一杯であっても構わないのだ。

最善プランに基づく正しい行為

多元戦略的功利主義の背後に潜む思想を少し具体的に述べよう。

ここに「自分の幸福」を可能にしつつ「他人の福利」にもつながる徳や動機や意志決定法の細目を遺漏なく記したリストがあるとしよう。さらにこのリストは自分にとって「最善」であるとしよう。つまりこれ以外の組み合わせはあまりうまくいかないということにしよう。このリストには少なくとも以下の項目が入っている。

（1） 人生が成功するために必要な徳。
（2） 行為の諸動機。
（3） 友人や家族や他人との関係。
（4） 各人の社会的役割、ならびにそれに伴う責任と要求。
（5） 各人の計画や職業選択に関連した義務や配慮。
（6） 特に意識せず普段従っている日常的規則。
（7） どのような場合に規則に例外を認めるかの戦略、および例外を認めるときの根拠。

このリストには項目同士の関係についても記載があるだろう。「どちらに優先権があるか」「衝突をどう裁定するか」などだ。このリストを完成させるのは至難の業だ。実際問題として不可能と言ってもいいだろう。けれども友情や正直などの馴染みの徳がしっかりと含まれているのはまずまちがいない。そのリストに「約束を順守すべき」の項目も入っているだろう。もっとも「常に順守せよ」というわけではなく、「例外あり」という但し書き付きである。「他人に危害を加えるな」という項目も入っているが、これも「常にというわけではない」という但し書きがあろう。他も同様だ。何百万もの子供たちが予防可能な疾病で死んでいるのだから「贅沢はやめよ」という項目もたぶん含まれているだろう。

とにかくこのリストには、周囲状況や自らの個性と才能の制約内で「本人にとって最善の徳と動機と意志決定法の組み合わせ」が載っている。ここで言う「最善」とは、自他ともどもの人生を確率的に見て最善のものにすることである。

　このような最善の組み合わせを「最善プラン」と名付けてもよかろう。

　――自らの「正しい行為」とは自らの「最善プラン」に則った行為である。

　自分の「最善プラン」は別の人の「最善プラン」と多くの共通点がある。たぶん嘘禁止・窃盗禁止・殺人禁止――ならびにどういうケースで規則の例外を認めるかの但し書き――などは自他のプランに共通だろう。忍耐・親切・克己《こっき》などの徳も自他のプランに共通だろう。子育ての仕方なども自他のプランに共通だろうが、これには養子を育てる徳の細目も含まれよう。

　しかし全員の「最善プラン」が同一であるには及ばない。個性や才能は人それぞれだからだ。ユダヤ教律法学者としての任務に充実を感じる者もいれば、そんな生き方はまっぴらごめんと感じる者もいる。だからこそわれわれの人生には多様な個人の関係があるのだし、多様な徳の陶冶《とうや》が求められるのだろう。

　また人々は様々な環境下で生きているし、利用可能な資本も様々である。富める者も貧しき者もいる。特権階級も被迫害者もいる。だから生存の最適戦略もこれに応じて異なってくるだろう。

　しかしいずれの場合でも以下のように言えよう。

　――「最善プラン」の判定は「万人の利益を同じく促進する度合い」に基づく。だからまったく功利主義らしくない「動機」という概念を頻繁に持ち出すとしても、根幹となる理論はあくまで功利主義である。

第五節　道徳共同体

　道徳的行為者としてのわれわれは自らの影響が及ぶ範囲で「万人の福利」に配慮すべきである。これは宗教の陳腐な教えにも聞こえるが、実質は厳しい教説だ。世界中でほぼ五人に一人の子供がワクチン接種を受けることができず、毎年数十万人が無駄死にしている[3]。裕福な国の人々にその気があれば、簡単にこの数を半減させることができる。だがそうしようとはしない。近所の子供が死にかかっているなら、きっと人々は手助けするだろう。しかし死にかかった子供たちにとって、住んでいる場所など何の関係もないはずだ。

　万人が道徳的配慮の共同体に入っているのだ。われわれが全ての子供たちの世話をするなら、生活そのものを変えなければならないだろう。

道徳共同体は特定「場所」の人間に限定されないように、特定「時代」の人間にも限定されない。現在の行動による影響も、未来の行動による影響もともに大事なのだ。われわれの義務は万人の利益を平等に考慮することなのである。

このことは核兵器にも関わってくる。核兵器は無実の人々に対する殺傷力があるのみならず、何千年も続く環境汚染を引き起こす。未来世代の人々の福利が適正に評価されるならば、核兵器を使っていいような状況などまずありえないだろう。

気候変動という問題も子孫の利益に影響を及ぼす。地球温暖化を改善できないのなら、現在世代より子供たちの方がもっと困ることになろう。

道徳共同体を拡大しなければならなくなる別の論点がある。地球上に住んでいるのは人類だけではない。他の有感的動物——快苦の感覚能力を有する動物——にも利益がある。有感動物の虐待や虐殺は、人間の虐待や虐殺が害であるのと同じ意味での害である。だから動物の利益も計算に入れなければならないのである。

ジェレミー・ベンサムが指摘しているように、種が異なるという理由で動物を道徳的配慮から締め出すのは正当ではない。人種・国籍・所得を理由にして締め出すのが正当でないのと同じだ。

——唯一の道徳的規準とは人間の福利ではなく「あらゆる存在の福利」である。

第六節　正義と公正

功利主義は不公正とか不正と批判されてきた。これまで述べてきた厄介な問題は功利主義擁護に役に立つだろうか。

功利主義への批判の一つに罰に関わる問題がある。無実の人に濡れ衣を着せることで一般の福利が促進されるケースを想像してみよう。そういう行為は明らかに不正だが、功利主義を前提するなら必要になることと思われる。カントが指摘したことだが、より一般的に言えば、功利主義者は社会の目標を達成するためなら喜んで犯罪者を「利用」するのである。だがたとえ犯罪の抑止といった価値ある目標のためであっても、人間を巧みに操ることを正当な道徳的戦略と認めるような説は不愉快だろう。

しかし本書が依拠する理論は、ほとんどの功利主義者とは異なる刑罰観を採っている。本書の見解はカントのそれに近いというのが事実だ。処罰とは普通の人間を遇するよりもずっと劣悪に遇することだ。しかしそれは本人の過去の行為によって正当化される。刑罰とは本人の過去の行為への対応なのだ。だから濡れ衣を着せるのは正しくない。無実の人は処罰されるのにふさわしいことを以前にしたことがないのだから。

だが刑罰理論は正義の一側面にすぎない。人間の扱い方に差をつけるときはいつでも正義の問題が生ずる。

——いま仮に雇用主が二人の従業員のうち一人を昇進させなくてはならないとしよう。一番目の候補者は一生懸命に働いてきた。時間外労働を引き受けたり、休暇を返上したりしてきた。二番目の候補者はノルマをこなしただけだった。二人の従業員は明らかに異なった待遇を受けるのにふさわしい。一番目が昇進し、二番目は昇進しない。

だが本書が依って立つ理論から言えば、これでいいのだ。一番目の従業員は昇進を自力で勝ち取ったわけだ。だが二番目はそうでない。

容貌や知能などが卓越している人たちが、そのことで恩恵を受けるのは正しいと考えられることが多い。ただこれらの特質の大方は、秀でたＤＮＡや優れた両親の養育によってもたらされたものだ。現実社会はまさにこの通りだ。天分に恵まれたり裕福な家に生まれたというだけで、たいていは結構な仕事に就き高収入を稼げる。

しかし少し考えてみるだけでも、これが正しいなどとは思えない。自分にたまたま具わっている生来の能力が「自分にふさわしい」などと言える人間などいない。生来の能力とは、ジョン・ロールズ（一九二一—二〇〇二）が言う「自然の宝くじ」の結果にすぎないからだ[4]。

前記の例において、激務をこなした一番目の従業員の昇進が見送られたと仮定してみよう。しかも理由は、新しいポストで役に立つ生来の能力を二番目の従業員が持っていたからだとしよう。会社の求めるものから言えば、雇用主がこうした決定をするのは正当かもしれないが、一番目の従業員が「裏切られた」と感じるのはもっともだろう。激務をこなしたのは一番目だったが、昇進するのは二番目で、その利益を得るのも二番目だ。しかも二番目が自分で勝ち得たものよってそうなったわけではない。

これは公正ではない。正当な社会において人々は勤勉によって待遇を改善できるとしても、恵まれた星の下に生まれついたゆえに利益を得ることがあってはならないであろう。

第七節　ま　と　め

満足のいく道徳説とはどんなものだろう。本書では最も見込みのありそうな説を述べてきた。

多元戦略的功利主義によると、「最善のプラン」に従って生きることで全有感的存在の利益の最大化を図るべきなのだ。

しかしこの提案には謙虚さが求められる。過去何世紀もの間、哲学者は様々な道徳説を提唱し弁護してきたが、歴史の流れの中で欠陥が暴かれるのが常だった。それでも望みはある。本書の提案が有望でなくとも、他にも提案がなされるだろう。文明の歴史はほんの数千年だ。文明が滅びなければ、倫理学は前途洋々なのである。

解説　レイチェルズと倫理説の統一

一

『現実をみつめる道徳哲学』はよくまとまったすばらしい入門書であり教科書である。しかし入門書・教科書であるため、倫理学の諸問題について突っ込んだ究明をすることは回避している。父ジェームズも息子スチュアートも、全体として功利主義の立場に立つことはほぼ一貫している。とはいえ本書最終章でスチュアートは、父よりいっそう徳倫理・ケア倫理などの観点を取り込もうと苦心しているように見える。人類一般どころか動物まで道徳的配慮の領域に含める功利主義と、身近な人間関係に道徳的配慮を限定する徳倫理などを統合しようと模索している。だがこの試みは成熟に至っていない印象もある。本書はぼんやり読むと平易な書物であるが、この点を含めて慎重に検討すると、特に後に述べる「線引き」が原理的に困難なことなどのため、議論が整合性を欠いている所もあるようだ。読者にはこういうことも議論してほしい。例えば黒人と白人の間の線引き、人間と動物の間の線引きが不当なら、働き者と怠け者の間の線引きも不当ではないのか？　なにしろ後者の相違も恵まれたＤＮＡや家庭の躾などの相違の産物かもしれないのだから。

議論が本質的問題を抱えていることは、なにも本書だけのことではない。他書でも倫理学書はたいてい学の統一体系を示しえておらず、複数理論が無媒介のまま羅列されている。競合諸理論がどう連関するのか、どういう包括的理論にその分枝として統合されるのかあまりよく分からないままわれわれはそれらを学ばなければならない。対する自然科学や数学では複数分野がそれほど対立しているわけではない。それらの分野では研究者たちにより承認された既存の真理体系が比較的（もちろん完璧ではないが）強固だ。数学や物理学などはもはや倫理学や哲学のように「思想（史）」の段階に止まっているのではない。例えば物理学などはアリストテレスの時代は思想であったが、実験・観察や数理的方法を取り込むことで客観性を高めて実証科学となりえた。あくまで一つの見方なのだが、精密な体系性から言って、たぶんこれらの学こそが人類の知識体系として現時点で最も成功した学問なのだろう。新たに確証された真理が既存の学的蓄積に付加されてゆくことで、おそらくは（あくまで「おそらく」だが）進歩しているらしい学が物理学などの自然科学である。

これに対して倫理学や哲学においては、相異なる多くの立場が併存している。このため倫理学などはとても教えにくい科目になっている。一定の正解がないので成績もつけにくい。そして倫理学などは学的枠組みが脆弱である。最悪の場合は全面崩壊に至る可能性もあろうか？ 美学や文学（文学は学問ではなく芸術か？）ほどではないとしても、その理論体系は曖昧模糊としていて、一体何をどう教えるべきか迷う。数学や自然科学なら比較的薄い論文を書いて、それが（少なくともある程度は）証明とか確証され、数学者・科学者共同体に真理として承認されることにより、既存のシステムにその発見を付加する。かたや倫理学などでは、各研究者が主に自然言語で部厚い書物を著し、定義や方法などを含む基礎理論を独自に構築する手間をかけなくてはならない。これらももちろん非常に意義深い知的活動であることは言うに及ばない。

諸説の乱立は倫理学や哲学のみならず数学や自然科学などにもあるから（特に最先端分野はそうだ）、むろんこの差異は程度問題だ。後者の学問内部にもどう連関するか分からない理論がいくつも併存している（していた）。例えばわれわれは幾何学と確率論がどう連関しているのかは分からないまま学ぶ。また物理の教科書では例えば熱力学の法則はニュートン力学や電磁気学の法則とばらばらのように思われ、その連関がよく分からない。それに何より自然科学にしてもあくまで蓋然的知識であって、決して必然的推論のシステムではないのは言うまでもない。この意味では実証性と客観性を誇る自然科学といえども根底では、倫理学などと同じく「思想（史）的なもの」が存在し続けていると言える。

しかしながら歴史を振り返ると、これらでは明らかに統合が進んできたように思われる。かつては天体の運動と地上の物体の運動は全く異質の現象と考えられていた。だがニュートンの古典力学は、絶対空間・絶対時間と物体運動の三法則と万有引力の法則によりそれらを統一的に説明した。地上の空間と宇宙空間の間に「切れ目」はなく、リンゴと月と太陽の間に本質的差はないから、それらは同一の法則によって説明できる。またそれらは無限に連続する同一の空間と時間の中に位置付けられ、無数の可能な質量の値のうちの特定の値を持つものとして記述される。またマックスウェルは、全く別の現象に見える電気と磁気を電磁気という統一的現象として説明し（可視光線もそこに含まれる）、四つの偏微分方程式にまとめた。現代では宇宙に働く基本的な四力のうち電磁気力と強い力と弱い力は統一され、残る重力との統一理論の構築が模索されている（強い力との統合はいまだ不十分）。他分野についてこの半〜一世紀の歩みを概観すると、経済学や心理学は比較的、実証科学のような装いを呈してきた感がある。かつて経済学はマルクス経済学を想起するまでもなく、倫理学などとあまり変わらない思考（史）のようであった。しかし数学理論を取り込み経済現象の統計調査の方法などを進歩させたことにより傍目には客観性や実証性が高まってきているように見える。

二

レイチェルズ父子の理論も実証性や客観性の点で自然科学に劣るのはやむをえないが、少なくとも学の（実証性はともかく）客観性を高めようとする「志向」は相当強い。しかも倫理的議論の妥当性と健全性の検証がレイチェルズの旨とする方法論であって、深遠な洞察とか単一の原理によって全事象を説明しようという古典思想のような性急な態度は希薄だ。

仮にレイチェルズのこうした方法論の鍵概念を一つだけ挙げるとすれば、それは「理由」であろう。様々な倫理説を分析・再構成したうえで、それらが適切な理由によって支えられた妥当で健全な議論か否かを検証する。誤謬や独断や思い込みは極力排除しなくてはならないのであり、真なる理由による裏付けがあって初めて理論は正当化されると考える。これはもちろん演繹のみによって倫理的推論が行われることを求めるものではない。たいていの場合、倫理的議論では必然的な推論を行うことはできず、蓋然性の程度が比較的高い推論を目指す。

本書ではこうした方法により色々な倫理説について評価が下される。まずは理由による正当化が必要という点から言って、本質的に倫理学と宗教は異なるとされ、神の命令を倫理の礎とする理論は退けられる。そして蓋然的ではあっても理由によって裏付けられた（ある程度）客観的な真理を追求する倫理学は、単なる主観的な感情や意見の寄せ集めであってはならないし、対立する様々な見方を許す相対主義に止まるものではない。ここから倫理的な主観主義や文化相対主義が排除される。レイチェルズは利己主義（エゴイズム）も見込みのない説として切り捨てているが、これは以下で訳者が少し論じるため、とりあえずは生かしておく。

そこで見込みのある説としてより厳密な検討に値する説がいくつか残る。すなわち利己主義・社会契約説・功利主義・カント倫理・徳倫理（ケア倫理）が主要な検討対象となる。ただ契約説については、誰一人として「原初契約」に合意などしていないのであるから、理論的核の半分は解体されると見なしている。そして皆が寄り集まって「契約したかのように」規則に従うのは、もっぱらそれが「利益になるから」だとしている。つまり契約説を半ば功利主義に吸収しているわけだが、当事者間の相互の意思疎通が大事であることに変わりはないので、動物はやはり排除されている。それに規則順守を重要視するために功利主義とは力点が微妙に異なり、カントと重なりあっている。またケア倫理と徳倫理は同一ではないが、レイチェルズはひとまとめにしようとする。そして普遍的法則に例外があってもいいとする点でレイチェルズは過度に厳格なカント主義を拒否してはいるとはいえ、公平性の理想は堅持しており、ある種の普遍性という要件が不可欠であると考えていることに変わりはない。これらをどう分析評価するべきなのか、さらには異種の理論を統合する何らかの視点は示せるのだろうか？

パーフィットが言っていることだが、これらの諸倫理説が目指しているのは同一の山頂なのだけれども、ただ辿っているルートが異なるためひどく対立した理論のように見えているだけなのだろう。山頂では同一の風景が見えるはずだが、途中で見える風景はルートごとに異なってくる。不完全なのは重々承知なのだが、これらの倫理説をちょっとした図にしておく。

	功利主義	カント倫理	社会契約説	徳倫理 ケア倫理	利己主義
道徳的配慮の範囲	人類・有感的動物	人類のみ	人類のみ	人類（ペットは可）	自己のみ
重視する能力	感覚	理性のみ	契約能力（理性など）	諸性格および愛情など	主に感覚

『現実』のよって立つのは他ならぬ功利主義だが、その根本的問題のいくつかが第八章などで指摘されている。だが踏み込んだ論究はあえて回避され、「未決問題」として放置されている問題もある。その根本的問題は三種に分けられ、簡単に検討されている。まず（A）本性的善は快の感覚以外のものにあるという問題がある。次に（B）功利主義では正義や権利などが保障されないということがある。さらに（C）文字通り万人に平等に配慮するのは不可能ということがある。

（A）「Utilitarianism」という英語を「功利主義」と訳すのは誤訳に近いのではないか？　「公益主義」というのが最適だろうか？　「公益」と言うときの「利益」とは「幸福」とか「福利」、より具体的には「快」あるいは「選好充足」などである。これらは主に感覚によって得られるもので、具体的で分かりやすく、動物とも共通部分が大きい。まさにこれらの総量もしくは質などを最大化するというのが功利主義の狙いだ。しかし快などの最大化を功利主義の第一目標とするとしても、それ以外の善（また人格の完成などの高邁な価値）が一切容認できないということにはならないだろう。過激な主張を緩めて、あるいは原則を複雑化して、快など以外の「超功利主義的」な価値を二次的・三次的目標にするという選択肢もありうる。だがこういう趣旨の功利主義を「功利主義」と呼べるかどうかは疑わしいかもしれない。むろん定義の問題ではあろう。

（B）正義とか権利の問題はどうだろう。仮に生存権には、「ある程度の快を享受しつつ生きる」ことが含まれているとすれば、生存そのものならびに生存条件の最低ラインのようなものを設定し、これを下回る個体が発生しないようにするという条件を功利主義に課さなくてはならない。だがそもそも功利主義において各個体は人類全体（および一定範囲の有感的存在者）の福利増進の手段にすぎないから、各個体の快・不快どころかその生存・非生存なども尊重しない。よってそれは基本的には他個体により「置換可能」なコマにすぎない。けれどももし仮に各個体における福利を一定水準以上に維持することを課すのなら、功利主義は権利論の色彩を帯びてゆき、ロールズなどに接近するだろう。

プライバシー権についてはどうか？　プライバシー権の保障は単なる生存でも単なる快の享受でもないので、功利主義との媒介がより困難である。動物はともかく人類は快の感覚だけを追求しているわけではなく、名誉や知識などのより抽象的な利益を求めるのが常だ。これを十分承知の上で快などを倫理の礎石にするのが功利主義であるから、それらの（超、功利主義的）利益の欠落が耐え難いというのなら、感覚的なものを超える価値を倫理の目標に組み入れる必要が出てくるであろう。約束とか契約などを順守してもらうというのも、単に感覚の求めるものを満たす権利などを超えたかなり高度な権利であり、この種の要件を功利主義の原則に組み込むかどうか議論となりうる。ただしこうするとなると、利益とか福利などの中身を変質させることになり、結果として功利主義が元来の功利主義でなくなるかもしれない。

三

（C）最後の問題は道徳共同体の境界設定に関わる。他説に比して功利主義は人類以外の有感的動物までこれを拡大する点で際立っている。境界付近は不分明でも有感道動物と非有感動物の間で線引きをして、比較的大きめの道徳共同体の内部に道徳的配慮を向ける。これと対極に位置するのが利己主義だ。既存理論の中では功利主義は（極大集合に近い方の）大きめの道徳的共同体を構想し、利己主義は（極小集合に近い）言わば「メンバーが一人」の共同体を構想する。

これらの中間に位置するのが人類にだけ道徳的配慮を絞るもので、カント倫理や契約説などである。これより少し絞り、人類の部分集合に配慮対象を絞った立場が、ナショナリズムとか人種差別とか性差別などである。道徳共同体と政治体制は同一ではないが、部分的に重なるとすれば、王政や貴族政などは、（両極の中間地帯のうち）これらよりさらに狭い共同体に配慮とか利益の配分を絞るものだ。徳倫理やケア倫理はもちろん利己主義のように自己利益のみを尊重する倫理説ではないが、全人類や国家という大枠ではなく、たいていはずっと身近な集団における特定の道徳的状況といった非常に狭い範囲のみに（近視眼的に）道徳的配慮を振り向ける。

　別角度の切り口もある。人間や動物が有する心的活動には、高次のものから低次のものまであり、それらは比較的連続的だ。単純に階層構造をなしているのではないが、感覚・表象・記憶・想像・概念・判断・推論等々の能力があり、それらは協働して機能する。これらは認知能力の系列だが、他に意志や感情などもあろう。ここで(i)カントや契約説などは、比較的上位レベルにある、理性や概念の能力を（より限定的には契約能力など）重視するから、これらの能力の有無の境目で線引きがなされる。こうなると人類とそれ以外との境目に一線が引かれることになり、理性を有する人類共同体内部にのみ道徳的配慮が注がれることとなる。また(ii)功利主義などは、比較的下位レベルにある、感覚の有無という境目に着目するから、有感的動物とそれ以外の動物の間に一線が引かれることになり、前者の集合のみに配慮が届くこととなる。感覚にしても理性にしても比較的明確な基準であり、成長（衰弱）過程を除けば時間的変動も比較的少ないので、これらの理論ではかなり安定した規則を指定しやすい。

　そして(iii)徳倫理やケア倫理は人類が有する特質のうちでも（理性や感覚などの）認知能力に限定されない多面的な人間の精神的特質、つまり種々の性格（諸徳とか友情とか愛情その他）などを考慮する。このため道徳的配慮の届く範囲は（共時的枠のみならず通時的枠も）必然的に狭くなり、人類共同体の中でも非常に身近な集団の個別的局面でのみ倫理を考えざるをえなくなる。つまりごく狭い範囲を囲う消えそうな薄い線がいくつもあるようなのだ。よって一貫性や整合性が欠落しやすく、安定した普遍的規則は指定しにくい。

　配慮対象を自分だけに絞る極小の道徳共同体論が利己主義だが、これを言い出せば、さらに時間幅をも狭めていって果ては自分の体験の現在の瞬間だけにも絞れる。道徳的時間軸での線引きの極小形態として、現在刹那主義というのもありうるわけだ。また自己の精神へ注がれる利益の増大には頓着するが身体へ注がれる利益の増大は等閑視するという立場も理論的にはありうる。また功利主義が全人類ならびに一部の有感的動物にまで配慮を拡大し見知らぬ国の飢えた人々の救済まで要求するというのなら、この論理の「坂」を滑らせていって、数百光年彼方の有感的動物の福利増進まで配慮しなくてはならないという主張もなしうる。純粋な理論上の話としては、これはさらに他の平行宇宙とか可能世界の有感的動物にまで拡張しうる。それに「有感」ということの幅を無理やり広げるのなら、赤痢菌などまで道徳的に配慮しなくてはならないという主張も不可能ではないのだろうか？　さらにガイア理論のように地球全体を生き物と見なし、無機物にも配慮するという方向もある。けれども人工物はともかく、自然の物体にまで配慮して「岩を砕いてはならない」とまで言うとしたら、いかがなものだろうか？

　ここから言えるのは、道徳的線引きは原理上どこに線を引いても恣意性が残るだろうということだ。極大の配慮対象としては平行宇宙や可能世界の全集合の内に存在する有感的動物全体（場合によっては無機物を含む存在者）がありうる。万有引力の基準点も無限遠点なのだから、道徳的配慮の力の及ぶ限界を宇宙の最果てとすることは少なくとも理論上は何の不思議もなかろう。倫理学にも無限の思惟が必要なのかもしれない。かたや極小の配慮対象とは現在瞬間の極限点の自己である（究極は無だろうか?）。これらの中間に、人類のみに道徳的配慮を限定したり、ある種の有感的動物（大型哺乳類や類人猿など）以上に限定する立場などがありえる。それのみならず時間軸的に「何万年とか何億年も後のことなど配慮しようもないが、孫が生きている百年後まで配慮することにしよう」などという中間的立場もありうるわけだ。だが仮に恣意性をなるべく少なくしたいのなら、極小か極大かどちらかにするのが一番いいのだろう。

　しかしながらこれはもちろん理論上のことで、それが現実的な選択か否かは全く別問題だ。（α）「理論上何が正しいか」という問題と（β）「実践上何が正しいか」は重なりうるが、異なるのが常である。極小か極大の立場は恣意性が少ないので理論上は最も正しくとも、それが実行できる可能性は皆無に近い。だから恣意的ではあれどれか中間の立場を推奨せざるをえないのが実状なのだろう。理論的には厳密な根拠などなくとも、あるかのごとく主張しないとその倫理説は社会に承認されないし実行もされないし、法制化にもつながらない。形而上学や認識論などの純粋な理論と異なり、立法や行政などの実践的要件と連関する倫理説はかくしてある種の「欺瞞」を孕むこともあるのだろう。

四

　人間は他の動物から、動物は原始的な生命から進化し、原始的生命はアミノ酸などの有機物から生じ、有機物はより基本的な原子などから構成されていると言われる。宇宙内部の全ての物質やエネルギーを記述する物理学の諸概念には「価値」や「目的」や「意味」などは一切登場しない。無から有は生じえないはずだから、物質から発生したものにも価値などは原理的にありえないのだろうか？　それともどこかの段階で物理的なものとは根本的に異質の「何か」が「創発」したのだろうか？　仮にそうでないなら、人間の生命にも厳密な意味においては価値などが存在しているはずもなかろう。そして倫理とか人権とか正義とか義務なども、もともと「ない」ものを「ある」かのごとく無理やり語る中で「ある」かのような共同幻想が生じ、その共同幻想が文明社会を生んだのかもしれない。「裸の王様」に出てくる大人のようにわれわれは「ない」ことが自明のものについて「ある」と嘘をつき続けているのだろうか？　われわれはたとえ真理であっても無根拠を隠し続けなければならないのか？　倫理の謎の源は公然の秘密にあるのだろうか？　しかし万が一真理であるとしてもこれを言ってしまえば倫理（学）の自殺、文明社会の自殺になり、倫理学者の自己否定（失職）になるので、これ以上は口をつぐんでおこう。

それはともかく道徳共同体の境界線をいろいろ動かしてみると、諸種の倫理の形態が見えてくるのは興味深い。これを参考にしてコッテインガムの持ち出した問題に解答してみよう。「火事場でわが子を助けるべきか、人類全体に利益をもたらす見込みの高い他人の子を救うべきか？」――この問題は例えば「九〇は大きい数か？」という問いに似ている。これには唯一の正しい解答など理論上ありえない。九〇はゼロから一〇〇までの数の中で考えると、最大数ではないものの相当大きい数だ。これに対してゼロから一〇〇〇〇までの数の中で考えると相当小さい部類になろう。

つまり家庭という小共同体の中でのみ判断するなら、わが子を救う行為が正しく、人類全体という広大な集合内に位置づけて評価するのならば、よその子を助けるべきということになるわけだろう。しかしこれとても、より極小に近い枠で言えば、親は子などに配慮することなく、自分の現在の刹那的快を追求すべきというのが最適解になる。火事場でもし腹が減っていたら、わが子をそっちのけにして飯を食うべきなのだろう。より極大の方向で言えば、人類の利益どころか全宇宙の利益を促進しそうな他惑星の生命を救うような行為をすべきことになる（宇宙の果ての何かの生命を救済すべきとしても、救済対象は特定困難で、救済は手段が不明かつ実行困難）。加えて時間軸を現在の点に固定せずにはるか将来まで延ばして、その広大な時間幅の中で全有感的存在の福利に最も貢献しそうな者を助けるべきということにもなる（助けるべき者はまだ誕生していないし、誕生していたとしても特定困難であり、救済手段は不明で実行も困難）。またもちろん「誰が助けるべきか？」という変項を挿入して考えるならば別の議論もできよう。地球外での行為など人類が実際に実践することはほぼ不可能だが、「理論上の実践的問題」としては考察しておかなくてはならないだろう。

「理論上の実践的問題」ということでは何よりも可能世界（とか平行宇宙）の問題が重要だろう。仮に全ての可能世界が現実世界と同じように実在しているとすれば（様相実在論）、倫理など無意味になろう。仮にZ氏が現実世界で犯罪を踏み止まるとしても、Z氏が実際に犯罪を犯した可能世界が必ずどこかにあるわけだから。それどころかZ氏は他の可能世界における自分の分身に犯罪を犯させないために、現実世界で自ら進んで犯罪を犯すべき義務が生ずるかもしれない。

とにかく道徳的線引きというものには唯一の正答がないというよりあまりに多くの正答がありすぎて、どこで区切ってもいい反面、どこで区切っても「どうしてそこでなければならないのか?」という問いに完全には答えられない。この状況は一般に連続体を区切るときの逆説的状況だ。「ソリテス・パラドックス」にも、そして「滑る坂の議論」にも似ている。「いったい髪がどのくらい抜ければ薄毛となるのか?」とか「一体どのくらい日焼けすれば色黒となるのか?」などの問いは、論理的には単一の正しい答えなどない。もちろん皮膚科医や研究者などの専門家集団が規約を定めてもいいが、これは正しさとか真理の観点とは無関係な実務上の事柄だ。この限りでこの類の問いは理論的に見て興味深いものではなく、少なくとも（哲学）理論的にはあまり真剣に考えるにも答えるにも値しない問いと思われるがどうだろう。規約を決定し言語用法などを定めることも社会的にはとても意義深いことだが、それは（哲学）理論上の話とは別問題であろう。

同じく「粒の大きさがどのくらいからが岩であり、どのくらいからが石で、どのくらいからが砂なのか?」は地質学の専門家集団による定義はあろうし、それが不要というわけではないのだが、理論的にはあまり興味深いものではない。そして人格や物体などの実在物の「同一性」というカテゴリーも似たり寄ったりなのだろう。一瞬ごとに精神も身体も物体も微妙に変わっているのだから、「どこまでが同一と言えるか?」などという問いは決して本質的なものではありえないようだ。厳密に自己同一と言えるのは存在全体そのものだけだろうか?　人格の同一性に関する議論でパーフィットが述べていることだが、「どっちの解答でもいい」とか「単一の解答なし」という解答がベストのケースだってあるのである。

火事場で親がどちらを助けるべきなのかという問いも、論理に忠実な人なら「唯一の正しい解答などない」と答えるべきだ。線引きの仕方など純粋理論上は数限りなくありえるわけで、どこにでも（強引に）線が引けなくはない反面、どこの線にも最終的な正当性などありえないわけだから、あらゆる解答が何らかの程度において恣意的なのだ。火事場の行為決定でも他のあらゆる場面における行為決定でも、「何に最も配慮して、何を為さねばならないか？」については数えきれない選択肢が存するが、どれも決定的説得力はない。もっとも実際の行為決定、ならびに政策や法律の制定となると、正しさとか真理よりは便宜性とか実用性が大事になり、時には政治的な圧力や経済上の制約なども絡む。（α）理論的問題と（β）実践的問題の間にはある程度の反映関係があり、またあって然るべきだが、（まさに理論上）それらは峻別しなくてはならない。

深遠に見えていた難問が実は空虚な問いにすぎなかったということは学問の歴史においては少なくない。火事場の難問は問題の前提条件がきちんと明示されれば同語反復的に答えが出る反面、それがなければ解答が原理的に不可能なのだった。問い方が適切ではなかったのである。火事場の問題と「アフリカの飢えに苦しむ子供を助けるべきか？」は本質的に同一の問題である。ただし助ける主体を固定しないと解答が困難になるだろう。また実務上の問題として、距離の遠さなども絡んでくる。

五

これまでの論述で線引きには少なくとも二種あることが確認できよう。

（a）「道徳共同体」の線引き。動物や人類などの種の線引き、ならびに国家や人種や性別などの人類共同体内部の線引きなどが典型的なものであった。広狭の集合を囲う線引きの仕方は理論上は無数にありえ、自己という一個体の極小集合もありうるし、全可能世界まで含む極大集合もありうる。線の近傍に位置する者は僅差で待遇が劇的に異なることが多い。仮に同一能力の二個人がいたとして、生まれた地点が裕福かつ高福祉の国か最貧国かで運命は分かれる。たとえ仮にその二地点の距離がわずか数メートルだとしてもそうなのだから、恵まれない方の人たちは不条理と感じるだろう。

（b）「道徳的時間」の線引き。人間や動物の生への道徳的配慮は、長期プロセスのものも短期プロセスのものもありうる。時間軸に沿ってその幅は様々であるが、配慮の時間方向は既に確定済みで変更できない過去ではなく未来に向かうことが多く、未来世代倫理などが重要となる。線引きは多かれ少なかれ恣意的だから、通常醜いと見なされるエゴイズムが全くダメとは理論上言えないように、無謀と見なされやすい刹那主義も全くの不合理とは言い切れない。

「それをいったらお終い」と言われそうだが、それを併せたらより根本的な批判ができそうな論点もある。すなわちそもそも「原則」などというもの自体が、それぞれ微妙な差異をはらむ諸事象を十羽一絡げにしたうえで枠付けして裁断を施すから、厳密には不当なものということだ。ひとくちに「人類」「人間」と言っても、諸種の能力には必ず個体差（生来の能力や教育レベルの差ならびに障害とか疾病の有無など）があり、その差異は多くの場合、比較的連続的だ。また各個体は発達程度や劣化程度も年齢などに応じて変動し、その変動は時間軸に沿って連続的に推移することが多いので（不連続な変化もあるが）、皆同じように扱うのは本来不当なのだろう。

　またいっそう深い次元では次のように言える。存在論的に見ればそもそも、各個体は物理的に周囲世界、ひいては他の諸個体とつながっている。宇宙のあらゆる部分は（エネルギーに満ちた偽真空の）「場」を介してであれ、他のあらゆる部分と直接・間接につながっているのである。この不均一な連続体には（個体と個体の切れ目のように）「境目らしきもの」があるが、絶対に明確な境目などはない。個体などというものはもともと、人類などの生物が進化の途上で偶然に手にした（不完全な）感覚器官が作り上げた知覚像にすぎない。だからそれは実在の粗いモデルを呈示するにすぎず、よって実在そのものの在り方など示してはいない。あるいは個体とは宇宙内の物質の偶然的な分布の仕方にすぎないとも言える。比較的稠密に物質が詰まっており境目らしきものに取り囲まれている宇宙の部分が「個体」と不精確に呼ばれているだけなのだろう。

　したがって人間の側の概念とか認識の働きが宇宙に切れ目を入れる「存在論的線引き」の操作自体が現実の歪曲になろう。このような（1）「存在論的線引き」に（2）「道徳的線引き」が、よってまた存在論に倫理学が依存しているならば、後者の線引きの一切もそれが「線引き」であることのみによってすべからく不当となる。かくて唯一残された正当な線は存在全体を包む限界線のみになるだろう。

　この限りで各個体を平等・公平に扱うことを求める個体主義も、一個体を「ひとり」と大雑把に計算する民主主義なども、仮に（実際に運用可能な策としては）近似的に正しい妥協案だとしても、理論的には（存在論的にも倫理学的にも）おそらく誤りなのだろう。まさにこの意味において、ある種の「超個体主義」というべき見方が正しいようだ。この超個体主義がどういうものかは具体的に説明できないが、各個体は本来、存在全体の不可分の部分にすぎないと見なすことによってのみ真の平等・公平が洞察されうるように思われる。また超個体主義が真ということは、「全体の福利のためなら生存権を剥奪して個人を殺害すべき」という不条理が理論上導かれる功利主義が常識的直観と背反するとしても、そのことで即、完全誤謬となるわけではないことも示唆するかもしれないがどうなのだろう？

人類内部での線引きは理論上は根拠薄弱なのだが、それと同様の理屈により、高度な理性能力などは欠くが感覚能力などを有する動物についても、その中での線引き操作が問題含みであることに変わりはない。人類と動物の間の線引き自体も、それらは進化によりゆるやかにつながっているので、恣意的であろう。そのうえ生物と無生物の境目についても、専門家たちは唯一の線を見い出してはいないらしい。加えて現存する種の間に切れ目らしきものはあっても、遺伝子を編集し直せば、隙き間を埋める新しい種を作れるかもしれない。連続的につながったものにはどこで線を引いても原理上は恣意性を決してゼロにはしえない。前記の（1）も（2）も（a）も（b）も、線引きの仕方は無数ありうるが、存在と時間の最果ての地点以外はどこも（究極の）正当化は原理的に不可能だ。人間の有する自然言語の概念枠とか社会制度はたいてい不連続なのに対して、現実とか自然の側は（全てではないが）たいてい比較的連続的であることに、これは起因している。そこに人間の側が線を引いたらどこで引いても何かの問題が出てくるのは必然だろう。自然言語の概念はそのほとんどが粗雑なもので、事象の連続的変化とか複数事象の相関関係を精密に表すのが苦手なのである。

これへの対応として、複数の（多くの）線を引いて、線を相対化する立場がありうる。その中には、引かれる線に比較的太い鮮明な線と、比較的薄かったり細かったりする線の区別があることを認め、前者の線の方を「より重んじる」という立場もある。現実の側にはっきりした切れ目はなくとも「切れ目っぽいもの」が存在することはままあるから、われわれの引いた線がこの「切れ目っぽいもの」に対応していたら好ましい。この種の手が常套手段なのだろう。

あるいはそもそも「切れ目」などといったものは皆無で、黒から白へのグラデーションのようなものがあるだけと主張する戦略もある。理想論としては、これが最も精確に現実を写し取ることができる選択肢だ。現実そのものを極限まで精確にわれわれの理解とか理論に（さらに社会政策などにも）反映させたいのなら、感覚や理性などの諸能力を備えた各（擬似）個体の各瞬間の状態を適正に測定・評価しなければならない。そして連続的な差異や変化を孕む現実の精妙な姿を歪めず、線引きによる切断をなるべく回避する必要がある。

しかしこうなるとやはり道徳原則が途方もなく複雑になり、果ては「原則」とは呼べない煩瑣な個別的瞬間的規定になる。理念的対象（普遍）は別として、「実在的対象」に関する「原則」は煎じ詰めればその大半が恣意的線引きを含む粗い枠組みのものだ。となればたとえ原則を限りなく複雑化しても、他とのバランスをとりつつ、各（擬似）個体の各時点での様々な差異に対応した「適切な重みづけ」（「適切」とは何かがこれまた問題だが）を行い、それに応じた配慮を考えるのがまさに統一的倫理学の理想とするところなのだろう。確かに一般に自然言語の概念を用いた原則は粗雑たることを避け難いのだが、仮に数式化された法則が使えるなら連続的差異をより精確に表しうる可能性が大きくなるのだろうか？　代数を使い（定性的でなく）定量的に、諸事象の関係が連続的に変化する様を記述できるのが好ましいのだろうか？

仮に理想的な統一的倫理学が可能なら、普遍的規則重視の倫理説も個別的局面重視の倫理説も、理性重視の倫理説も感覚重視の倫理説も、異種の原則を標榜する「あれかこれか」の理論ではなくなり、中間的立場を包含する同一枠組みのもとに統合されうる。またこの統一体系では完璧に近い超功利計算（功利性を超える価値まで含めた計算）が可能となると想定しうるなら、（超感覚的能力たる理性も備えた存在まで含む）「有感的領域以上の存在全体」の福利最大化の最適解が導かれることも期待できよう。それのみならず「（宇宙の）存在全体の有感的領域以上の部分」としての各（擬似）個体の福利の「最低水準」を確保する方策も導かれるべきである。これにより各（擬似）個体に権利保障がなされるが、これにも数限りないバリエーションがあろう。あるいは各（疑似）個体への利益の公平な分配による「福利の平準化」が求められることもあろう。また一定以上の福利の担保や福利の平準化などは、有感的存在の現在瞬間のみではなく、生存期間全般にわたって行われなくてはならないだろう。

こうした統一的倫理学では、(i)人間固有の理性に光を当てて、普遍的法則に従うことを強いるある種の正義論、ならびに(ii)一定の人間集団が合意した契約条項に従うことを求める契約説、そして(iii)動物と人間が共有する快楽感覚の最大化等を追求する功利主義などの、一貫した規則を定める「硬派倫理説」と、(iv)多面的な人間精神が有する諸性格の個別局面への現れを直観的に評価する「軟派倫理説」としての徳倫理などが媒介されるだろう。統一的倫理学にはたぶんあらゆる倫理説が包摂されていようから、そこには歴史上現実に現れた倫理説のみならず、現実に現れなかった可能的倫理説も含まれていることだろう。そしてそれらがどんなものかある程度は予測できるだろう。当時発見されていた元素を特質ごとにならべて周期表を作ったら空白が見つかり、そこに入るべき未発見の元素の特質が予測できたのに似ている。

さらに統一的倫理学が真に完璧たるには、宇宙の存在全体そのものを包括的に解明しうる統一的科学理論によって背後から支えられなくてはならない……。とは言ってみてもやはり、われわれの認識能力、そして社会制度の設計や運用の能力等はひどく限られているから、量子コンピューターをはるかに超えるコンピューターによる宇宙の全物質の振る舞いのシミュレーションができる（という不可能事が実現できる）ようにでもならない限り、このような理論はとうてい実現不可能だろう。

ピサの斜塔から鉄球を落としたときに、各瞬間における鉄球の落下速度や落下位置は（空気抵抗が無視できるから）精確に予測しうる。これは古典物理学の偉大な成果だが、例えば紙切れ一枚についてはそれが（原理上はともかく実際上はほぼ）不可能である。膨大な細かい観測とものすごく複雑な計算をしないといけないからだ。「今自分はいかに生きるべきか？」という極めてありふれた問いは、こういう複雑系についての問いに類似している。地球の大気の刻一刻の状態など測定しえないし、人間同士の恐ろしく複雑な相互作用なども同様である。しかも単なる自然現象とは異なり「べき」が入っているから、この問いはもっと難問である。もし仮に宇宙自体に目的とか善悪の価値などがあり、かつ自分の現在の行為が宇宙の全因果系列に組み込まれているとしたら、宇宙の最終局面から「逆算」しない限り、「今自分はいかに生きるべきか？」は原理上は解答不能ということになろう。とすればこのありきたりの問いは「宇宙の最終局面はどうなるか？」（また逆に「ビッグバンはなぜ起こったのか？」など）と同じくらいの深度の難問と言える。話がまたもや大仰になりすぎた。もちろん局所的な（自分の有限な人生と周りの生活世界の）因果連関のみを辿って蓋然的な解答を出すことはできるし、われわれは常日頃そうしている。しかし近似解に満足せず厳密解を求めようとするなら、完全な無為か発狂か自死しかわれわれには残されていないだろう。

六

ところで『現実』第十三章でスチュアートは自身の立場の一端を提示している。ジェームズもスチュアートも功利主義の深刻な問題を承知しつつも、それを基本的に支持する。ただスチュアートの方が、人類全般および一部の動物の福利推進を目標にする理想路線と、友人や家族などの身の回りの生活世界に配慮を絞る徳やケアの倫理の現実路線の二律背反にいっそう苦慮している感じがある。末尾の第十三章ではこれら二種の相反する倫理説を十分理論的に媒介しえぬままくっつけようとしている印象がある。

そこにおいて彼は「多元戦略功利主義」という功利主義の一種を採用すべきと述べている。功利主義とはいっても常に全人類の福利促進のような気高い目標によって動機付けられていなくてもよく、わが子への愛などを優先した方がいいこともあると言う。家族や職業などへの（言わば）「視野狭窄」から生ずる動機から行為した方が結果として一般の福利の実現可能性が高まるというシジウィックの発言にスチュアートは共感を示しているのだが、その根拠ははっきり見えてはいない。このような予定調和がいつもあるなら誰も苦労はしないだろう。

最後に示された「最善プラン」はどうやら功利主義とカントと徳倫理・ケア倫理などをミックスしたものに思われる。道徳的配慮の届く集団の境界づけに関してあっちふらり、こっちふらりで、広狭の枠が混在している。「それでいい」という意見もあるかもしれないが、何が正しく何が間違いか結局よく分からないので、複数の立場を継ぎはぎして「最善プラン」と名付けているようにも思われるがどうだろう？　聡明なレイチェルズにしてはこれはイマイチではなかろうか？

だがこのようにばらばらの説をひっつけるくらいなら、いっそ「あらゆる線引きは恣意的」と断じ、「倫理的問題に正当化可能な単一解答などない」という解答こそ唯一の真正なる解答だと開き直った方がましという考えもありうる。どのような倫理説を唱えようがだいたい、比較的連続的な現実に理論的根拠なく線引きしている。グレーゾーンの恣意的分断などまさに「理論上」は止めた方がよい。もちろん「実践上」の問題として主張することは絶対に必要不可欠であるのだが。「無責任」との誹りを覚悟で言えば、哲学理論家としては、現実全体をそのまま捉える統一理論をただ夢想するだけの方がいいかもしれない。ただしその理論の詳細は不明である。

（あくまで一つの見方だが）もし近代以降における学問の成功例が数学や物理学のような学だとするならば、パーフィットの述べるように、倫理学は数千年の歴史を有しつつもいまだに未成熟な学、逆に言えば若くて「前途洋々」の学なのだ。何よりも既述のように、（α）理論問題（正確には理論上の実践問題）と（β）実践問題（実践上の実践問題）という別種の問題を不用意に混在させた議論がしばしばなされている点がまず批判されるべきだ。だがこれを別としても倫理（倫理学）の土台はゆらいでいて、完全倒壊の危機に晒され続けている。何しろ「人生に価値はあるか？」とか「なぜ殺人はいけないのか？」という子供でも思いつく平凡な問いでさえ、根源的な次元で満足のゆく答えを出した人など今までいないのだから。ジグソーパズルで言うと、ピースが埋まっていない空白が多く、全体像がいまだにぼんやりとでさえ見えてはいないのだ。これを乗り越えるには、まずは諸倫理説の相互連関を捉え、それらを統一的な座標系の内に位置づけなくてはならない。こうすることで様々な難点が解きほぐされるだろう。ただし解きほぐしてみたら、倫理的問題の一切が雲散霧消してしまい、別の真正な問題が投じた幻影にすぎなかったと判明する可能性もある。

あと一つ気になっている記述が『現実』にはあるので、それに少し触れておきたい。第七章においてマリファナの安全性と合法化が説かれている。これはジェームズの書いたものではなく、スチュアートによる追加である。訳者は最初「哲学者としてあるまじき……」と思ったが、少し調べるだけでも、スチュアートはそれほどおかしなことを言っていないことが分かった。いく人かに訊いてみても、マリファナ禁止の歴史には偶然的事情があり、「解禁してもいいのでは……」と言う者もいた。もちろん訳者も違法行為を許容する気はさらさらないが、少なくとも真剣な論議に値する問いかけだ。タバコやアルコールや糖の過剰摂取を禁止にしてマリファナを解禁する（ただしこれはマリファナのみであり他の薬物は別）という選択肢もないわけではないらしい。

原著者・原著・翻訳について

さて訳者はこれまでジェームズ・レイチェルズおよびスチュアート・レイチェルズの著書を四冊ほど翻訳（共訳）し出版してきた。

『現実をみつめる道徳哲学　安楽死からフェミニズムまで』（晃洋書房、二〇〇三年）〔*The Elements of Moral Philosophy*, 3rd Edition, McGraw-Hill, 1999〕

『ダーウィンと道徳的個体主義　人間はそんなにえらいのか』（晃洋書房、二〇一〇年）〔*Created from Animals : The Moral Implications of Darwinism*, Oxford University Press, 1990〕

『倫理学に答えはあるか　ポスト・ヒューマニズムの視点から』（世界思想社、二〇一一年）〔*Can Ethics Provide Answers?: And Other Essays in Moral Philodsophy*, Rowman & Littlefield Publishers, 1997〕

『哲学のアポリア　批判的に思考する』（晃洋書房、二〇一五年）〔*Problems from Philosophy*, 3rd Edition, 2012〕

本翻訳書は十三年ほど前に翻訳出版した『現実をみつめる道徳哲学』の改訂版である。前回の翻訳は底本として第三版を使用したが、今回は第八版を使用した。思い起こせばこの十三年の間に様々なことがあった。まず『現実』（邦訳初版）の出版後間もない二〇〇三年九月にジェームズが肝臓がんのために他界した。まだ六十代という若さであったために彼の訃報は驚きであった。だがそれ以上に、彼の事象描写の鮮明さと論理構成の明晰さに強く惹かれていた訳者としては無念の極みであった。まさに彼のあまりに早い死こそが訳者をしてその後も彼の著書を数冊、翻訳出版させた動機になったとも言える。この頃ちょうど倫理学ブームが始まったこともあり、生命倫理や環境倫理などの科目が大学や専門学校において広がっていった。このためか『現実』は倫理学書としては異例の売れ行きを見せ、二〇一六年までに十一刷を見るに至っている。

ジェームズには息子がおり、その一人がスチュアートである。チェスのチャンピオンとして著名であったスチュアートは父と同じ哲学の道に入り、現在はこれまた亡き父と同じくアラバマ大学の准教授を務めている。スチュアートはここ十年ほど父の論文・著書・アンソロジーを編集・改訂して出版することに精力を注いでいる。この『新版　現実をみつめる道徳哲学――安楽死・中絶・フェミニズム・ケア――』は、スチュアートが父の著書（*The Elements of Moral Philosophy*）をいく度も改訂した最新版の翻訳である。第四版まではジェームズが改訂版を出していたが、第五版から本書第八版まではスチュアートが改訂している。

振り返ると、晃洋書房から翻訳の改訂版の打診があったとき、この第八版はまだ出版されておらず、その予告がなされているだけであった。訳者と出版社としてはさっそく第八版の翻訳権をマッグローヒル社から取得したかったのだが、出版前のためそれは叶わなかった。そこでまずは出版済みの第七版の翻訳権を取得したうえで、第八版の翻訳権を取得するという運びとなった。アメリカで大ヒットしたロングセラーの翻訳権の取得を望む翻訳者や出版社は他にもあった中で、他ではなく訳者と晃洋書房に再び翻訳権取得を承認してくれたことに対してマッグローヒル社には深く感謝したい。十数年にわたる当方の努力を勘案しての判断だったのかもしれない。

さてここで第八版と第三版の違いについて述べておく。まず章立てであるが、順番が少し変わった以外に、「心理的利己主義」の章が「倫理学的利己主義」の章に統合されて、まるまる一章分、量が減っている。また内容面については、スチュアートは父の思考を基本的に受け継いではいる。しかしながら父の書いた全文章を検証し、そのほとんどを書き換えている。少なくとも細部には注意深い変更を施している。スチュアートは父の文章よりもっと簡潔で明快な文章を書く。またスチュアート自身の目から見て問題ありと感じられた個所は大幅に削除されているが、逆に追加記述も多い。第八版を読んでみて最も印象深いのは、古い実例が新しい実例に置き換えられた個所がいくつもあることだろう。これらの変更によって本書の論述はすっきりして読みやすくなったように思われる。このため全体として教科書としてはずっと使いやすくなっただろう。

次に日本語への翻訳について述べておく。訳者としては第三版の翻訳の方針を継承して、直訳はなるべく回避し（このため索引も原語と必ずしも一対一対応しない）、なるべく日本語として読みやすくなるようにしたつもりである。例えばカントやフッサールなどの著作や専門的研究書の翻訳と、本書のような教科書・入門書の翻訳とでは、訳出の仕方は異なるべきであろう。読者としてどのような層を想定するかにもよるが、前者のような書物の翻訳は緻密さと正確さが最優先事項であり、基本的に同一の原語は同一の日本語に置き換える方針が好ましいだろう。そしてドイツ語の分かる専門家が読んで元のドイツ語が自然に頭に浮かんでくるような訳が求められるのであろう。これに対して哲学や倫理学などを専門としない大学生や専門学校生や一般人が読む本には、緻密さを犠牲にしても論旨を手っ取り早くつかめる訳が望まれる。とにかく本書の成否は読者の審判に委ねるより他はない。至らないところも多々あろうが、これから刷りならびに版を重ねる機会があれば修正を続けてゆく所存である。

《訳者紹介》

次田憲和（つぎた　のりかず）

哲学研究者，文学博士．主な論文，共著，著書に以下のものがある．「神経と宇宙――神経ネットワークの宇宙的進化についての終末論的考察――」（『近世哲学研究』第二〇号，薗田坦名誉教授追悼号，近世哲学会，2017），『神と生命倫理』（晃洋書房，2016），『思考の原理の探求　批判的思考第二歩』（一粒書房，2018），『第３版　思考の原理の探求　批判的思考初歩』（一粒書房，2020）．

新　版　現実をみつめる道徳哲学
――安楽死・中絶・フェミニズム・ケア――

2003年５月30日　初版第１刷発行
2014年４月15日　初版第11刷発行
2017年１月20日　新版第１刷発行
2024年10月15日　新版第４刷発行

＊定価はカバーに表示してあります

著　者　J. レイチェルズ
　　　　S. レイチェルズ
訳　者　次　田　憲　和
発行者　萩　原　淳　平

発行所　株式会社　晃　洋　書　房
〒615-0026　京都市右京区西院北矢掛町７番地
電　話　075（312）0788番（代）
振替口座　01040-6-32280

ISBN978-4-7710-2761-9　　印刷・製本　創栄図書印刷㈱

〈サ　行〉

事項索引

〈ア　行〉

〈カ　行〉

〈マ・ヤ行〉

〈ラ・ワ行〉

人名索引

〈ア　行〉

〈カ　行〉

〈サ　行〉

〈タ・ナ行〉

〈ハ　行〉

〈タ　行〉

〈ナ　行〉

〈ハ　行〉

〈マ　行〉

〈ヤ　行〉

〈ラ　行〉

〈ワ　行〉

文献情報

文献のうち邦訳のあるものは，比較的新しく入手しやすいと思われるものを一つのみ記した．

序文におけるプラトンの『国家』篇のくだり（第1巻352d）の翻訳はジェームズ・レイチェルズによる．

第一章　道徳とはどんなものか

［1］ベビー・テレサについての倫理学者の論評は，デイヴィッド・ブリッグズ（David Briggs）が報告したAP通信社の1992年3月31日の報道（A-6頁）に基づく．

"Baby Theresa Case Raises Ethics Questions," *The Champaign-Urbana News-Gazette*.

［2］接着双生児は20万回の出産のうち一回の確率であるという情報は，メリーランド大学病院のホームページによる．最終の更新は2013年7月23日．「毎年数百人」という数字は20万という数字で毎年の出産数を割って算出している．

〈http://umm.edu/programs/conjoined-twins/facts-about-the-twins〉

［3］接着双生児の分離手術についての世論調査は以下による．

Ladies' Home Journal, March 2001.

ジョディーとメアリーについての裁判官の論評は以下に基づく．

Daily Telegraph, September 23, 2000.

［4］トレーシー・ラティマー事件の情報は「ニューヨーク・タイムズ」（国際版1997年12月1日）A-3頁に基づく．引用はカナダ放送協会（CBC）による2001年1月19日の報道による．

第二章　文化相対主義の挑戦

［1］ギリシア人とカッラティア人の話は以下の219～220頁に載っている．本書『現実をみつめる道徳哲学』の第二章末尾あたりのヘロドトスからの引用もこれによる．

Herodotus, *The Histories*, translated by Aubrey de Selincourt, revised by A. R. Burn, Harmondsworth, Middlesex: Penguin Books, 1972.

ヘロドトス『歴史』上・下，松平千秋訳，ワイド版岩波文庫，岩波書店，2008.

［2］エスキモーの情報は次の書物に基づく．

Peter Freuchen, *Books of the Eskimo*, New York: Fawcett, 1961.

ならびに次の書物の第5章に基づく．女児殺しがエスキモー人口の男女比に与えた影響についてはホーベルの著作による．

E. Adamson Hoebel, *The Law of Primitive Man*, Cambridge, MA: Harvard University

Press, 1954.

E・A・ホーベル『法人類学の基礎理論　未開人の法』千葉正士・中村愛美訳，成文堂，1984.

［3］ ウィリアム・グラハム・サムナーの引用は次の書物の28頁による．

William Graham Sumner, *Folkways*, Boston: Ginn, 1906.

W・G・サムナー『フォークウェイズ』青柳清孝・園田恭一・山本英治訳，現代社会学体系，青木書店，2005.

［4］ セリア・W・ダガー（Celia W. Dugger）による記事を含む「ニューヨーク・タイムズ」での女性器切除に関する連載記事は1996年の以下の日に掲載された．4月15日，25日，5月2日，3日，7月8日，9月11日，10月5日，12日，12月28日．ファウジーヤ・カシンジャについてはPBSでの彼女へのインタビューに基づく．

〈http://www.pbs.org/speaktruthtopower/fauziya.html〉

「アフリカの二十九か国」「およそ一億二千五百万人」という数字は世界保健機関（WHO）の概況報告書「女性器切除」（“Female Genital Mutilation”）による（2014年2月更新）．

〈http://www.whoint/mediacentre/factsheets/fs241/en/〉

［5］ 死刑判決を受けたナイジェリア人女性についての話は，AP通信社の2002年8月20日と2003年9月25日の記事による．麻薬がらみの罪で有罪判決を受けたオーストラリア人女性の話は「ニューヨーク・タイムズ」2005年5月27日の記事による．鞭打ちの刑に処せられたサウジアラビア人女性の話は「ニューヨーク・タイムズ」2007年11月16日と12月18日の記事による．

［6］ ダン・サベージ（Dan Savage）からの一夫一婦制に関する引用は「ニューヨーク・タイムズ・マガジン」2011年7月3日の22～27および46頁による（引用は23頁）．

Mark Oppenheimer, “Married, with Infidelities,” *The New York Times Magazine*.

第三章　倫理における主観主義

［1］ マット・フォーマンからの引用は「ニューヨーク・タイムズ」2001年6月25日の記事による．

［2］ ギャラップ世論調査の情報は以下による．

〈www.gallup.com〉

［3］「皆さんがゲイやレズビアンとして生きているなら，それは束縛なのです」というミシェル・バックマンの言葉は「エドウォッチ全米教育協議会」（*EdWatch National Education Conference*）での2004年11月6日の発言による．バックマンの相談センターはニュース番組（*Anderson Cooper 360*, “Keeping Them Honest”）の2011年7月13日の報道に基づく．

［4］ 同性愛に関するカトリックの見解は以下の566頁による．

Catechism of the Catholic Church, Mahwah, NJ: Paulist Press, 1994.

［5］ チャールズ・L・スティーヴンソンは以下の2～4頁で「信念の不一致」と「態度の不一致」を区別している．

Charles. L. Stevenson, *Ethics and Language*, New Haven, CT: Yale University Press, 1944.

C・L・スティーヴンソン『倫理と言語』島田四郎訳，内田老鶴圃，1976.

［6］「世界の構造」については次の15頁を参照．

J. L. Mackie, *Ethics: Inventing Right and Wrong*, England: Penguin Books.

J・L・マッキー『倫理学　道徳を創造する』加藤尚武監訳，高知健太郎・三島輝夫・古賀祥二郎・森村進・桑田礼彰訳，哲書房，1990.

［7］「これはとても深刻な問題です……」という言葉は2004年3月20日におけるミシェル・バックマンのラジオ番組での発言による．番組司会はジャン・マーケル（Jan Markell）．

Prophetic Views behind the News, hosted by Jan Markell, KKMS 980-AM.

［8］ ジェームズ・ドブソンの引用は「フォーカス・オン・ザ・ファミリー会報（*Focus on the Family Newsletter*）」2004年4月号の記事に基づく．これは2004年3月24日に彼がラジオで読み上げた．

［9］ 以下の2010年7月版1～9頁による．

Nanette Gartrell and Henny Bos, “U. S. National Longitudinal Lesbian Family Study: Psychological Adjustment of 17-Year-Old Adolescents,” *Pediatrics* 126, no. 1.

［10］「米国小児科学会はゲイの民事婚《シビルマリッジ》と養子縁組の完全権利を支持している」との発表は2013年3月21日である．

〈http://www.aap.org/en-us/about-the-aap/aap-press-room/pages/American-Academy-of-Pediatrics-Supports-Same-Gender-Civil-Marriage.aspx〉

また米国小児科学会の活動方針については以下の827～830頁を参照．

“Promoting the Well-Being of Children Whose Parents Are Gay or Lesbian,” *Pediatrics*, vol. 131, no. 4, April 1, 2013.

［11］ 29州でゲイを理由に解雇するのは合法であることについては，「ハーパーズ・マガジン」（*Harper's Magazine*）2013年9月号の「ハーパーズ・インデックス」（Harper's Index）を参照．情報源はアメリカン・プログレス・センター（Center for American Progress）．異性愛者を理由として解雇も可能だが，そういうケースはない．

［12］ ゲイの養子縁組法についての州ごとの情報は以下を見よ．

〈http://www.lifelongadoptions.com/1gbt-adoption-resources/1gbt-adoption-laws〉

［13］ ゲイの性交は76か国で違法である．これについては「ハーパーズ・マガジン」の2010

年11月号の「ハーパーズ・インデックス」を見よ．情報源は国際レズビアン・ゲイ・両性愛《バイセクシャル》・性転換《トランスセックス》・中間性《インターセックス》協会．

［14］ Heather Elise Murphy, *Suicide Risk among Gay, Lesbian, and Bisexual College Youth*, PhD Dissertation, University of Washington, 2007.

第四章　道徳は宗教に基づくか

［1］ 77パーセントのアメリカ人が裁判官ロイ・ムーアを支持していることについては，2003年9月のギャラップ世論調査による．92パーセントのアメリカ人が神を信仰していることについては，2011年5月のギャラップ世論調査による．56パーセントが宗教が生活上「とても大事」と言っていることについては，2013年のギャラップ世論調査による．41パーセントがイエス・キリストが2050年までに地上に再臨すると信じていることについては，「ピュー研究所 人々と報道に関する調査プロジェクト」の2010年6月の調査による．映画観客指定において聖職者が果たす役割については，2006年のドキュメンタリー（*This Film Is Not Yet Read*）で知った．

［2］ バートランド・ラッセルの引用は次の論文の45〜46頁による．

Bertrand Russell, “A Free Man’s Worship,” in *Mysticism and Logic*, Garden City, NY: Doubleday, Anchor Books, n. d.

バートランド・ラッセル『神秘主義と論理』江森巳之助訳，みすず書房，2008.

［3］ 哲学の才能についてのアンソニー・フリューの言及は以下の109頁に基づく．

Anthony Flew, *God and Philosophy*, New York: Dell, 1966.

［4］ ハムレットの正確な言葉は次のようになる．「すると君たちは何も感じないんだね．この世には善も悪もない．思考が善悪を決める．わたしにとってこの世は監獄なのだ」（第二幕，第二場，254-256行）．以下の英書の884頁による．

The Tragedy of Hamlet, Prince of Denmark, in *The Complete Works of William Shakespeare*, USA: Octopus Books, 1985.

ウィリアム・シェイクスピア『新訳　ハムレット』河合祥一郎訳，角川文庫，角川書店，2003.

［5］ アリストテレスの引用は次の英訳の『自然学』の249頁および『政治学』の40頁に基づく．

The Basic Works of Aristotle, edited by Richard McKeon, New York: Random House, 1941.「自然は何かのために……」（第2巻・第8章，198b10-11）．

The Politics, translated by T. A. Sinclair, Harmondsworth, Middlesex: Penguin Books, 1962.「自然に目的のないものなど……」（第1巻・第8章，1256b20）．

アリストテレス『自然学』出隆・岩崎允胤訳，アリストテレス全集3，1968.

アリストテレス『政治学』牛田徳子訳，京都大学学術出版会，2001.

［6］ 聖トマス・アクィナスの引用は以下による.

Summa Theologia, III *Quodlibet*, 27, translated by Thomas Gilby in *St. Thomas Aquinas: Philosophical Texts*, New York: Oxford University Press, 1960.

トマス・アクィナス『神学大全』32　第3部，稲垣良典訳，創文社，2007.

［7］ 中絶に関するものと読めるこのくだりは「エレミア書」1章4～8節である.

“English Standard Version” translation of *The Holy Bible*, 2001.

［8］ カトリック思想史については次を参照．カトリック教会は胎児は受胎時に魂を得るとは述べていないことについては308頁を参照．この分野についてはスティーブ・スバードリック（Steve Sverdlik）のご教示に感謝したい.

John Connery, SJ, *Abortion: The Development of the Roman Catholic Perspective*, Chicago: Loyola University Press, 1977.

［9］ ローマ法王ピウスXII世の回勅（*Humani Generis*, 1950）により，カトリック教会は公式に進化論への態度を軟化した.

第五章　倫理的利己主義

［1］ 子供の死亡についての統計はユニセフ（UNICEFF）の以下の資料の3頁と5頁による.

The State of the World's Children 2014 in Numbers: Every Child Counts.

［2］ ラウル・ワレンバーグ（Raoul Wallenberg）についての情報は以下を見よ.

John Bierman, *The Righteous Gentile*, New York: Viking Press, 1981.

ユダヤ人を守るために生命の危険を冒した非ユダヤ人の情報については下記を参照.

〈http://www.yadvashem.org〉

［3］ ツェル・クラヴィンスキーの情報はイアン・パーカー執筆の2004年8月2日の記事による.

Ian Parker, “The Gift,” in the *New Yorker*.

オセオラ・マッカーティについての情報は以下の26頁に基づく.

Bill Clinton, *Giving: How Each of Us Can Change the World*, New York: Alfred A. Knopf, 2007.

［4］ デール・カーネギーの言葉は以下の31頁による．初版は1936年.

Dale Carnegie, *How to Win Friends and Influence People*, New York: Simon and Schuster, 1981.

［5］ エイブラハム・リンカーンの話はスプリングフィールドの「モニター」(*Monotor*) で報道された．以下の75頁で引用されている.

Frank Sharp, *Ethics*, New York: Appleton Century, 1928.

［6］ 線路に飛び降りた男の話は2007年1月3日の「ニューヨーク・タイムズ」による.

［7］ アイン・ランドの引用は次の書物の27, 32, 80, 81頁に基づく.

Ayn Rand, *The Virtue of Selfishness*, New York: Signet, 1964.

［8］ 新聞記事については以下を参照.

The Baltimore Sun（2001年８月28日）; *The Miami Herald*（1993年８月28日, 1994年10月６日, 1989年６月２日）; *New York Times*,（2008年４月28日）; *Macon Telegraph*（2005年７月15日）.

［9］ カート・ベイアーの議論については以下の189～190頁を見よ.

Kurt Baier, *The Moral Point of View*, Ithaca, NY: Cornell University Press, 1958.

第六章　社会契約説

［1］ 章の冒頭の引用はロックの『統治二論』（John Locke, *Second Treatise*）後編の第18章・第202節による. 全文を読むと意味が違ってくる.「法が終わるところで専制が始まる. 法の違反により他人が害されるならば」.

ジョン・ロック『完訳　統治二論』加藤節訳, 岩波文庫, 岩波書店, 2010.

［2］ ホッブズの自然状態の説明は次の書物の第３章82頁に基づく.

Thomas Hobbes, *Lviathan*, Oakeshott edition, Oxford: Blackwell, 1960.

ホッブズ『リヴァイアサン』１, 角田安正訳, 古典新訳文庫, 光文社, 2014.

［3］ ルソーの引用は以下の18～19頁による.

Jean-Jacques Rousseau, *The Social Contract and Discourses*, translated by G. D. H. Cole, New York: Dutton, 1959.

ジャン・ジャック・ルソー『社会契約論』作田啓一訳, 白水Ｕブックス, 白水社, 2010.

［4］ 1950年頃フラッドとドレシャーが最初に囚人のジレンマを定式化したことは次の論文の３頁で言及されている.

Richmond Campbell, "Background for the Uninitiated," in *Paradoxes of Rationality and Cooperation*, edited by Richmond Campbell and Lanning Sowden, Vancouver: University of British Colombia Press, 1985.

［5］ キングとウォールドマンの引用は以下の76～77, 78, 106, 107頁による.

Civil Disobedience: Theory and Practice, edited by Hugo Adam Bedau, New York: Pegasus Books, 1967.

［6］ ヒュームの引用は以下の363頁による.

David Hume, "Of the Original Contract," reprinted in *Hume's Moral and Political Philosophy*, edited by Henry D. Aiken, New York: Hafner, 1948.

デイヴィッド・ヒューム『ヒューム　道徳・政治・文学論集』完訳版, 田中敏弘訳, 名古屋大学出版会, 2011.

第七章　功利主義者のアプローチ

［1］「(ベッカリーア Beccaria でなければ) プリーストリー (Priestley) の教えによって, わたしこの聖なる真理を唱え始めた. ――最大多数の最大幸福こそ道徳と立法の基礎である」. これは以下の142頁を参照.

Jeremy Bentham, “Extracts from Bentham's Commonplace Book,” *Collected Works*, vol. 10, Edinburgh: published under the superintendence of John Bowring and printed by William Tait, 1843.

［2］ピーター・シンガーによると, 道徳は清教徒のように厳格な禁止令ではない. 次の書物の 1 頁を参照.

Peter Singer, *Practical Ethics*, 2nd ed., Cambridge: Cambridge University Press, 1993.

ピーター・シンガー『実践の倫理』新版, 山内友三郎・塚崎智監訳, 長岡成夫・塩出彰・樫木則章・村上弥生訳, 昭和堂, 1999.

［3］フロイトの死については下記の第一の書物の525～527頁, 第二の書物の395～397頁による.

Ronald W. Clark, *Frued: The Man and the Cause*, New York: Random House, 1980.

Paul Ferris, *Dr. Frued: A Life*, Washington, DC: Counterpoint, 1997.

［4］ベンサムの引用は以下による. 神については125頁, 動物については311頁を参照. これは多くの復刻版で手に入る.

Jeremy Bentham, *An Introduction to the Principles of Morals and Legislation*, 1st ed., printed in 1780; published in 1789.

1785年頃書かれ死後出版された「自己に対する罪」(“Offences against One's Self”) の中で性倫理について論じている.

ジェレミー・ベンサム『「功利主義の原理について」ほか『立法と道徳の原理序説』より』――『立法と道徳の原理序説』(1823年版) 全訳集　第 1 巻, 江藤貴紀訳, AICJ 出版, 2012.

［5］引用はミルの『自由論』(John Stuart Mill, *On Liberty*, 1859) 第 1 章「はじめに」第 9 パラグラフによる.

ジョン・スチュアート・ミル『自由論』斉藤悦則訳, 光文社古典新訳文庫, 光文社, 2012.

［6］マリファナについての情報の多くは次の書物による. 以下で引用する論文は本書からのものである. そうでなければ別途記す.

Pot Politics: Marijuana and the Costs of Prohibition, edited by Mitch Earleywine, Oxford: Oxford University Press, 2007.

［7］マリファナ等の情報については下記論文の 3 ～16頁も参照. 3 分の 1 のアメリカ人はマリファナを試したことがある (4 頁).「マリファナなどのソフトドラッグが他のハー

ドドラッグの入り口」となるという「入門理論《ゲートウェイセオリー》」（7～8頁）．クラックコカインの方が広く手に入りやすい（8頁）．ウィリアム・ベネットの引用（9頁）．マリファナは暴力を誘発しない（10頁）．

Mitch Earleywine, “Thinking Clearly about Marijuana.”

マリファナが犯罪を誘発しないことについては下記の書物の279～300頁に所収の論文の284頁を見よ．

Eric Blumenson and Eva Nilsen, “Liberty Lost: The Moral Case for Marijuana Law Reform,” *Indiana Law Journal* 85, Winter 2010.

［8］ 2007年において12歳以上のアメリカ人の5.8パーセントは過去1か月の間にマリファナ使用の経験がある．以下の1頁を参照．

“Results from the 2007 National Survey on Drug Use and Health: National Findings.” 〈http://oas.samhsa.gov/nsduh/2k7nsduh/2k7results.cfm〉

［9］ アメリカ人はマリファナに年間100億ドル超費やしている．全米麻薬撲滅対策室発行の2008年版『マリファナ資料集』(*Marijuana Sourcebook*) の11頁には2000年にアメリカ人は105億ドル費やしたという古い数字の記載しかない．

［10］ マリファナについては次の176～186頁も参考．マリファナにはカフェインほどの常習性がないことについては179頁による，ゴアとアーリーワインは746人の薬物乱用カウンセラーや精神衛生の専門家や学術研究者を調査した．

Robert Gore and Mitch Earleywine, “Marijuana's Perceived Addictiveness: A Survey of Clinicians and Researchers.”

［11］ マリファナについては以下の91～112頁も参照せよ．運転については92頁，呼吸器系の問題については92～93頁，認知能力の損傷については95頁，入門理論については96～97頁，前科者の就職難については102頁．またピュー慈善信託によると，アメリカ人の下位20パーセントの低所得層から20年以内に這い上がる確率は，前科者かどうかが大きく影響している．前科者なら確率は50分の1．そうでないなら7分の1である．「ハーパーズ・マガジン」の2011年8月号の「ハーパーズ・インデックス」に基づく．

Wayne Hall, “A Cautious Case for Cannabis Depenalization.”

［12］ マリファナについてはさらに以下の325～352頁も参照．マリファナたばこ一本は巻たばこ六本分で，肺に悪いことについては328頁を見よ．英国肺財団の2002年の情報を引用している．

Kevin A. Sabet, “The (Often Unheard) Case against Marijuana Leniency.”

［13］ マリファナを吸うのは歯茎に悪いことについては以下の525～531頁を参照．

W. Murray Thomson et al., “Cannabis Smoking and Periodontal Disease among Young Adult,” *Journal of the American Medical Association*, vol. 299, no. 5, February 6, 2008.

［14］ 次の論文の71～90頁，特に83頁を参照．

Anthony Ligguori, "Marijuana and Driving: Trends, Design Issues, and Future Recommendations."

［15］ 以下の17～39頁を参照．29頁には法の施行にかかる費用と税収増の見込みについて述べられている．

Daniel Egan and Jeffrey A. Miron, "The Budgetary Implications of Marijuana Prohibition."

［16］ FBI の資料（"Crime in the United States"）の2012年度版によると，155万2432人の麻薬関連の逮捕者のうち74万9825人（48.3%）がマリファナ関連の犯罪であった．マリファナ所持による逮捕は65万8231人（42.4%）であった．合衆国においてこうした罪で何人が実際に投獄されたかについて FBI は追跡調査していない．

［17］ マリファナ関連容疑での逮捕はたとえ投獄されなくとも恐ろしいことについては次の論文の289～291頁を見よ．

Blumenson and Nilsen, "Liberty Lost."

［18］ 北アメリカの75パーセントの医師はマリファナを処方したいと思っていることについては，「ハーパーズ・マガジン」の2013年８月号の「ハーパーズ・インデックス」を見よ．なお情報源は「ニューイングランド・ジャーナル・オブ・メディスン」（*New England Journal of Medicine*）による．

［19］ トマス・アクィナスの動物に関する引用は『対異教徒大全』（Thomas Aquinas, *Summa Contra Gentiles*, book 3, chap. 112）からのものである．以下の第２巻222頁を参照．

Basic Writings of St. Thomas Aquinas, edited by Anton C. Pegis, New York, Random House, 1945.

［20］ ライダーは「種差別」という言葉を作ったことについては次の論文の ix 頁を見よ．実験については91～92頁を見よ．

Richard D. Ryder, "Speciesism in the Laboratory," in *In Defense of Animals: The Second Wave*, edited by Peter Singer, Oxford: Blackwell, 2006.

第八章　功利主義をめぐる論争

［１］「功利主義の教えによれば，目的として望ましいのは幸福以外にはない」という引用は，ミルの『功利主義論』（John Stuart Mill, *Utilitarianism*, 1861）の第４章・第２パラグラフによる．これは様々な復刻版で入手できる．

J・S・ミル『功利主義論集』川名雄一郎・山本圭一郎訳，近代社会思想コレクション05，京都大学学術出版会，2010．

［２］ 本性的価値があるものについての G・E・ムーアの議論は次の書物の最後の章にある．

G. E. Moore, *Principia Ethica*, Cambridge: Cambridge University Press, 1903.

G・E・ムーア『倫理学原理』付録：内在的価値の概念/自由意志，泉谷周三郎・寺中平治・星野勉訳，三和書籍，2010.

［3］ マクロスキーによる偽証の誘惑に駆られた功利主義者の例は以下の239～255頁にある.

H. J. McClosky, "A Non-Utilitarian Approach to Punishment," *Inquiry* 8, 1965.

［4］「利害関係がなく慈悲深い傍観者のように厳格に公平」という引用は，ミルの『功利主義論』(John Stuart Mill, *Utilitarianism*, 1861) の第2章・第18パラグラフによる. これは様々な復刻版で入手できる.

［5］ ジョン・コッティンガムの引用は以下の論文の357頁に基づく.

John Cottingham, "Partialism, Favouritism and Morality," *Philosophical Quarterly* 36, 1986.

［6］ スマートの引用は以下の68頁による.「規則崇拝」については本論文10頁で論じられている.

J. J. C. Smart and Bernard Williams, *Utilitarianism: For and Against*, Cambridge: Cambridge University Press, 1973.

［7］ ゴム製のアヒルや規則結果主義などについては次の論文の271～278頁を参照.

Frances Howard-Syder, "Rule Consequentialism Is a Rubber Duck," *American Philosophical Quarterly* 30, 1993.

［8］ グンナー・ミュルダールの著作は様々な復刻版で入手できる. Gunnar Myrdal, *An American Dilemma: The Negro Problem and American Democracy*, 1944.

第九節　絶対的道徳規則はあるか

［1］ フランクリン・ルーズベルトの引用は彼の信書による.

The President of the United States to the Government of France, Germany, Italy, Poland and His Britannic Majesty, September, 1999.

［2］ トルーマンの日記の抜粋は以下の55～56頁による.

Robert H. Frrell, *Off the Record: The Private Papers of Harry S. Truman*, New York: Harper and Row, 1980.

［3］ チャーチルの引用は以下の553頁による.

Winston S. Churchill, *The Second World War*, vol. 6: *Triumph and Tragedy*, New York: Houghton Mifflin Company, 1953.

［4］ アンスコムの1939年の論文（"The Justice of the Present War Examined"）と1956の論文（"Mr Truman's Degree"）は次の書物に収められている. 64および65頁を見よ. また同書26～42頁に収められた論文（"Modern Moral Philosophy"）も参照. これは元々別の雑誌（*Philosophy* 33, no. 124, January 1958）の1～19頁に掲載されたものである. カント批判については27頁，絶対的道徳規則の例については34頁を見よ.

G. E. M. Anscombe, *Ethics, Religion, and Politics: Collected Philosophical Papers*, vol. 3, Minneapolis: University of Minnesota Press, 1981.

［5］ ヒロシマの惨状については以下が詳しい．空飛ぶ鳥を焼き焦がしたことについては715頁，水中で人々が死んだことについては725～726頁にある．

Richard Rhodes, *The Making of the Atomic Bomb*, New York: Simon and Schuster, 1986.

［6］ カントの定言命法は次の書物の38頁（アカデミー版　第4巻・第2章421頁）に基づく．

Immanuel Kant, *Foundations of the Metaphysics of Morals*, translated by Lewis White Beck, Indianapolis: Bobbs-Merrill, 1959.

カント『プロレゴーメナ・人倫の形而上学の基礎づけ』土岐邦夫・観山雪陽・野田又夫訳，中公クラシックス，中央公論新社，2005.

［7］ カントの「人間愛からの嘘」（“On a Supposed Right to Lie from Altruistic Motives”）の引用は次の348頁（アカデミー版　第8巻427頁）による．

Immanuel Kant, *Critique of Practical Reason and Other Writings in Moral Philosophy*, translated by Lewis White Beck, Chicago: University of Chicago Press, 1949.

カント『カント全集』第13巻　批判期論集，谷田信一訳，岩波書店，2002.

［8］ ピーター・ギーチの引用は以下の128頁による．

Peter Geach, *God and the Soul*, London: Routledge and Kegan Paul, 1969.

［9］ マッキンタイアの言葉は次の書物のカントに関する章の冒頭にある．

Alasdair MacIntyre, *A Short History of Ethics*, New York: Macmillan, 1966.

第十章　カントと人格の尊重

［1］ 動物に関するカントの言及は以下の「コリンズ道徳哲学」（アカデミー版　第27巻）の239～240頁による．二番目の引用文「動物虐待をする者は人間も残酷に扱うようになる」の英文は少し変更したが，意味は変わっていない．

Immanuel Kant, *Lectures on Ethics*, translated by Louis Infield, New York: Harper and Row, 1963.

カント『カント全集』第20巻　講義録2，御子柴善之訳，岩波書店，2002.

［2］ 人格を目的として扱うことを述べた定言命法第二式は以下の46頁（アカデミー版　第4巻・第2章429頁）に基づく．「尊厳」や「価格」についての言及は同書の51～52頁（アカデミー版　第4巻・第2章434～435頁）による．

Immanuel Kant, *Foundations of the Metaphysics of Morals*, translated by Lewis White Beck, Indianapolis: Bobbs-Merrill, 1959.

［3］ ベンサムの「全ての処罰は害だ」という言葉は次の書物の170頁に基づく．

Jeremy Bentham, *The Principles of Morals and Legislation*, New York: Hafner, 1948.

[4]　罰に関するカントからの引用は次の99～107頁（アカデミー版　第6巻）による.

Immanuel Kant, *The Metaphysical Elements of Justice*, translated by John Ladd, Indianapolis, Bobbs-Merrill, 1965.

カント『カント全集』第11巻　人倫の形而上学，樽井正義・池尾恭一訳，岩波書店，2002.

ただし「他人を殴ると自分を殴ることになる」という引用は次の書物の170頁（アカデミー版　第5巻61頁）による.

Immanuel Kant, *Critique of Practical Reason*, translated by Lewis White Beck, Chicago: University of Chicago Press, 1949.

カント『カント全集』第7巻　実践理性批判・人倫の形而上学の基礎づけ，坂部恵・伊古田理訳，岩波書店，2000.

[5]「刑務所」から「矯正施設」への名称変更については以下の357頁を参照.

Blake McKelvey, *American Prisons: A History of Good Intetions*, Montclair, NJ: Patterson Smith, 1977.

[6]　合衆国にはおよそ二百三十万人もの囚人がいることについては司法統計局の下記資料を参照（2013年12月19日発表).

Bureau of Justice Statistics, "Total U. S. Correctional Population Declined in 2012 for Fourth Year."

〈http://www.bjs.gov/content/pub/press/cpus12pr.cfm〉

世界最高の投獄率ということについては例えば次の101頁などを見よ.

Pocket World in Figures, 2011 Edition（*The Economist*), London: Profile Books, 2010.

1960年代から1990年代におけるアメリカにおける刑務所制度の変遷については次を見よ.

Eric Schlosser, "The Prison-Industrial Complex," *Atlantic Monthly*, December 1998.

[7]　2006年12月22日 NPR（ナショナル・パブリック・ラジオ）では，カリフォルニア州がアメリカで最も再犯率が高いと述べる同州の役人の言葉が引用された.

[8]「もしあなたが右頬をぶたれたら，左頬も差し出しなさい」というイエスの話は「マタイによる福音書」("English Standard Version" translation of *The Holy Bible*, 2001）の5章38～39節による.

第十一章　フェミニズムとケアの倫理

[1]　ハインツのジレンマは次の書物の12頁で説明されている．道徳発達の六段階説については同書409～412頁を参照.

Lawrence Kohlberg, *Essays on Moral Development*, vol. 1: *The Philosophy of Moral Development*, New York: Harper and Row, 1981.

ローレンス・コールバーグ，A・ヒューアー，C・レバイン『道徳性の発達段階　コ

ールバーグ理論をめぐる論争への回答』片瀬一男・高橋征仁訳，新曜社，1992.

［2］ エイミーとジェイクについては以下の26および28頁で引用されている．他の引用は同書の16～17および31頁からのものである．

Carol Gilligan, *In A Different Voice: Psychological Theory and Women's Development*, Cambridge, MA: Harvard University Press, 1982.

キャロル・ギリガン『もうひとつの声　男女の道徳観のちがいと女性のアイデンティティ』岩男寿美子監訳，生田久美子・並木美智子訳，川島書店，1986.

［3］ ヴァージニア・ヘルドの引用は以下の344頁による．

Virginia Held, "Feminist Transformations of Moral Theory," *Philosophy and Phenomenological Research* 50, 1990.

［4］ 感情移入テストでの得点は男性より女性の方が高いことについては，下記第一論文の113～126頁ならびに第二論文の697～713頁を見よ．

M. H. Davis, "Measuring Individual Differences in Empathy: Evidence for a Multidimensional Approach," *Journal of Personality and Social Psychology* 44, no. 1, January 1983.

P. E. Joe, "The Role of Gender and Gender Role Similarity in Readers' Identification with Story Characters," *Sex Roles* 21, nos. 9-10, November 1989.

［5］ 脳断層撮影と罰については次の論文の466～469頁を見よ．

Tania Singer *et al.*, "Empathetic Neural Responses Are Modulated by the Perceived Fairness of Others," *Nature*, January 26, 2006.

［6］ ロイ・F・バウマイスターの引用は次の招待演説（invited address）の9頁による．

Roy F. Baumeister, "Is There Anything Good about Men?" American Psychological Association, 2007.

［7］ 女性は男性より気遣《ケア》い重視だが，差はわずかであることについて次の論文の703～726頁を参照．

Sara Jaffee and Janet Shibley Hyde, "Gender Differences in Moral Orientation: A Meta-Analysis," *Psychological Bulletin* 126, no. 5, 2000.

［8］ 男女差は幼少期に現れることについては下記論文の8頁を見よ．本論文ではサイモン・バロン・コーエン（Simon Baron-Cohen）とスヴェトラーナ・ラッチマーヤ（Svetlana Lutchmaya）の研究が引用されている．

Larry Cahill, "His Brain, Her Brain," *Scientific American*, April 25, 2005

［9］「ケアは新しいキャッチフレーズである」については次の書物の19頁を参照．「女性理論家は『愛の倫理』と……『義務の倫理』を結合する必要に迫られるだろう」という引用は4頁，「名誉女性」は2頁にある．

Annette Baier, *Moral Prejudices*, Cambridge, MA: Harvard University Press, 1994.

［10］ 年収75000以上ドル稼げる確率は女性の方が少ないということについては「ハーパーズ・マガジン」2012年11月号の「ハーパーズ・インデックス」を見よ．情報源は米国勢調査局．

大学卒業一年後の平均年収は女性が男性より7500ドル以上少ないことについては「ハーパーズ・マガジン」2013年１月号の「ハーパーズ・インデックス」を見よ．情報源は米国大学婦人協会．

［11］ HIV についての数字は次の報告書による．190万人の子供が HIV に感染していることが42頁に示唆されている．だがその34パーセントしか治療を受けていないことも42頁で述べられている．数字は2012年12月現在のものである．

Global Report: UNAIDS Report on the Global AIDS Epidemic, 2013.

［12］ ネル・ノディングズの引用は以下の149～155頁による．

Nel Noddings, *Caring: A Feminine Approach to Ethics and Moral Education*, Berkley: University of California Press, 1984.

ネル・ノディングズ『ケアリング　倫理と道徳の教育――女性の観点から』立山善康・林泰成・清水重樹・宮崎宏志・新茂之訳，晃洋書房，1997.

第十二章　徳倫理

［１］ アリストテレスの引用は『ニコマコス倫理学』の第２巻による．ただし友情に関する引用は第８巻にある．

Aristotle, *Nicomachean Ethics*, translated by Martin Ostwald, Indianapolis: Bobbs-Merrill, 1962.

また外国旅行についての引用は以下の32～53頁におけるヌスバウムの英訳に基づく．

Martha C. Nussbaum, "Non-Relative Virtues: An Aristotelian Approach," in *Midwest Studies in Philosophy*, vol. 13: *Ethical Theory: Character and Virtue*, edited by Peter A. French, Theodore E. Uehling Jr., and Howard K. Wettstein, Notre Dame, IN: University of Notre Dame Press, 1988.

アリストテレス『アリストテレス全集』第15巻　ニコマコス倫理学，神崎繁訳，岩波書店，2014.

［２］ 徳の本性に関するピンコフスの提言は以下の書物の78頁による．

Edmund L. Pincoffs, *Quandaries and Virtues: Against Reductivism in Ethics*, Lawrence: University of Kansas Press, 1986.

［３］ 勇敢についてのギーチの言葉は次の書物の xxx 頁による．聖アタナシオスの話は114頁にある．

Peter Geach, *The Virtues*, Cambridge: Cambridge University Press, 1977.

［４］ イエスは全てを貧者に差し出せと述べている．「マタイによる福音書」19章21～24節，

「マルコによる福音書」10章21～25節，「ルカによる福音書」18章22～25節．

［5］ プラトンの『エウテュプロン』（*Euthyphro*）にはいくつかの翻訳がある．

Hugh Tredennick and Harold Tarrant, *Plato: The Last Days of Socrates*, New York: Penguin Books, 2003.

プラトン『プラトン全集』1　エウテュプロン・ソクラテスの弁明・クリトン・パイドン，今林万里子訳，岩波書店，2005.

［6］ ニーチェの引用は下記の書物に所収の「偶像の黄昏」における「反自然としての道徳」（“Morality as Anti-Nature”）第6節491頁に基づく．

Friedrich Nietzsche, *Twilight of the Idols*, translated by Walter Kaufmann in *The Portable Nietzsche*, New York: Viking Press, 1954.

フリードリッヒ・ニーチェ『ニーチェ全集』14　偶像の黄昏・反キリスト者，原佑訳，ちくま学芸文庫，筑摩書房，1994.

［7］ マイケル・ストッカーの例は次の論文の453～466頁に基づく．

Michael Stocker, “The Schizophrenia of Modern Ethical Theories,” *Journal of Philosophy* 73, 1976.

［8］ ジョン・スチュアート・ミルの引用は『功利主義論』（John Stuart Mill, *Utilitarianism*, 1861）第2章による．これは様々な復刻版で入手できる．

［9］ エリザベス・アンスコムは次の論文で「道徳的に正しい」という概念を拒否している．これは下記の第一書物の1～19頁に収められている．これはまた下記の第二書物の26～42頁に再録されている．「大きな改善…」というのは33頁にある．

Elizabeth Anscombe, “Modern Moral Philosophy,” Philosophy 33, 1958.

Ethics, Religion and Politics: The Collected Philosophical Papers of G. E. M. Anscombe, vol. 3, Minneapolis: University of Minnesota Press, 1981.

第十三章　満足のゆく道徳説とはどんなものか

［1］ 宇宙の年齢は米航空宇宙局（NASA）のホームページ上の“WAMP”（ウィルキンソン・マイクロ波非等方性探査衛星）のデータに基づく．これは2001年に打ち上げられ，2010年までデータを収集している．

［2］ シジウィックの引用は以下の413頁に基づく．

Henry Sidgwick, *The Methods of Ethics*, 7th ed. London: Macmillan, 1907.

［3］ ほぼ五人に一人の子供がワクチン接種を受けていないことについては以下に基づく．

〈http://www.unicef.org/immunization/index_bigpicture.html〉

［4］ ジョン・ロールズは以下の74頁（1999年の改訂版64頁）で「自然の宝くじ」（“natural lottery”）について論じている．

John, Rawls, *A Theory of Justice*, Cambridge, MA: Harvard University Press, 1971.

たり、テキストとして採用して下さった方々が以前と比して激増したことは、訳者にとっても晃洋書房にとっても嬉しい驚きであった。この点についても感謝の念を禁じえない。

訳者記す

平成三十年二月五日

おわりに

長年懇意にさせて頂いている晃洋書房編集部の西村喜夫さんから本改訂版のお話をいただいてから三年以上経った。半年弱ほど前に訳稿を提出した後の編集作業においては若い社員の山本博子さんに大いにお世話になった。組版も骨が折れるが、原稿の修正・確認作業は並大抵ではない根気と注意深さを要する仕事である。訳者が見逃した細かい誤りをいくつも指摘して頂いたことは、大いに助かった反面、おのれの非力を恥じることでもあった。毎度のことながら、訳者の提出原稿の不出来や仕事の遅滞などで晃洋書房の方々に大きな負担をおかけすることになったわけだが、辛抱強く付き合っていただいたおかげで何とかこうして出版に漕ぎつけられたことはまことに喜ばしい限りである。記して深く感謝したい。おそらくスチュアートは今後も本書の改訂を継続するであろう。本書がこれからも読み継がれ、何年後かに本書の再改訂版を出版できることを願っている。

平成二十八年六月十七日

訳者記す

追記

『新版　現実をみつめる道徳哲学——安楽死・中絶・フェミニズム・ケア——』の初刷を出版して以来、多くの読者の方々や先生方が問題点を指摘して下さった。重く受け止めたいと思う。そしてなにより御指摘くださった方々にはこの場を借りて深く感謝したい。加えておのれの非力を反省したいと思う。これからも晃洋書房の方々と協力して改善を続ける所存である。また本書を購入し